精神生产创新论

•••••••••••••••• 吴朝邦 著

图书在版编目(CIP)数据

精神生产创新论/吴朝邦著. —武汉：武汉大学出版社,2018.11
ISBN 978-7-307-19790-9

Ⅰ.精… Ⅱ.吴… Ⅲ.精神生产—研究 Ⅳ.B022

中国版本图书馆 CIP 数据核字(2017)第 284442 号

责任编辑:韩秋婷　　　责任校对:汪欣怡　　　版式设计:汪冰滢

出版发行：武汉大学出版社　（430072　武昌　珞珈山）
　　　　　（电子邮件：cbs22@whu.edu.cn　网址：www.wdp.com.cn）
印刷：北京虎彩文化传播有限公司
开本：720×1000　1/16　印张：13.75　字数：196 千字　插页：1
版次：2018 年 11 月第 1 版　　2018 年 11 月第 1 次印刷
ISBN 978-7-307-19790-9　　定价：36.00 元

版权所有，不得翻印；凡购我社的图书，如有质量问题，请与当地图书销售部门联系调换。

前　言

　　随着科学技术和文化艺术、政策法律等软实力对于社会发展、国家竞争的作用越来越突出，马克思主义精神生产理论也越来越受到人们的关注。20世纪80年代以来，学界不断有大量相关的著作或论文发表，出现了一个研究的高峰时期，但进入21世纪，对精神生产探讨的热情则有所回落，究其缘由，一是精神生产还有诸多理论难点如其概念等都有待明确；二是其理论太过抽象而与人们的生活实践相距较远，倒是创新这一精神生产最本质的特征作为一个学术热点凸显出来，但创新又极为具体和通俗，缺乏深厚的理论支撑。显然，创新与精神生产有着诸多的相同点或紧密的关联，遗憾的是，将两者结合在一起的研究，还处于起步阶段，最多也只是把创新作为精神生产的特征加以阐述而已，而没有把精神生产作为创新的理论背景提出来，从而局限了对创新的理论研究，使创新停留在一个经济学、社会学的名词和口号上，而达不到哲理的深度。如许状况，显然不利于"马克思主义理论这一新的理论增长点"的进一步发展，不能深入发掘这一理论的现实作用。20世纪90年代，面对全球新科技革命和知识经济的兴盛以及国内科技发展的窘迫态势，秉承"科学技术是第一生产力"的思想，我国提出了建立创新型国家、科教兴国和可持续发展等一系列相关的国家发展战略。但实践与理论都还存在许多差强人意的地方，伟大的"中国梦"激发了梦想，梦想需要环境，创造美好环境需要发展与超越，超越需要创新，创新需要一流人才，人才需要一流教育。但如何落实"以人为本"、素质教育方针？如何摒弃GDP崇拜和物质享受，转变为真正重视人、重视人的精神、重视人的精神独立？我们还是要回到"人总是要点精神的"，精神让人猿辑别，精神生产使人类历史区别于一般生物进化史，研究精神生产就是研究创新，也就是研究人的"全面而自由的发展"。

当前的中国，"创新"成为高频词汇，也成为一种社会现象，甚或是时代精神。创新从哪里来？我们必须首先解决这个问题。创新来自于人的头脑，动物是不能创新的，与其说劳动使人与动物相区别，不如说是创新使人区别于动物，创新也即是人头脑精神的产出，那么，我们研究创新就应该研究精神是如何产出的，也就是要研究精神生产与创新的联系。马克思说："哲学家们只是用不同的方式解释世界，问题在于改变世界"①。改变世界在于人的精神、在于创新，"创新就是一切"，人类社会之所以与动物世界不同，就是因为人能够进行精神生产，能够创新。人类文明史几千年来，对人类进程产生最大影响的是创新，以蒸汽机和发电机为标志的两次工业革命使人类社会发生的变化超过前面所有的历史时期，蒸汽机与发电机到底是物质生产，还是精神生产呢？一般传统理论认为是前者，而不是后者，但我们仔细思考的话，会发现第一次出现即发明蒸汽机和发电机一定是人通过脑力创造而得来的，不是对模型简单的复制与加工，我们没有理由说这不是创新，不是精神生产，因为整个发明过程就是精神的碰撞与产出。

创新，起于创，创者，原意为伤口，重在认识与解释现象，引申义为劈斩、开始等，强调改造事物，是解释与改变世界的结合；落于新，新与旧相对，泛指新事物，寓意必须改变旧世界才能获得新世界。创新不仅隐含解释世界，而且更能够表达改变世界，是认识与实践的统一，因而在知识经济时代，创新正逐步取代革命、改革、革新等名词，成为描绘人类社会进步的主要原因；也取代人力、资本、市场等要素，成为描述经济增长的主要动力；还取代发明、发现、创造、创意等词汇，成为描写科技进步的主要因素。创新思想研究可以追溯到亚当·斯密的劳动分工和马克思的竞争性斗争理论，但现代创新理论研究肇始于奥地利裔美国人约瑟夫·熊彼得，是他在马克思技术进步等思想的基础上，最先把创新看作经济

---

① 《马克思恩格斯选集》第1卷，人民出版社1995年版，第57页。

增长的函数，继而管理学大师德鲁克又将创新概念引入管理学范畴。在知识经济时代，创新对经济增长的积极作用被我国学者所重视，其应用也日渐拓展到诸多领域。对于当前创新概念内涵扩大化或泛化的现象，人们呈两派对立之势：一派批判创新概念泛化，认为国内创新概念没有遵循英文"innovation"的原意，不仅不利于国际交流，而且还导致以研发代替产出、错配资源等政策上的误区，弱化了产业界是创新主体的理论意义；另一派则主张创新不能局限于产业界，技术创新并不是独立的真空体，涉及的因素极其众多，创新存在于诸多领域，具有广泛的理论意义与实践价值。如何区分精神产品与物质产品？我们至今难以达成共识，需要不断地去探讨研究，这就是笔者将精神生产作为本书研究重点的原因之一。在笔者看来，创新是人类产生新思想，并通过实践作用于客观世界的过程，不可能仅仅停留于经济领域；同样，以人为主体的创新实践必然会与人的诸多行为发生联系，因而也牵涉到人类社会生活的方方面面。创新是全领域覆盖的，主要包括理论创新、制度创新、科技创新和文化创新，其中科技创新是核心。创新的结晶是精神产品，而不是直接的物质产品，只是通过一定物质产品形式表现的精神产品而已。当物质财富飞速增长了一段时期之后，人们已经发觉怎么我们越富足，反而显得越不安和焦虑呢？传统的儒家文化构建的伦理道德不仅被历史上的革命所淘汰，也被现代主义的生活所消融和解构。所以是时候静下来重新审视我们的心灵和精神世界了。

"创新是一个民族进步的灵魂，是一个国家兴旺发达的不竭动力"，无疑，我们都已充分认识到创新的作用，深入研究创新就是迫在眉睫的事情，如何深入？马克思主义的精神生产理论提供了着力点和丰富的资源，让我们看到了更为广阔的天地。制度经济学创始人罗纳德·科斯（Ronald Coase）曾说："中国的奋斗就是世界的奋斗。"（The struggle of China is the struggle of the world）我们也可以说：中国梦，也就是世界梦。让中国梦插上创新的翅膀，为人类的未来带来前所未有的精神光亮。我们没有理由不参与、不振奋、不自豪，如何让每个人富有精神，激发人人创新、万众创业，将是实现中国梦的关键。借此，希望本书能让读者诸君，感受到一丝自由的精神，产生一些思考的快感，体验到一点别具一格的表达。若如此，足矣！

目 录

绪论 ··· 1
  一、选题缘由 ·· 1
  二、研究现状 ·· 4
    1. 对马克思主义精神生产理论形成的历史条件、形成
       过程的研究 ·· 4
    2. 对精神生产的理论范畴的研究 ································ 5
    3. 对精神生产与物质生产关系的研究 ·························· 5
    4. 对精神生产特征的研究 ··· 5
    5. 对精神生产与社会分工关系的研究 ·························· 6
    6. 对精神生产与意识产生关系的研究 ·························· 6
    7. 对精神生产与社会总体生产的关系的研究 ··············· 6
    8. 对精神生产产品表现形态的研究 ····························· 7
  三、研究方法 ·· 8
    1. 技术方案（技术路线、技术措施） ·························· 8
    2. 拟解决的关键问题有以下四点 ································ 8
  四、研究思路 ·· 9

第一章　精神生产的理论渊源与概念确定 ······················ 11
  一、精神生产的理论渊源 ··· 12
    1. 早期资产阶级经济学精神生产理论的提出
       ——探究内在财富增生的来源 ······························ 12
    2. 德国古典哲学研究精神生产——认为是人主体性
       外化和对象化的生成 ··· 14
    3. 马克思主义奠基人将精神生产纳入社会生产理论
       ——只有生产剩余价值的才是生产性的生产 ········· 17

二、精神生产的概念界定不清及其原因 ………………… 21
  1. 目前学界对精神生产的概念界定不甚明晰 ………… 21
  2. 精神生产概念不明的原因 …………………………… 22
  3. 重读马克思主义经典作家对精神生产的相关论述 … 24
三、精神生产概念的确定 ………………………………… 28
  1. 根据什么确定精神生产的内涵与外延 ……………… 28
  2. 精神生产概念不应脱离财富增生这一逻辑起点以及
     社会生产理论的整体框架 …………………………… 32

第二章 精神生产与创新的关系 ………………………… 34
一、创新是精神生产最本质的特征 ……………………… 34
  1. 精神生产是意识的高级形式或社会意识的生产 …… 34
  2. 精神生产是社会人改造主观世界的活动 …………… 37
  3. 精神生产是观念地把握世界的过程 ………………… 39
  4. 精神生产是一种创造性或创新性的活动 …………… 42
二、精神生产与创新的内在联系 ………………………… 46
  1. 生产性劳动是生产剩余价值的劳动，精神生产是新增
     社会财富的精神劳动 ………………………………… 46
  2. 精神生产产生的不是已有的知识，而是生产出新的
     知识 …………………………………………………… 48
  3. 创新概念的历史演变 ………………………………… 51
  4. 精神生产是探索主客观世界的统一，表义就是创新 … 58

第三章 马克思总体社会生产理论中的精神生产 ……… 63
一、精神生产与物质生产的关系 ………………………… 65
  1. "精神一开始就很倒霉，受到物质的'纠缠'" ……… 65
  2. 精神生产曾被物质生产"隐没" …………………… 68
  3. 精神生产有日益摆脱物质"纠缠"的趋势 ………… 70
  4. 精神生产日益摆脱物质"纠缠"，但未脱离
     物质基础 ……………………………………………… 72
  5. 创新给精神生产与物质生产划出一条界线 ………… 74

二、精神生产与人自身生产的关系 ………………………… 77
 1. 精神生产和人自身生产的关系被忽视 ………………… 77
 2. 人自身的生产与精神生产的过程同一 ………………… 80
 3. 人自身的生产与精神生产的相互作用 ………………… 81
 4. 研究人自身的生产与精神生产相联系的意义 ………… 83

三、五种基本社会生产形态中的精神生产 ………………… 85
 1. 五种社会生产形态 ……………………………………… 85
 2. 五种社会生产中的精神生产 …………………………… 87

第四章　精神生产创新的特征与分类 ………………… 92

一、精神生产创新的特征 …………………………………… 92
 1. 自由性与自觉性 ………………………………………… 92
 2. 探索性与创造性 ………………………………………… 94
 3. 无消耗性与共享性 ……………………………………… 96
 4. 不平衡性与可超越性 …………………………………… 98
 5. 传承性与依附性 ………………………………………… 100
 6. 合规律性与合目的性 …………………………………… 102
 7. 可阻遏性与可引导性 …………………………………… 104
 8. 情感赋予性与智力投入性 ……………………………… 105

二、精神生产创新的分类 …………………………………… 106
 1. 自然科学、社会科学和人文学科 ……………………… 107
 2. 与主体分离的和与主体不分离的 ……………………… 107
 3. 按照生产是否正在进行，可以分为文化知识资源和
  新增的财富 ……………………………………………… 108
 4. 按照产品是否自然存在，可以分为发现与发明 ……… 109
 5. 实践技术与科学理论 …………………………………… 110
 6. 意识形态和非意识形态 ………………………………… 110
 7. 物质形态的和非物质形态的 …………………………… 111

第五章　精神生产创新的发生机制与当代典型组织形式 …… 113

一、精神生产创新的发生机制 ……………………………… 113

1. 精神生产创新起始于社会外在需要 …………………… 113
   2. 精神生产创新的内在思维激发 ………………………… 117
   3. 精神生产创新的外部思想约束 ………………………… 121
 二、精神生产创新的当代典型组织形式……………………… 126
   1. 人文科学生产典型——智库 …………………………… 126
   2. 自然科学生产典型——科研机构 ……………………… 128

第六章　精神生产创新的作用……………………………… 131
 一、精神生产创新成为当今时代"普照的光"……………… 131
   1. 马克思"普照的光"思想的提出 ……………………… 131
   2. 精神生产按照自身内在逻辑加速发展 ………………… 133
   3. 精神生产日益发展成为"普照的光" ………………… 135
 二、精神生产创新对直接生产的作用………………………… 137
   1. 精神生产改进生产力，创新成为经济发展的引擎 …… 137
   2. 精神生产扩大生产规模，自动化解放物对人的压迫 … 137
   3. 精神生产改变人类交往方式，社会联系更便捷广泛 … 138
   4. 精神生产改造产业结构和就业结构，创新成就财富 … 139
   5. 精神生产改变社会分配方式和阶层结构，创新替代
      知识成为力量的象征 …………………………………… 140
   6. 精神生产改变社会权力和组织管理结构，人的内在
      精神"隐没"外在物质 ………………………………… 140
 三、精神生产创新是科技进步的根本因素…………………… 141
   1. 科学技术是第一生产力 ………………………………… 141
   2. 精神生产创新决定生产生活方式 ……………………… 142
   3. 精神生产创新改造生产力要素 ………………………… 145
 四、精神生产创新是综合国力竞争的核心…………………… 146
   1. 综合国力的基础是科技创新 …………………………… 146
   2. 精神生产创新造就国家软实力 ………………………… 149
   3. 精神生产创新成就国家军事硬实力 …………………… 150
 五、精神生产创新是改革开放的基础条件…………………… 152
   1. 改革开放实质上就是宏观意义上的精神生产创新 …… 152

  2. 精神生产创新为开放奠定制度基础 …………………… 154
  3. 精神生产创新使改革开放立于不败之地 ……………… 155
 六、精神生产创新是解决生态问题的重要手段…………………… 156
  1. 生态危机的危害 ………………………………………… 156
  2. 精神生产推进生态生产 ………………………………… 157
 七、精神生产创新是实现中国梦的不竭动力……………………… 160
  1. 中国梦的提出本身就是一次思想创新 ………………… 161
  2. 科技创新为国家富强、人民幸福打下坚实的基础 …… 163
  3. 文化创新凝聚民族精神，助推民族振兴 ……………… 165

第七章　精神生产创新对建立创新型国家的指导意义 ………… 168

 一、创新型国家战略的提出与发展………………………………… 168
  1. 创新型国家战略的提出 ………………………………… 168
  2. 创新型国家战略的发展 ………………………………… 171
 二、必须"以人为本"，为创新确立主体意识 …………………… 177
  1. 人是精神生产创新的唯一主体 ………………………… 177
  2. 精神生产创新必须"以人为本" ……………………… 179
 三、树立社会主义自由价值观，为创新提供思想前提…………… 182
  1. 自由的由来与层次 ……………………………………… 182
  2. 自由是社会主义核心价值观的内核 …………………… 186
  3. 自由与精神生产创新的关联 …………………………… 188
 四、建设特色社会主义教育体制与智库，为创新造就
   人才基础 ……………………………………………………… 190
  1. 反思"钱学森之问" …………………………………… 191
  2. 改革教育体制，培养创新型人才 ……………………… 193
  3. 打造中国特色社会主义智库，提升综合国力 ………… 196

参考文献 …………………………………………………………… 199

后记 ………………………………………………………………… 206

绪　　论

一、选题缘由

"天地玄黄，宇宙洪荒，日月盈昃，辰宿列张。"浩渺宇宙，充满日月星辰等物质，人类居住的地球处于其中只是沧海一粟，而沧海桑田、世代变幻，皆是物质在运动，仰望璀璨的星空，难见到我们人类习以为常、言之不怪的精神。然而，是什么使我们造出了文字、穿上了衣服，改变着我们人类居住的星球，并且不断探索着地外空间呢？毫无疑问，是人类自己，是人类具有的精神。人类之所以能够制造工具进行生产，是因为人有区别于动物的精神，但精神从哪里来，是先于物质还是来源于物质呢？这是哲学史上一个最为根本的问题，由此导致唯心与唯物的分野。为此，我们没有必要去考究世界到底是物质的还是精神的，因为"'世界是物质的'不是一个哲学命题，而是一个经验命题，但是，从这个经验命题中却可以逻辑地必然地抽引出哲学的思维。换句话说，哲学思维虽然不能归结为经验思维，但是却必须以经验思维为基础。对于唯物主义的哲学世界观来说，尤其如此"①。然而，宇宙之轮碾压不息，时光之轴滚动至今，现代科学技术已经越来越证明精神附着于物质、来源于物质。19世纪末，德国生理学家汉斯·柏格（Hans Berger）从电鳗发出电气，联想到人类身上应该也有相同的现象，而发现了

---

① 左亚文：《"世界是物质的"是一个哲学命题吗》，载《探索》2006年第2期。

人脑中生物电气性的振动。后来，借助科技检测仪绘制出脑波图表，人类才清楚地看到了脑波振动的节律。再后来，人们发现这种振动和人类的意识、精神活动有某种程度的对应，精神在人脑这个物质的运动中体现了出来，显示出精神活动是人脑的某种机能，从而引起更多研究者的兴趣。

进一步的研究发现，当人只是对外界事物做出认知性的被动反应时，脑波振动较弱，而当他精神集中，主动试图把握或改变事物时，脑波振动较强。这说明，意识与精神紧密相连，意识弱而精神强，意识被动反映世界，精神主动把握和改造世界。但意识与精神的关系在学界一直争议不断，有认为意识包含精神的，也有主张精神涵盖意识的。只是，我们延续着精神生产的说法，而不称意识生产，说明两者必然有所差别，并且精神高于意识，因为生产是指人类从事创造社会财富的活动和过程，亦称社会生产，与自然生产相对应。传统意义上包括物质财富、精神财富的创造和人自身的生育，但随着时代发展，社会关系生产和生态生产也被纳入广义生产考察的范畴。狭义的生产仅指创造物质财富的活动和过程。既然是社会财富的创造，那么，就涉及新旧事物的更替，是人主动的改变，只有高级阶段的生物机能才能够导致生产。自然界的矿物质发生化学反应，不是生物意义上的生产，生物意义上的生产是生物不断进化的结果，植物授粉生果发芽、动物受精孕育诞生，都是物种延续的生产。但我们所说的生产是社会意义上的生产，即"总是指在一定社会发展阶段上的生产——社会个人的生产"①。社会生产离不开人，"而始终是一定的社会体即社会的主体在或广或窄的由各生产部门组成的总体中活动着"②。精神的生产当然是社会意义的生产，它更被视为人类特有的现象，主要是鉴于精神的复杂性，我们忽略所谓动物的精神存在，而只是把精神作为人类在意识基础上发展起来的人脑的高级功能。

精神生产理论成了马克思主义哲学研究"一个新的重要的理

---

① 《马克思恩格斯选集》第2卷，人民出版社2012年版，第685页。
② 《马克思恩格斯选集》第2卷，人民出版社2012年版，第686页。

论'生长点'"①，不仅在于人们认识到在知识时代精神生产对于物质生产巨大的推动作用，而且在于精神活动之于人类社会发展存续的重要意义。从16—18世纪资产阶级经济学家最初争论精神之于社会财富的增长，过渡到黑格尔等古典哲学家抽象思辨地探讨理性与精神，再到马克思、恩格斯从唯物主义的立场考察精神生产，直至今天科技成为第一生产力，知识经济生产形态超越了传统的物质生产成为财富生成的主要方式，文化软实力成为各国竞相发展的重点。与科技、文化及知识紧密相连的精神生产俨然发展成为当今世界的"显学"。但精神是怎样生产的，它仅仅是人类头脑的附属物吗？意识与精神怎样区分，是意识涵盖精神还是精神只是意识的高级阶段或形式？精神生产之后又是怎样作用于外在世界的呢？除了原初就存在的物质，是否"人类自然"也就是精神的产物呢？有人形容精神是自然催生的"最美丽的花朵"，精神是美的，美得难以概括，但精神也可能是恶的，产生"恶之花"，精神又仅仅是对"真、善、美"的追求么？怎样概括精神生产的含义呢？无论是物质生产还是精神生产，都是人主使下的劳动形式，只将外在的表现形式作为两者区分的标准，那么，科学技术归属于哪者，是一个值得深入探讨的问题。正是因为如此，古往今来，精神及其催生的"美丽花朵"令一代又一代的思想者着迷。在着迷的同时，也会产生许多困惑，尤其是与我们的现实生活相结合，就会发现还有不少可以继续发掘的理论空地。我们居住的星球是物质的，但却是人类的精神才改变了这个世界，强调物质的决定性，使我们在树立了正确的唯物主义观的同时，丢失了太多过去所谓的精神上的"迷信"，可是，这些所谓的"迷信"包括极端宗教主义者心中的"信仰"却搅得我们这个世界很不安宁，一句话，重塑精神也许比重视物质建设的影响更为深远；物质本来就存在，但物质产品却是人的产物，为什么动物就不能产生人类社会意义上的产品呢？因为它们缺乏精神，究竟如何区分精神生产与物质生产呢？通过阅读大

---

① 景中强：《马克思精神生产理论研究》，中国社会科学出版社2004年版，第302页。

量有关研究精神生产的文章，会发现大多将创新作为精神生产的本质特征，我们提倡以创新立国，但创新到底是什么？创新是怎么来的？怎么样才能激发创新？如何使口语化的、通俗的创新上升到哲理层面，为建立创新型国家提供一些有益的理论探讨？这些思考可能能够说明为什么要将精神生产与创新结合起来研究的缘由，但对于精神、对于社会生产、对于日益重要的创新来说，上述原因显然还不够说明其万分之一。

二、研究现状

自20世纪80年代初以来，基于同样的劳动力，改革开放后却取得了与以前不一样的生产效果，其中的原因是什么？国内理论界逐渐开始了对马克思精神生产理论的研究，至今，取得了较为丰硕的研究成果。主要体现在以下方面：

1. 对马克思主义精神生产理论形成的历史条件、形成过程的研究

改革开放后，文化、科技对经济发展产生了巨大的影响，在这样的背景下，逐渐出现了研究马克思精神生产理论的热潮。李文成、安起民等率先着手研究精神生产，李文成以马克思主义基本理论为指导，勾勒出马克思主义系统的精神生产理论；安起民则翻译了苏联社会科学家В. Н. 托尔斯特赫等撰写的《精神生产——精神活动问题的社会哲学观》；同时有一大批学者如董学文、何国瑞等对艺术生产理论做了基础性的研究；至20世纪90年代，关于精神生产的研究仍然集中在文化艺术理论领域，以及精神生产对经济发展的影响，如童庆炳、程恩富等，在市场经济的背景下，较为系统地阐述了精神生产与经济体制之间的互动关系；进入21世纪，精神生产的研究呈井喷的状态，如景中强将"科技是第一生产力"纳入到精神生产研究领域，张华荣系统研究了当代文化产业，张荐华讨论了精神生产的价值问题等，文化产业研究也得到了极大发展。

2. 对精神生产的理论范畴的研究

在对精神生产的概念确定上，学界至今还未达成明确的共识，大多是从文化产品的角度来界定，如李文成认为精神生产是高级意识及社会意识的生产；汪国训认为精神生产是改造主观世界的活动，并初步将科学技术归于精神生产；王晓林则将其界定为观念地把握世界的过程；景中强梳理了精神生产的历史理论来源，对"科学技术是第一生产力"的提出作了理论回溯，将物质生产创新纳入到精神生产的考察视野，从而拓展了精神生产的理论范畴，延展到物质的创造也是精神生产的产出，一定程度上为划清物质生产与精神生产的界限作出了贡献，但仍然没有从基础概念上排除社会意识生产与物质生产之间的障碍。

3. 对精神生产与物质生产关系的研究

物质与精神生产之间的关系一直是学界着力较多的领地，研究文章不下百篇，一般认为物质生产决定精神生产，精神生产反作用于物质生产，从生产的主体、目的、要素、过程、结果等方面进行了分析，精神生产是物质生产发展的必然结果，但至于怎样区分精神生产与物质生产，至今还没有具有足够说服力的标准，一般延续了以脑力劳动在生产中的多少作为划分的依据，都没有从精神怎样产生的本源上予以阐述。景中强从实践论角度论述了精神生产促成了物质生产，尤其是在当代，精神生产引导了物质生产。

4. 对精神生产特征的研究

在区分精神生产与物质生产的基础上，学界对精神生产的特征做了大量论证，归纳出自由性、观念性、创新性、创造性、继承性、延续性、非消耗性、普遍性、超越性、无形性、自主性、个体性、信息性、扩展性、再生性、普遍性等，但一般认为最突出的特征是自由性和创新性。陈仲华认为精神生产的创造可以分为四类：一是革命性或突破性的创造；二是延伸式或深化式的创造；三是运用式的创造；四是说明式的创造。研究者普遍将创新作为精神生产的主要特征，但未能在本质上予以确定。

5. 对精神生产与社会分工关系的研究

周力辉等认为在人类社会的初始时期，由于生产力发展水平十分低下，分工局限于自然分工，社会分工还未形成，社会意识尚未出现，所以意识生产和物质生产是混为一体的，没有形成独立形态的精神生产。当时的原始宗教、神话和艺术等处于萌芽状态的精神生产泛化在原始人类日常生活的各个方面。随着社会生产的发展与进步，剩余产品的出现，私有制和阶级的产生，出现了脑力劳动和体力劳动的分离，精神生产与物质生产开始分离，真正的精神生产才开始出现。学界一般认为精神生产是物质生产发展到一定阶段的必然结果，是社会分工的产物。但物质生产究竟是如何发生的，则很少有人深究。是作为类本质的人的精神生产促进了物质生产，还是与一般动物一样都具有的物质生产为精神生产创造了条件呢？这值得深入研究。

6. 对精神生产与意识产生关系的研究

精神生产是否就是意识生产，还是只是社会意识的一部分，其实从一开始学界对此就存在争议，但一般都延续了李文成关于精神生产是高级意识生产的论述，认为"日常的意识"是意识的低级形式，是人们在日常生活和生产过程中形成的缺乏系统和逻辑性、未经任何提炼的直接感受、观点、想法和意见等。但是又认为这些日常的意识中已经潜存着文学、艺术、道德、法律、宗教、科学等思想的萌芽。只有意识的高级阶段或高级的意识才是精神生产，这样就割断了精神生产作为一个生产过程的延续性。

7. 对精神生产与社会总体生产的关系的研究

范贤超、国世平认为精神生产是社会生产的一个有机组成部分，覃志红则从马克思主义社会生产总体视域中阐述精神生产，自由劳动弥合了精神生产与物质生产的分裂。但学界对于什么才是马克思主义的总体社会生产理论还存在争论，除了物质、精神与人自身生产外，还有环境等自然生产也同样能影响社会，而且人自身生产是否与物质精神生产并列，也存在不同意见，如有学者认为人自身生产是最基本的，是其他生产的基础，不能与其他社会生产并列。郑从金认为，尽管三者之间的关系不是单方面的决定与被决定的关系，但在人类社会发展的不同阶段每种生产所占的历史地位是不同的，史前时期，人口生产居于主导性地位；农业时代和工业时代，物质生产占据主导性地位；后工业时代，精神生产将占据主导性地位。

8. 对精神生产产品表现形态的研究

许淑萍、江山等认为精神生产产品的表现形式有两方面，一方面是社会意识的生产，包括政治、哲学、宗教、科学、文学等，另一方面是精神产品的复印、出版、宣传，如传媒活动以及光盘、软件的刻录等精神性生产活动。根据其生产和消费相互联系的方式，精神产品可分为三种，第一种，体现精神生产的对象性形式，具有离开生产者和消费者而独立的形式，因而能在生产和消费之间的一段时间内存在，并能在这段时间内作为可以出卖的商品而流通，如书画以及一切脱离艺术家的艺术活动而单独存在的艺术作品。思想和观念同生产者劳动过程相脱离，以物的形式或独立的形式存在。这种精神产品能够世代相传。第二种，精神生产直接和精神消费相一致的形式。这种形式生产的产品同生产行为不能分离，如一切表演艺术家、演说家、演员、教员、医生、牧师等，其活动的结果不以"物的形式"表现出来，而表现为对知识的传授，对思想和观念的发挥和阐释等，但它们仍然是精神生产的产品。第三种，在精神生产的产品中，还有一种特殊的形式，即从精神活动出发，通过物质生产活动，以物质产品为结果，体现在物质财富中的精神产品（如技术的应用、发明创造等）①。

通过对中国知网等数据库的查询和不完全统计，自1982年以

---

① 许淑萍、江山：《略论精神生产的超经济本质》，载《黑龙江社会科学》1997年第2期。

来的 30 多年里，关于精神生产理论的专著有 20 余部，论文有 3000 余篇（含硕博士学位论文）。

三、研究方法

1. 技术方案（技术路线、技术措施）

总体来讲，在本书中，笔者主要采用定义法、文献分析法、分析和综合法、比较法、归纳和演绎法、史论结合法和历史与逻辑相统一方法开展研究。同时大量收集、阅读、整理与本书选题相关的文献资料（含文字、图表数据、图片、电子文档等），细心发掘有学术价值的新材料，精确恰当地提取新观点。

2. 拟解决的关键问题有以下四点：

（1）精神生产与创新两个概念的区别和联系，辩证地理解和论述二者之间的关系。在本书中，这两个概念存在互相混同替换的问题，精神生产较为学术化、哲理化，创新较为通俗化、口语化，体现为广义与狭义之分。创新是狭义的精神生产，精神生产是广义的创新，创新是精神生产的本质所在。

（2）精神生产与物质生产的关系，走出以往研究两者关系的误区，以世界本源是精神与物质的"一体两观"理论作支撑，论证知识产权保护作为两者区分的标准，揭示精神是怎样改变物质的过程。

（3）精神生产与思想市场的关系，自由是精神生产的基本特征，自由包括拥有生产资源的自由，也就是要有自由的思想市场可供选择，创新才能在不同思想的撞击中产生。并提出我国教育困境的破解之道。

（4）精神生产与建立创新型国家的关系，目前中国有一些不良现象，如 GDP 崇拜、传统信仰失落、社会道德沦丧，仿造、伪造成了人们追捧的求财之道，等等。如此下去，必然会处境堪忧。

那么，中国怎样才能在后工业文明时期超越西方，在儒家传统里塑造我们新的信仰？必须重视精神的产出，重视思想自由，只有重视人本身才能打造创新的社会体系，才能使自由、创新成为我们新的信仰和民族的灵魂，才能使建设创新型国家战略落到实处。

四、研究思路

本书的构建具有一定的逻辑性。遵循马克思主义方法论原则，将本书划分为七章。

第一章着眼于概念基础，围绕精神生产的概念展开论述，指出目前学术界对精神生产概念界定不清及其原因，在重读经典作家对精神生产相关论述的基础上，初步勾勒精神生产的概念。并回溯到早期资产阶级经济学家对精神生产理论的探讨，以及德国古典哲学研究认为精神生产是人主体性外化和对象化的生成。基于马克思主义社会总体生产理论，提出精神生产概念的确定的原则是不应脱离财富增长这一逻辑起点以及社会生产理论的总体框架。

第二章从精神生产的本质特征引出其与创新的关系，重点论述精神生产与创新的内在关联。将创新与精神生产结合起来研究既是本书的宗旨，也是写作技巧与手段，从精神生产分析创新，从创新发展剖析精神生产。两者相得益彰，既有具体又有抽象，既结合理论又回到现实实践。

第三章研究精神创新的特征，从本质特征和区别特征入手，在概念的基础上深入把握精神生产创新的内涵与特征，加深对两者的理解。使精神生产能够贴近实践，又使创新理论能够厚实而不至于沦为空洞的口号。这是单独研究创新难以总结出的创新特征，从而能更好地在现实中进行创新，而不仅仅是泛泛而谈创新。

第四章则注重拓展研究的理论广度，将精神生产创新置于马克思总体社会生产理论中考察，深入探讨精神生产创新与物质生产、人自身生产、社会关系生产以及生态生产的关系问题，指出精神生产创新是社会发展的引擎和主观推动力，是当今时代"普照的光"，总体的生产目的是为了人的全面自由发展。正是这种对理论广度的拓展，便于我们深入认识精神生产或创新在社会历史发展中的作用。

第五章从纵向和横向两个维度深入阐述精神生产创新的分类与激发机制。按照不同的标准将精神生产创新划分为七种类型，促进对精神生产创新理论的认识。

基于唯物主义的观点，将精神生产创新阐释为起始于社会外在需要，而不是主观臆想。同时尝试着探求了精神生产创新的内在思维激发，并重点论述了"思想市场"作为精神生产创新的外部约束，对我国的改革开放具有举足轻重的作用，是进一步激发经济活力和落实建设创新性国家发展战略的关键环节之一。

第六章是本书的重点，将精神生产创新的作用分为三个层次论述，一是从马克思"普照的光"思想的哲理层面，指出精神生产创新成为当今时代"普照的光"。二是研究精神生产创新对直接生产的作用。三是从现实层面上指出精神生产创新是科技进步的根本因素，是综合国力竞争的核心，是改革开放的基础条件。同时，着重提出精神生产创新是解决生态问题的重要手段。

第七章阐述精神生产创新之于建设创新型国家战略的重要意义。回顾创新型国家战略的提出与发展，论证精神生产创新与以人为本、社会主义核心价值观以及素质教育之间紧密的关联，是构建与实现创新型国家战略的重心和必然选择。

第一章 精神生产的理论渊源与概念确定

第二次世界大战之后，随着第三次科技革命的蓬勃发展，人类的生产能力每十年就翻了一番，人们惊诧于生产力从哪里来，震惊于科技与知识的力量，但人们都清楚，科技与知识都与人有关，都是人的精神的产物。在研究科技与知识的发生作用的奥妙的同时，人们自然而然地要深入探讨人的精神的作用，也即人的精神生产原理。精神生产作为一个马克思主义学说的重要概念，被苏联哲学界发掘并做了一些基础性研究，但囿于斯大林教条主义的影响，局限于意识形态论争的框架里。我国自20世纪80年代改革开放之后，长期被人为压制的对财富渴求的巨大欲望以及背后积压的生产力呈爆发式的释放，物质财富生产在短期内急速增加、极大丰富，表面上是物质财富的累增，但深层次里人们清楚是人的精神力量在起着很大的作用，同时，人们在物质财富得到初步满足之时，对精神财富的需求也水涨船高。因而，精神生产问题自然而然地进入到了学术研究的视野。

任何一件事物都有自身的历史逻辑起点与生成发展。精神生产作为与物质生产一样对于人类社会发展起着基础性作用的社会生产类型，其相关的一些理论问题至今还没有一个清晰的定论：是只局限于意识的产生还是进一步囿于高级社会意识的生产？如果把科技视为精神生产的产物，那么科技与物质生产紧密相连，又怎样区分精神生产的科技与物质生产中的科学技术？研究者都认可创新是精神生产的本质特征，但物质生产也需要创新，那么，创新仅仅只是精神生产的本质特征吗？精神生产在进入21世纪之前是学界研究的热点，但之后便被创新研究所替代，是否存在巧合呢？同样作为人脑思维产出的过程，创新被视作精神生产最本质的特征，两者之间到底有着怎样的关联呢？精神生产作为一个概念是否包含已经存在的知识文化，还是只是创造新的文化知识呢？显然，学界对这些问题还缺乏深入的辨析。为了准确地界定精神生产的概念，我们必须从"史"的角度梳理精神生产的提出与发展，也就是考察围绕它的研究的来龙去脉，才能推论出合乎逻辑的定义。否则就是自说自话，要么逻辑混乱，难以理解；要么看似能够自圆其说，却与历史逻辑相背离，缺乏普遍性的社会意义，从而也就失去了学术价值。历史与逻辑相统一的原则就是马克思主义建立其理论体系的最基本的原则。

一、精神生产的理论渊源

1. 早期资产阶级经济学精神生产理论的提出——探究内在财富增生的来源

考察人类文明史，精神生产理论的提出，不是在东方漫长的封建社会里，而是在西方资本主义发展时期。这不是偶然的，而是有着历史的必然性。资本主义仿佛从地底下唤起了魔力，使人类的物质财富得到了空前的增长，用马克思和恩格斯的话说："资产阶级在它的不到一百年的阶级统治中所创造的生产力，比过去一切世代创造的全部生产力还要多，还要大。自然力的征服，机器的采用，化学在工业和农业中的应用，轮船的行使，铁路的通行，电报的使用，整个整个大陆的开垦，河川的通航，仿佛用法术从地底下呼唤出来的大量人口——过去哪一个世纪料想到在社会劳动里蕴藏有这样的生产力呢"[①]，这究竟是怎么引发的呢？早在马克思、恩格斯之前，资产阶级经济学家就对此产生了兴趣，并进行了一些卓有成效的研究。16、17 世纪，资本主义生产方式得以在欧洲大陆确立

---

① 《马克思恩格斯选集》第 1 卷，人民出版社 2012 年版，第 405 页。

和发展，社会财富急速增长，资产阶级经济学家把商品的流动与交换即商业活动看作是财富的直接来源，利润是商品贱买贵卖的结果。这种观点遭到了以魁奈为代表的重农学派的激烈反对，他们认为只有农业劳动和土地才是财富的唯一根源，商业、工业等都不具有生产性。针对重商主义和重农主义的分歧，英国古典经济学的集大成者亚当·斯密抛开了创造财富活动的一切表象，直截了当地把劳动理解为财富增长的源泉。"然而，亚当·斯密的劳动理论是不完整的。他所理解的创造国民财富的劳动，不包括精神劳动，忽视了精神生产在国民财富的创造和增长中的重要作用。"① 从而也没能深刻揭示财富增长的缘由。让·巴蒂斯特·萨伊是 19 世纪初欧洲大陆最重要的经济学家之一，他使斯密的经济学说通俗化和系统化，建立了政治经济学的三分法，把政治经济学划分为财富的生产、财富的分配和财富的消费三部分，但同时也抛弃了斯密学说中的科学因素。在萨伊看来，"创造具有任何效用的物品，就等于创造财富"②。凡是产生某种效用的劳动就是生产性劳动，否则就是非生产性劳动，即便是赌博、卖淫等非法活动也成了财富增长的源泉。这就使他戴上了"庸俗政治经济学的创始人"的帽子，把物品的效用当作财富，更是偏离了从缘起上解释财富增长的研究方向。

在早期的资产阶级经济学家中，首次明确提出"精神生产"这一概念的是德国的弗里德里希·李斯特，在 1841 年的《政治经济学的国民体系》中，他指出："精神生产者的任务在于促进道德、宗教、文化和知识，在于扩大自由权，提高政治制度的完善程度，在于对内巩固人身和财产安全，对外巩固国家的独立主权；它们在这方面的成就愈大，物质财富的产量愈大。反过来也是一样，

---

① 景中强：《马克思精神生产理论研究》，中国社会科学出版社 2004 年版，第 35 页。
② ［法］萨伊：《政治经济学概论》，商务印书馆 1963 年版，第 59 页。

物质生产者生产的物质愈多，精神生产就愈加能够获得推进。"① 他认为："财富的原因和财富本身完全不同。一个人可以据有财富，那么就是交换价值，但是他如果没有那份生产力，可以产生大于他消费的交换价值，他将越过越穷。一个人也许很穷，但是他据有那份生产力，可以产生大于他所谓的有价值的产品，他就会富裕起来。……由此可见，财富的生产力比之财富本身，不知要重要多少倍。"② 这与随后俄国资产阶级经济学家昂利·施托尔希将精神生产称为"内在财富——体力、智力、道德力"的生产有相似之处。施托尔希说："显然，人在没有内在财富之前，即在尚未发展其体力、智力和道德力之前，是决不会生产财富的，而要发展这些能力，必须先有手段，如各种社会设施等等。因此，一国人民愈文明，该国国民财富就愈能增加。反过来也一样。"③ 即他们都将精神生产视作有别于外在物质生产的内在财富能力的生产，而且两者相互促进。他们将重农学派视土地、重商主义者视交换为财富来源的认识，推进到把人的内在的精神能力作为财富的源泉，修正了亚当·斯密忽略人的内在精神作用于生产劳动的观点，也批判了萨伊抛弃交换价值理论，将生产性劳动外延无限扩大至所谓"效用"的庸俗主义看法。

2. 德国古典哲学研究精神生产——认为是人主体性外化和对象化的生成

精神生产理论是16—19世纪资产阶级经济学家们为了探讨国民财富增长的原因和源泉而最先提出的一个论题，亚当·斯密、萨伊、李斯特、施托尔希等人都为此付出过努力。重农主义者认为只有农业生产才是社会财富产生的唯一来源，但资产阶级经济学家批

---

① ［德］弗里德里希·李斯特：《政治经济学的国民体系》，商务印书馆1961年版，第140~142页。
② ［德］弗里德里希·李斯特：《政治经济学的国民体系》，商务印书馆1961年版，第118页。
③ 《马克思恩格斯全集》第26卷（第1分册），人民出版社1972年版，第295页。

驳了这一观点，认为商业活动同样增长了财富，随着科技和艺术的发展进步，他们认识到人的精神生产更是财富的来源之一，从而也将财富的内涵从有形的物化产品扩充到无形的精神形态。同时期的哲学大家如康德、黑格尔、费尔巴哈等当然关注到了精神生产之于社会财富以及批判宗教神学确立人主体性生成的意义，并做了大量的论述。马克思主义的开创者也就是站在他们的肩膀上继续阐发精神生产的，而且是第一次站在辩证唯物史观的立场上开拓前行，把产生剩余价值的生产看作是社会生产，否则就是非社会生产。但不管怎样，不论资产阶级经济学家还是这些哲学大家，都是就论述社会财富增长着手论著精神生产的，即社会财富（包括物质与精神财富）的增生是研究精神生产的历史逻辑起点。

固然，早期资产阶级经济学家主要是从社会外在财富也就是物质财富的增长角度来考察精神生产的，即由外而内、由外在物质考察内在精神，存在很大的片面性。与之相比较，德国古典哲学则是从内而外，研究内在的精神对于外在世界的作用。其开创者伊曼努尔·康德从唯心的立场出发，认为人是理性的产物，系统阐释了人的主观世界或精神生活，提出"人为自然立法"的著名论断。一方面认为人只自觉执行和服从"绝对命令"，另一方面又认为人是自然的存在物，受到自然的制约。费希特改造康德的不彻底的唯心主义为彻底的唯心主义，以"绝对自我"的"自我"设定"非我"，以精神为世界的本源，否认客观实践对精神的作用。谢林则在此基础上，修正为理论、实践和艺术三方面的"绝对同一"，意识基于理论认识，实践则改造客观世界，为了消除必然与自由、精神与自然、主体与客体的对立，谢林最后用直观的"艺术活动"来返回"绝对同一"。在前人的探讨基础上，黑格尔发展出了"绝对精神"一说，走向了辩证的"唯心主义"，将精神视为普遍的存在，并与具体实践的人分离，把人的"精神""理性"看成是"绝对精神"发展到人类社会的产物，把内在精神外化、对立和扬弃的过程看成是"绝对精神"本质力量的对象化，这就是把精神生产看作是"绝对精神"的外化与对象化，在一定意义上揭示了精神生产之于客观世界的巨大作用。黑格尔说："人乃是能思维的动物，天生的形而上学家。"① 指出人的思维至上性，认为世界万物都是"绝对精神"的产物，这当然是唯心主义的最高表现。因而，马克思、恩格斯在《神圣家族》中指出：黑格尔的"绝对精神"是经过形而上学改装的"现实的人和现实的人类"，不过这个"现实的人和现实的人类"是头脚倒立的。为了反对黑格尔哲学的神秘性和唯心性，德国的唯物主义哲学大师费尔巴哈认为"新哲学将人连同作为人的基础的自然当作哲学惟一的、普遍地、最高的对象"②。开始从唯物的角度出发考察精神生产，认为精神不是什么脱离自然的绝对存在，而是人的产物，人是自然的一部分，故精神也是自然的产物，人的精神生产不可能摆脱自然界的制约。但费尔巴哈也犯了黑格尔视精神为普遍存在一样的错误，把人当作抽象的客体来看待，"而不是把它们当作感性的人的活动，当作实践去理解，不是从主体方面去理解"③。精神生产的主要特征却是个体性和创新性突出，具有很强的实践性，所以也可以说费尔巴哈的哲学关于精神生产的有关阐释是不彻底的。

从康德的《纯粹理性批判》《实践理性批判》《判断力批判》到黑格尔的《精神现象学》《精神哲学》，我们可以看出他们是从内在主体人的角度来研究精神生产，从而纠正了早期资产阶级经济学家"主客倒置"地从物与外在财富的维度追寻精神生产意义的偏差，确立了"精神生产是主体认识和创造客体的活动。其本质是主体内在精神的外化和对象化"④。无疑，德国古典哲学对精神生产的研究是开创性的，针对当时宗教神学对人的戕害，指出人的精神才是人的本质，从唯心主义或"不彻底的唯物主义"的立场揭示了人的理性和主体性生成的根据。可是，也正是由于他们基本立场的唯心性或不彻底性，无限地扩大了精神的绝对性，割裂了精

---

① ［德］黑格尔：《小逻辑》，商务印书馆1980年版，第216页。
② 《费尔巴哈哲学著作选集》（上），商务印书馆1985年版，第184页。
③ 《马克思恩格斯选集》第1卷，人民出版社1995年版，第54页。
④ 景中强：《马克思精神生产理论研究》，中国社会科学出版社2004年版，第59页。

神生产与物质生产的辩证关系，把内在精神的作用无限夸大，未能看到物质生产对精神生产的制约作用，如黑格尔说："理性是世界的灵魂，理性居住在世界中，理性构成世界的内在的、固有的、深邃的本性，或者说，理性是世界的共性。"① 并提出了"依据思想，建筑现实"的著名论断。片面地夸大了精神生产的力量，忽视了物质生产实践对于人、人类社会的基础性作用以及对自然界的改造作用，未免又从古典资产阶级经济学家那里有些矫枉过正了。所以马克思批判费尔巴哈说："仅仅把理论的活动看作是真正人的活动，而对于实践则只是从它的卑污的犹太人的表现形式去理解和确定。因此，他不了解'革命的'、'实践批判的'活动的意义。"也不无嘲笑地指出："黑格尔唯一知道并承认的劳动是抽象的精神的劳动。"② 只看到了抽象精神劳动对人自身的改造和其对人类本质生成的积极作用，而忽视了其对人类本质异化的消极作用和物质生产对于"类意识和类生活"的基础性作用。正是基于此，马克思在《资本论》第 1 卷第二版的跋中写道："我的辩证方法，从根本上来说，不仅和黑格尔的辩证方法不同，而且和它截然相反。在黑格尔看来，思维过程，即他称为观念而甚至把它转化为独立主体的思维过程，是现实事物的创造主，而现实事物只是思维过程的外部表现。我的看法则相反，观念的东西不外是移入人的头脑并在人的头脑中改造过的物质的东西而已。"③

3. 马克思主义奠基人将精神生产纳入社会生产理论——只有生产剩余价值的才是生产性的生产

如果说资产阶级经济学家是从"物"的角度考察精神生产之于财富增生的，那么德国古典哲学则是从"人"的立场来阐释精神生产之于人的主体性生成作用的，但他们说的"人"是抽象而

---

① ［德］黑格尔：《小逻辑》，商务印书馆 1980 年版，第 80 页。
② 《马克思恩格斯文集》第 1 卷，人民出版社 2009 年版，第 205 页。
③ 《马克思恩格斯选集》第 2 卷，人民出版社 1995 年版，第 111～112 页。

神秘的"人",而不是"现实的历史的人"①,不是"现实的、肉体的、站在坚实的呈圆形的地球上呼出和吸入一切自然力的人"②,是漂浮在天国的"绝对精神"造就的人。马克思、恩格斯将德国古典哲学从天国拉到了人间,"我们的出发点是从事实际活动的人,而且从他们的现实生活过程中还可以描绘出这一生活过程在意识形态上的反射和反响的发展。甚至人们头脑中的模糊幻象也是他们的可以通过经验来确认的、与物质前提相联系的物质生活过程的必然升华物。因此,道德、宗教、形而上学和其他意识形态,以及与它们相适应的意识形式便不再保留独立性的外观了。它们没有历史,没有发展,而发展着自己的物质生产和物质交往的人们,在改变自己的这个现实的同时也改变着自己的思维和思维的产物。不是意识决定生活,而是生活决定意识。前一种考察方法从意识出发,把意识看作是有生命的个人。后一种符合现实生活的考察方法则从现实的、有生命的个人本身出发,把意识仅仅看作是他们的意识。"③ 马克思、恩格斯认为是现实社会生活中的人产生了意识,而不是抽象的精神意识造就了人,精神意识是人在现实生活过程中根据交往的需要发展起来的,也就是说精神生产作为高级意识反映的发展阶段,也是在社会生活中随着物质生产和物质交往日渐发展起来的,"如果进一步问:究竟什么是思维和意识,它们是从哪里来的,那么就会发现,它们都是人脑的产物,而人本身是自然界的产物,是在自己所处的环境中并且和这个环境一起发展起来的"④。他们认为精神生产也是社会生产,而且反作用于物质生产和人自身的生产。道德、宗教等精神生产是随着物质生产发展而发展的,在反作用于人们现实生活的同时也在改造着人们的内在精神意识。这样就超越了早期资产阶级经济学家从"物"、德国古典哲学从"人本"的视角,单向度地阐释精神生产的局限,将精神生产与物质

---

① 《马克思恩格斯选集》第1卷,人民出版社2012年版,第155页。
② 《马克思恩格斯全集》第3卷,人民出版社2002年版,第324页。
③ 《马克思恩格斯选集》第1卷,人民出版社1995年版,第73页。
④ 《马克思恩格斯选集》第3卷,人民出版社1995年版,第374页。

生产以及人自身的生产结合起来研究,并辩证地看待三者之间的关系,从而极大地拓展了精神生产研究的广度和深度,并且扩大了社会财富涵盖的范畴。

人要进行生产才能生活,尤其是进行物质生产才能保持"吃、喝、穿、住"等基本的人类生活,但人的生产又是全面的生产,不仅包括物质生产和人自身的生产以及社会关系生产,而且还包含精神生产乃至生态生产。对于全面生产理论,马克思曾明确指出:"此外,不应该把社会活动的这三个方面看作是三个不同的阶段,而只应该看作是三个方面,或者,为了使德国人能够了解,把它们看作是三个'因素'。从历史的最初时期起,从第一批人出现时,这三个方面就同时存在着,而且现在也还在历史上起着作用。"① 马克思超越了亚当·斯密的"社会生产就是物质劳动"或萨伊认为的社会生产就是产生"效用"的理论,认为在资本主义雇佣劳动条件下,"只有创造剩余价值的劳动,并且不是为自己而是为生产条件所有者创造剩余价值的劳动,才是生产的。"② 即是说:相对于资本主义生产关系来说,只有创造了剩余价值的精神性劳动才是精神生产。甚至认为约翰·弥尔顿(John Milton)出于天性创作的《失乐园》,不是"为书商提供工厂式劳动",而是非生产性劳动,因为他没有生产出剩余价值。我们不能说马克思的论述是错误的,他是出于揭示资本主义生产关系、揭露资本剥削实质而阐发资本增生的。他所研究的精神生产,着眼点是精神劳动者对资本主义生产关系中的财富(利润)的增生。所以马克思在强调亚当·斯密的劳动定义时指出:"'生产价值'和'不生产'这些术语是在和原来不同的意义上说的。这里谈的,已经本身就意味着为已消费的价值再生产出一个等价的剩余价值生产。这里谈的是:一个劳动者,只要他用自己的劳动把他的工资所包含的那样多的价值量加到某种材料上,提供一个等价来代替已消费的价值,他的劳动就是生产劳动。这里就越出了形式规定的范围,越出了用劳动者对资本主

---

① 《马克思恩格斯选集》第 1 卷,人民出版社 1995 年版,第 80 页。
② 《马克思恩格斯全集》第 33 卷,人民出版社 2004 年版,第 137 页。

义生产的关系来给生产劳动者和非生产劳动者下定义的范围。"①

实际上，马克思、恩格斯考察的社会生产（包括精神生产）也是基于亚当·斯密的"劳动创造财富"这一论点，只不过更进一步，认为只有产生剩余价值的，才是生产性的社会生产，因为劳动者在创造价值时也会消耗掉价值，如果消耗的价值超出了或者等于创造的价值，那么就不能为社会增添财富的积余，当然不能认为是生产性劳动。而且特别强调在资本主义生产关系之下，资本家榨取的就是工人创造价值给付工资外的多余部分，将剩余价值视作资本再生产再剥削的来源。也正是由于马克思、恩格斯将全部精力集中在揭示和批判资本主义生产关系上，他们偏重于在当时资本主义生产关系中对财富增长起主要作用的物质生产，而没有详细地、系统地论述精神生产。关于精神生产的论述散见于不同时期的不同著作中，对于其概念没有作明确的界定；也没有延展到在整个人类历史的范畴内，来看待诸如弥尔顿创作《失乐园》之于人类社会精神财富增生的作用。这是因为在马克思看来，他们所处的资本主义社会生产中的精神生产，所独立创造的社会财富在整个社会总财富中所占的比重极少。在物质相对贫乏的历史时期，《失乐园》这类精神生产产品对于人们的"吃、喝、穿、住"这个"简单事实"起到的作用还不是很大。"同整个生产比起来是微不足道的，因此可以完全置之不理。"② 再就是由于精神生产还不能普遍适应资本主义这种大工业的生产方式："产品同生产行为不可分离，如一切表演艺术家、演说家、演员、教师、医生、牧师等等的情况。在这里，资本主义生产方式也只是在很小的范围内进行。"③ 但当历史发展到"科学技术是第一生产力"，精神文化软实力成了各国竞争的重心以及文化产业化已经非常突出的今天，我们就要重新审视马克思的这一观点了。精神生产在整个社会生产中的比重越来越大，转化为社会财富的速率也越来越快，对人类社会进步的影响也会越

---

① 《马克思恩格斯全集》第33卷，人民出版社2004年版，第147页。
② 《马克思恩格斯文集》第5卷，人民出版社2009年版，第417页。
③ 《马克思恩格斯文集》第8卷，人民出版社2009年版，第417页。

来越深，我们就不能再在马克思这一带有时代特征的观点上停滞不前了，"当今时代，文化越来越成为民族凝聚力和创造力的重要源泉、越来越成为综合国力竞争的重要因素"①，胡锦涛同志的这段话无疑是我们党在新的历史时期着意加强包含文化在内的精神生产的重要宣示。

二、精神生产的概念界定不清及其原因

1. 目前学界对精神生产的概念界定不甚明晰

随着科学技术和文化艺术、政策法律等软实力对于社会发展、国家竞争的作用越来越突出，马克思主义精神生产理论也越来越受到人们的关注。20 世纪 80 年代以来，学界不断有大量相关的著作或论文发表，但对于什么是精神生产，对于精神生产的内涵与外延的界定都还待进一步明晰。比如，精神生产与意识活动、认识活动、理论活动以及社会意识等相关概念如何区分？与精神劳动、点子创意、意志毅力及思想理念等物化或外化的精神表象存在什么样的关系？还有与政治、法律、道德、宗教以及艺术、科技等学科门类的生产是否等同还是存在差异？如果说科学技术也是精神生产的产物，那么作为科技延续的物质生产又怎样与精神生产区分？创新作为精神生产最基本的特征被一致认同，但创新与精神生产到底有着怎样的联系呢？学界深入论及这些问题的并不多，一般都是延续马克思主义经典作家的论述，简单地将宗教、哲学、艺术、政治、法律甚至文化知识的全体界定为精神生产，以列举个体概括整体；或者就精神生产的表象如艺术作品或科学技术成果而谈精神生产，以表象概括抽象。导致对精神生产主体范围及其起始于哪个历史阶

---

① 胡锦涛：《高举中国特色社会主义伟大旗帜　为夺取全面建设小康社会新胜利而奋斗——在中国共产党第十七次全国代表大会上的报告》，人民出版社 2007 年版，第 33~34 页。

段的确定存在争议；对于精神生产的对象是什么，也是莫衷一是的，一般认为精神生产作用的对象仅仅是外在客观世界，而不触及人的主观内在世界。如此状况，显然不利于"马克思主义理论这一新的理论增长点"的进一步发展，不能深入发掘这一理论的现实作用。列宁就说过："如果要进行讨论，就必须把概念弄清楚"①。因此，对马克思主义精神生产概念进行梳理、辨析，为深入研究这一理论奠定概念基础，是颇为迫切的。

2. 精神生产概念不明的原因

为什么对精神生产概念的研究会出现如此状况呢？一方面，要从精神生产的组成词源本身来分析，界定精神生产，必然不能离开对于"精神"的解释。精神（英语：Spirit），又译为灵、魂，它有许多不同的意义，通常意指灵魂、心灵、意识、理念等，是人类生命力的来源，为物质或肉体的反义词。有时候它也会等同于神明或是鬼魂。日本人最早使用这个词来翻译英语中的"Spirit"，后来被中国人所接受。在汉语中，"精神"的释义更为复杂，除了哲学意义上指人的意识、思维活动和一般心理状态，与物质相对外，还表示宗旨、活力、意志、本质、精灵等，是一个内涵十分宽泛的词汇，相应地，对精神的宽泛界定必然影响精神生产的释义，既可以是意志的产生，也可以是活力的体现，还可以表示心灵的活动；既可以从经济学角度来阐释，也可以从社会学角度去定义，而从哲学的高度去把握则显得较为困难；也就难怪学界对精神生产的界定不尽相同了。相对于精神的释义，百度百科对"生产"的解释则较为简单："生产是指人类从事创造社会财富的活动和过程，包括物质财富、精神财富的创造和人自身的生育，亦称社会生产。狭义生产仅指创造物质财富的活动和过程。"② 将生产界定为活动和过程，从而可以看出精神生产是动态的而不是静止的，不是结果而是过

---

① 《列宁选集》第 2 卷，人民出版社 1995 年版，第 748 页。
② http://baike.baidu.com/link?url = Uhjv5hMFfJN-ATNpw6eZc3wLgtEnliaOWlr53-bIDXuU6FWrafzOQ2FFhFId54Fz_TFLkBU84HnB6tkwAd7qsa, 2017-08-17。

程。而且社会财富本身也是一个涵义极为复杂的词汇，既是有形的，也是无形的。根据社会状况的不同，社会财富突出的内容也不尽相同。精神生产究竟生产出哪些方面的社会财富，显然不太好确认。另一方面，唯心主义哲学家对精神活动显然更为青睐，历史上，不论是西方古代学者毕达哥拉斯（最早提出灵魂轮回说）、柏拉图（认为欲望、理智和意志构成了人的灵魂）、亚里士多德（认为幸福就是合乎德行的心灵活动），还是中世纪和近现代的奥古斯丁（认为上帝是精神的唯一源泉）、康德（认为纯粹理性实践高于认识、人为自然界立法）、黑格尔（在"绝对精神"下提出精神生产，并提出了"依照思想，建筑现实"的著名论断）、叔本华（认为意志是心灵最重要的部分）、尼采（突出权力意志）、弗洛伊德（从梦的角度解释精神产生）等，都多有论著。在我国，儒家的孔子、孟子，道家的老子以及后来的宋儒理学等思想家对此都运用了大量笔墨。反倒是唯物主义者对精神劳动的论述不多，使我们从唯物的角度论述精神劳动存在着"接着说"还是"从头说"的窘境。西方唯物主义大师费尔巴哈算是从人本主义出发对精神生产有过较多著述的人，其后就是马克思主义的经典作家了，但列宁、斯大林囿于意识形态斗争的局限，较少论及。直到20世纪80年代，苏联科学院哲学所的B. H. 托尔斯特赫等编著的《精神生产——精神活动问题的社会哲学观》才开启了研究精神生产理论的一个新的篇章。再加之，在工业社会前，生活资料相对贫乏，马克思主义理论的奠基人的视角主要集中在物质生产和阶级斗争，揭示资本主义社会"物质异化人"和"人压迫人"的现状，对精神生产的论著较为分散和粗略。在国内，精神生产理论的研究起步较晚，无疑也是受到了意识形态斗争的影响，中华人民共和国成立之初的一段时期里，学者们一般都对精神生产理论的研究基本无视或者避而远之，只是到了20世纪80年代提倡思想解放后，出现了一批研究者。邓小平同志于20世纪90年代提出"科技是第一生产力"时，学界认识到精神生产之于科技发展的巨大作用，逐渐爆发了一个探讨的高峰。但到目前，似乎又有了下滑的趋势，主要可能还是关于精神生产的一些基本问题如概念及特征都还没有廓清造成的。

3. 重读马克思主义经典作家对精神生产的相关论述

"对一个文本好艺术品的真正意义的发现没有止境的，这实际上是一个无限的过程，不仅新的误解被不断克服，而使真义得以从遮蔽它的那些事件中敞亮，而且新的理解也不断涌现，并揭示出全新的意义。"① 在马克思、恩格斯的所有著作中，其二人合著的《神圣家族》首次明确提到了"精神生产"这个概念。当然，马克思、恩格斯也是站在前人的肩膀上着手研究这一领域的。在《1844 年经济学哲学手稿》中引用舒尔茨《生产运动》时，就说"他们首先必须有能够进行精神创造和精神享受的时间"②。在《德意志意识形态》中，两位导师开始把精神生产概念置于历史唯物主义基础之上进行考察，同唯心主义精神生产理论进行了决裂。"思想、观念、意识的生产最初是直接与人们的物质活动，与人们的物质交往，与现实生活的语言交织在一起的。人们的想象、思维、精神交往在这里还是人们物质行动的直接产物。表现在某一民族的政治、法律、道德、宗教、形而上学等的语言中的精神生产也是这样。"③

目前，学界一般都是从这段论述来展开对精神生产概念的阐释，有人认为这里的精神生产有广义与狭义的区分，广义的即"思想、观念、意识的生产"，狭义的即"表现在某一民族的政治、法律、道德、宗教、形而上学等的语言中的精神生产"。笔者对此难以苟同，从两位导师的表述来看，这段话应该是推进式的，而不是并列式，因此，此种广义、狭义之分不合逻辑。再者，从意识和精神的关系来看，前者是对现实的直接反映，而后者是间接乃至能动的反映，所以精神生产应理解为比日常意识产生高一层次的人脑活动。当然，大部分学者也倾向这一种解释，即精神生产是高级

---

① ［德］伽达默尔：《真理与方法》，王才勇译，南京大学出版社 2002 年版，第 265 页。
② 《马克思恩格斯文集》第 1 卷，人民出版社 2009 年版，第 125 页。
③ 《马克思恩格斯选集》第 1 卷，人民出版社 1995 年版，第 72 页。

的、带有创造性的思维活动。意识活动和精神生产最大的区别在于：前者是直接反映世界的思维活动，以认识世界为目的；后者是间接认识世界的思维过程，以改造世界为归宿。另外，学者们还较为关注这句话中蕴含着的精神生产的社会历史属性。认为精神活动的社会性突出，是社会的产物，这一点无疑没有脱离经典作家论述的原意，但逆向性地思考，这句话中在"政治、法律"之前还限定了"表现在某一民族的"，突出民族性，在一定意义上说明了精神生产的个性大于共性。从现实的情况来看，凡属开创性的科技发明和文艺创作，典型的自由个性表现得更为显著。如乔布斯的苹果手机创意，正是打上了他本人独特的个性才似乎拥有了征服全球的无穷魅力。我们不能为了论证所谓的社会性而忽略精神生产最显眼的个性特色。

我们应该注意到，马克思、恩格斯的表述一贯是十分严谨的，在这段话里，有两个表达时间的词汇——"最初""还是"，连同"'精神'从一开始就很倒霉，受到物质的'纠缠'，物质在这里表现为振动着的空气层、声音，简言之，即语言"① 这句话中的"一开始"。为什么一定要用这三个时间限定副词呢？笔者认为他们显然抓住了精神生产发展的规律性，感觉到了其发展日渐脱离物质制约而按照自身逻辑加速发展的趋势（这已为脑力劳动者成为社会生产的主力军、科学技术加速度发展的历史现实所证明）。但如何继续发展，他们并没有深入阐述，这主要是由于他们批判的重点在于德国旧哲学不知道实践（主要指物质生产）的重要性，仍然把理论的焦点聚集在满足人们物质生活资料需要的物质生产方面；同时也由于他们那时候的社会生产处在资本主义早期阶段，远远没有到达科技飞速发展的时期。针对创立唯物史观时期的这一特点，恩格斯在《自然辩证法》一书中进行了说明："我们只能在我们时代的条件下去认识，而且这些条件达到什么程度，我们才能认识到什么程度。"② 也正是这点，说明了我们传统的哲学教科书的

---

① 《马克思恩格斯选集》第1卷，人民出版社1995年版，第81页。
② 《马克思恩格斯选集》第4卷，人民出版社1995年版，第337页。

不足，把社会生产局限于物质生产而忽略精神生产，更忽略了精神生产在长期的发展中衍生了自身发展的逻辑，显示出日益依赖人的主观思维创造而摆脱物质的"制约"，即在人类文明已有的资源上加速发展的趋势。

对于精神生产的起源或发展研究，两位导师在《德意志意识形态》中也做了阐发，"分工只是从物质劳动和精神劳动分离的时候起才真正成为分工。从这时候起意识才能现实地想象：它是和现存实践的意识不同的某种东西；它不用想象某种现实的东西就能现实地想象某种东西。从这时候起，意识才能摆脱世界而去构造'纯粹的'理论、神学、哲学、道德等等。……分工不仅使精神活动和物质活动、享受和劳动、生产和消费由不同的个人来分担这种情况成为可能，而且成为现实。"① 这段话同样被不少学者引述，认为历史发展到了体力劳动与脑力劳动的分工也就是原始社会末期，有了专门的有产者阶层，才出现了真正的精神生产。对此，我们不必纠结于两位导师的原意，但可以反诘，原始社会中氏族的图腾与神话，只是人们在日常生活中对物质世界直接而且简单的反映吗？显然不是，图腾和神话虽然有着现实世界的影子，但更多地融合了人们的思维创造的成果，既是原始人出于对自然界的恐惧而寻求的心理平衡，也是他们发挥想象改造物质世界的开始，是一种高级的精神活动。轻率地用精神生产界定体力劳动与脑力劳动的社会分工，必然会割断精神生产历史发展的延续性，好像就成了虚幻的空中楼阁，使人提到精神生产就产生了不真实的感觉。其实，历史上，不是自然存在的每一件人类最初创造的物品，都可谓是人类精神生产的产物。哪怕是当初最简陋的石制工具也是原始人耗费极大的脑力而制成的，只不过年代过于久远，我们当代人忽视了他们在其中耗费的精神力量而已。精神生产也是人类长期进化的结果，是与物质生产一起发展起来的，只是到了原始社会末期出现了体力劳动与脑力劳动的分工，才得以由隐性生成转变为显性发展而已，并且到了现代科技革命之后"知识爆炸"式地加速发展。我们不能

---

① 《马克思恩格斯选集》第 1 卷，人民出版社 1995 年版，第 81 页。

把起源与发展阶段起点相混淆。同时，认为精神生产源于特殊阶层的解释，还会导致危险的后果——忽视劳动者对历史的创造性。马克思主义的经典作家早就指出过，这是历史上很多思想家都犯过的错误，我们现在更不能重蹈覆辙。而且把专门进行精神生产的人群（主要是知识分子）同人民大众割裂开来，往往容易走向极端，如在"文化大革命"这一特殊历史时期，不认同知识分子是劳动阶级而进行疯狂的打击，我们就可以认知到分裂精神生产主体的危害。

正是由于过于重视物质生产，有些学者和传统哲学教科书误读了两位导师措辞严谨的论述，将社会生产几乎等同于物质生产，而忽视了与物质生产一起为了人类自身生产服务的精神生产和人的自身生产本身。导致"马克思的唯物史观被程度不同地歪曲为'经济史观''经济主义''人学空场'，马克思的历史决定论被理解为'经济决定论'或'机械决定论'等。"① 目前，学界较为一致地认为，马克思从来就没有把精神生产和人的自身生产分离出社会生产，只是由于历史条件（主要是物质生产贫乏和写作宗旨）的局限，没有像着力物质生产一样展开深入论述而已。可是，我们曾一度把物质生产的地位提高到无以复加的地步，把精神生产和人自身的生产都看作是为了物质生产，这实际上背离了经典作家的原意，马克思一再强调"一切社会的历史，都是以现实的个人开始的"。社会生产也应该是为了人而进行的。以此出发，我们就可以进一步阐发社会生产中三种生产的相互关系。固然，经典作家认为物质生产是社会生产的物质基础，但我们应该看到，随着生活资料匮乏的消除和知识经济的兴起，人们的精神文化生活需求日益增长，导致形成了脱离"第一自然"而存在独立生成的"第二自然"，精神生产对于物质生产的反作用越来越大，在当代社会生活中的作用已然超越了物质生产。"人是目的，不是手段。"② 物质生产与精神生

---

① 景中强：《精神生产：历史唯物主义亟待于深入研究的一个重大课题》，载《理论探讨》2006年第5期。
② ［德］康德：《实践理性批判》，韩水法译，商务印书馆2003年版，第95页。

产的目的是为了人，而人的自身生产和不断发展又为物质生产和精神生产提供了主客体要求和增长空间，"生产不仅为主体生产对象，而且也为对象生产主体。"① 这三者相互交织与相互促进的过程，形成了整个人类历史发展的社会生产轨迹。

三、精神生产概念的确定

1. 根据什么确定精神生产的内涵与外延

如果仍然把"政治、法律、道德、宗教"及后来提到的"艺术、科技"笼统地确定为精神生产的范畴，这显然停留在马克思当时还比较粗略的论述上。既然精神生产也属于社会生产，那么，我们为什么不在社会生产总体框架下阐释精神生产的内涵与外延呢？

从外延来看，在人类思想史上，马克思历史观第一次把握了社会生产理论，并明确地理解为人类社会存在和发展的基础，以此构建历史唯物主义理论大厦，深入考察、分析甚至预测人类社会发展趋势。那么，组成社会生产的物质生产、精神生产和人自身的生产三者关系如何？马克思是有论述的："不应该把社会活动的这三个方面看作是三个不同的阶段，而只应该看作是三个方面，或者，为了使德国人能够了解，把它们看作是三个'因素'。从历史的最初时期起，从第一批人出现时，这三个方面就同时存在着，而且现在也还在历史上起着作用。"② 既然学界对构成社会生产的三种基本形态有了共识，那么，除了物质生产和人自身生产外的社会生产，不应该还留有空白地带，而都应该纳入精神生产研究的理论视域。从而也就不能把精神生产局限于社会意识形态的形成，如"精神生产就是一定社会形式意识的生产，或者确切地说，是意识社会形

---

① 《马克思恩格斯选集》第 2 卷，人民出版社 1995 年版，第 10 页。
② 《马克思恩格斯选集》第 1 卷，人民出版社 1995 年版，第 80 页。

式的生产"①，科学技术也应该是精神生产的当然之义；也不能只把产生了"真、善、美"的认为是精神生产，把不真、不善、不美的精神产品抛出研究范畴。从而不能从整体上把握精神活动与社会生产的关系问题，不利于发现精神生产本质特征与产生规律，及其对整个社会生产的作用。

从内涵来分析，"表现在某一民族的政治、法律、道德、宗教、形而上学等的语言中的精神生产也是这样"。这是经典作家关于精神生产内涵的经典论述，学者们也是依据此论述，将政治、法律、道德、宗教还有后来马克思论及的科技、艺术纳入到精神生产领域的，但仔细梳理，马克思、恩格斯的措辞是"语言中的精神生产"，并没有将"政治、法律、道德、宗教、形而上学"的全体纳入表述的语义中，语言是思维的外壳和物质载体，精神生产借助于语言。以此推理，不是表现于语言思维活动中的政治、法律、道德、宗教，如以知识形态留存已久的政治、法律、道德、宗教的那部分，是人类精神生产已经产生的产品，是"人化自然"的一部分，只是作为精神进一步生产的资源而容易与其本身混淆而已。至于目前学界较少论述涉及的哲学研究和教育活动，应不应该纳入精神生产的范围呢？从整体的社会生产来看，它不能归于物质生产，也不能纯粹纳入人自身的生产（教育一大部分是为了人自身的再生产），因而是应该纳入精神生产的；从它们更多是精神属性的思维活动和过程来看，也无疑是不能抛之题外的。当然，它们也应该是现今活动或活动的过程而且是高级形态的活动，才是精神生产考察的视域，同样不能把已有的哲学知识和仅仅是传授知识的一般教学活动纳入精神生产概念（后者应归入人自身的再生产），否则就会把精神生产泛化、庸俗化。哲学研究与精神生产有很多相似之处，都是抽象性的思维活动和过程，都是对"真、善、美"的终极追求，但哲学研究范畴要狭窄得多，只是精神生产的一部分，比如同样作为精神生产科学探索和艺术创作的活动作为具体学术活

---

① [苏] B. H. 托尔斯蒂赫等：《精神生产——精神活动问题的社会哲学观》，安起民译，北京师范大学出版社1988年版，第137页。

动，已经被哲学研究抛出考察的视域。而且，精神生产也不只是对"真、善、美"的终极追求，这一点应该好理解，我们不能把不真、不善、不美的精神产品剔出精神生产的涵盖范围，否则就不能解释诸如所谓异端邪说、"文化垃圾"等人类精神活动的归属。将精神生产等同于对"真、善、美"的追求，这就把过程与结果相混淆了，还可能导致一个现实的危险，就是不鼓励现代科学发展中必然存在的"试错"或"证伪"实验。把一切失败的科学实验阻挡在社会整体生产之外，哪里又会有爱迪生实验几千次才得以成功的白炽灯呢？因此，我们可以推导出，哲学研究似乎居于精神生产的顶端，其下则是各个精神生产门类的相互交织，一起组成了精神生产这一社会生产总体系中的分支。

在精神生产是否一定表现在物化产品上，笔者发现有的学者要么语焉不详，要么认为外在的物化是精神生产的必然逻辑。认为精神生产必然导致物化的产品，否则就不是精神生产，乍看似乎很有道理，因为生产直接的结果就是产品。但是事实如此吗？当精神活动还停留于"头脑风暴"时，正是精神活动的极度活跃期，牛顿从苹果落地联想到万有引力，希格斯猜想到"上帝粒子"的"希格斯玻色子"，一定是先经历了无数次"头脑风暴"的，我们难道能说伟大的物理学家不是在进行精神生产吗？还有，创造性的心理活动能够调节、激励人的心灵，尤其在现代生活节奏加快的时代背景中，有着对整个社会生产不可忽略的作用；爱的冲动是创作文艺作品的前提，也是维持人的自身生产不可缺少的条件；理性是法律的基石，是人与动物相区别的思维能力，在精神生产的研究中，我们能对心灵冥思、爱意冲动、理性构建等视而不见吗？宗教是经典作家们讨论较多的精神生产的相关论题，即便产生出宗教作品，但宗教更多地体现在对人的心理、精神内在的感化作用，达到心理平衡，而较少变现为物化的产品，显然，我们更不能将宗教弃于精神生产范畴之外。按照马克思主义理论的论述，劳动是人作用于自然界的活动，是人与动物相区分的标志，其实质是为了人类的生活和自己的需要服务，人通过一定目的的有意识的自身活动，调整和改造自然界，使之发生物质能量变换，即改变自然物的形态或性质。

以此推理，精神劳动必然产生物化产品，而精神生产只是劳动的内在动因，并不一定要表现出外在物化。在笔者看来，认为精神生产必然产生物化产品，是误入了套用物质生产理论必然生产出物质产品的思路，认定精神生产也一定要有外在的物质媒介，实际上精神生产产生的一部分只是表现为符号体系上的思想或知识，可能停留于头脑思想活动和语言交流，并不一定外化为物质产品。有无具体对象化的物化产品可能正是区分物质生产与精神生产的重要表征。比如科技发明，在理论阐释阶段可能是精神生产，即便后期表现于书本、光盘等外在物化，但其实未能脱离人的头脑，"符号和载体只是传播的媒介，而不是精神内容本身。"① 发明一旦成批量地制造科技产品，则应该属于物质生产了。同样，意志毅力以现在的语境来看，是正能量或正价值的精神生产资源，是精神生产实现的方式或手段，其语义要窄于而不能等同于精神生产。思想理念的含义则也相当复杂，既可以是精神生产的结果，比如毛泽东思想、邓小平理论，也可以理解为精神生产的过程，如巴尔扎克认为，一个能思想的人，才真是一个力量无边的人。

也许会有人不认同，他们会说生产是为了产生出社会财富。那么，我们就看看马克思是如何界定财富的吧！"所谓财富，倘使剥去资产阶级鄙陋的形式，除去那在普遍的交换里创造出来的普遍的个人欲望、才能、娱乐、生产能力等等，还有什么呢？财富不就是充分发展人类支配自然的能力，既要支配普通所说的自然，又要支配人类自身的自然么？不就是无限地发挥人类创造的天才，全面地发挥，也就是说发挥人类一切方面的创造能力，发展到不能拿任何旧有尺度去衡量的那种地步么？不就是不在某个特殊方面再生产人，而要生产完整的人么？不就是除去先行的历史发展以外不要任何其他前提，除去以此种发展本身为目的外，不服务于其它任何目的么？不就是不停留在某种既成的现状里面要永久处于变动不息之中？在资产阶级经济学以及与其相当的生产时代里，把这种彻底

---

① 李文成：《追寻精神的家园——人类生产活动研究》，北京师范大学出版社 2007 年版，第 143 页。

发掘人的内在本质弄成了彻底空虚,把普遍物化弄成了极端麻木不仁,把打破一切片面的固定目的弄到为一种纯粹外在目的而牺牲人类本身的目的。"① 重读这段论述,我们不得不为经典作家思想之深邃、论证之严密所折服。马克思在这里不仅指出了财富是什么(欲望、才能、娱乐、能力),而且指出了生产财富的目的是支配自然、生产完整的人,生产的条件是人类已有的物质文化水平,还揭示了财富的形式是变动不居的,是普遍的物化,不能为了纯粹的外在目的而牺牲人类本身。依此,我们就更能准确地理解精神生产绝不能局限在外在物化的产品上了。

2. 精神生产概念不应脱离财富增生这一逻辑起点以及社会生产理论的整体框架

地球还是那个与洪荒时代差不多的地球,除了太阳光和少许陨石等天外来物外,地球的质能并没有多大改变,但人类所拥有的财富(包括物质和精神财富)却已加速度地成倍增长。那么,社会财富到底是怎么增生的?这是一个众多哲人为之倾心的问题。如果将人类对于此问题的探究最早地追溯到资产阶级经济学家那里的话,我们就可以梳理出一条较为清晰的线——不论是资产阶级经济学家当初关注精神生产,还是德国古典哲学研究精神生产,跃升到马克思主义奠基人以辩证唯物主义历史观的方法来考察精神生产,其中都隐含着"社会财富为何能够增生"这条线。资产阶级经济学家是从"物"的角度考察精神生产之于财富增长的;古典哲学是从"人本"的立场研究抽象精神之于人的主体性生成,也即人的主体性的外化和对象化,但两者都没有将财富增生和主体性生成结合起来研究;马克思、恩格斯则是立足于资本主义生产关系中的社会生产,阐释精神生产之于剩余价值的产生,也即资本家是如何获得资本利润的,并且将精神生产纳入社会生产的整个理论体系,透视社会"财富增生"与人的"主体性生成"之间相互作用的奥秘。只不过资产阶级经济学和德国古典哲学的研究是片面的,都不

---

① 《马克思恩格斯全集》26卷,人民出版社1995年版,第104页。

同程度地带有庸俗和神秘的色彩，因而也是不科学的。但正是他们开拓性的研究，为精神生产概念奠定了一个逻辑起点——社会财富增生的生成。他们将财富产生的主体要么归结为"商业流动"，要么推向所谓的"绝对精神"，不知道现实社会生活中的人本身即是精神生产的主体。解决这一点的是马克思、恩格斯，他们将精神生产置于整个社会生产理论体系之中考察，得出精神生产是"不用想象某种现实的东西就能现实地想象某种东西"的"真正的生产"，是"懂得按照任何一个种的尺度来进行生产，并且懂得怎样处处都把内在的尺度运用到对象上去；因此，人也按照美的规律来建造"的生产，从而是有别于物质生产和人自身"种"的繁衍。把精神生产纳入整个社会全面生产理论来考察，并将其推到了系统论的深度，也就为精神生产概念确立了外延和范畴。我们不应该偏离这一理论框架而作任意的阐发，否则就会逻辑混乱、自说自话。

如果说"财富增生"是研究精神生产的历史逻辑起点，那么，什么是社会财富呢？早期资产阶级经济学家只看到商业流动产生的"货币"，德国古典哲学则局限于所谓的"理智"和"绝对精神"，这无疑是片面的。马克思不只是把社会财富的来源局限于剩余价值或利润的生产，而是把人的"能力""创造能力"即"人的主体性"看作财富的源泉，这也就把资产阶级经济学和德国古典哲学有关精神生产的研究整合起来了；认为财富不是某个特殊方面的再生产，而是全面的生产——生产完整的人，也就是说不仅物质生产、人自身生产是社会的财富，同样精神生产也是社会的财富，整体的社会生产构成人类社会财富的整个来源。这也被为什么当今时代科学技术被看作"第一生产力"、文化软实力越来越成为各国竞争重点的历史发展趋势所印证。科技和文化都是人精神生产的产物，其本身就是社会生产力，是财富增生的源泉；而且在物质生产的基础上不断加速发展，可以说，在造就人类社会自身及与自然环境和谐度的意义上，精神生产的重要性显然超越了物质生产。

第二章 精神生产与创新的关系

精神生产相对于物质生产而言，神秘高贵而且威力更大，可以上九天揽月，也可以下深海捉鳌；可以细究原子之微，也可以宏论宇宙之妙，纵横古今，瞬息万变。但相对于物质生产，学界对精神生产的研究显然远远不够，尤其是都认为创新与精神生产有着紧密的联系，精神生产最根本的特征就是创新，但"创新"作为新词汇，从美国人熊彼得把它纳入到经济学范畴研究以来，也不过百把年的历史，而且一开始也是作为经济财富增长的因素被发掘出来的，然后扩展到社会学，最后深入至哲学的范畴。这与精神生产的研究历史几乎一致，精神生产也是作为财富增长的原因被早期资产阶级经济学家所关注，由于经济与社会互为表里，难以分割，所以研究视角必然进入社会学以及哲学。那么，创新仅仅如目前学界认为的那样是精神生产的特征吗？让我们来回顾国内学界研究两者的历程，以及依据马克思主义的原理来分析精神生产的内涵是否是新增财富和知识的表达呢？可以发现精神生产与创新两者诸多共同的东西存在里面，创新与精神生产都是一个过程，难分彼此，紧密重合。

一、创新是精神生产最本质的特征

1. 精神生产是意识的高级形式或社会意识的生产

从现在可考的资料来看，国内最早研究精神生产的学者有李文成教授和安起民研究员等。李文成教授是国内研究精神生产的大家,"《论精神生产》一书是国内第一部系统论述精神生产问题的学术专著,在哲学界产生了重要影响"。该书的全称是《论精神生产——对人类精神生产奥秘的反思》,于1988年出版。在此之前,李教授于1985年6月在《哲学研究》上发表《略论精神生产的概念和历史形式》一文,将精神生产定义为意识的高级形式生产:"意识的高级形式——哲学、道德、宗教等的生产,即'精神生产'。"同年10月又在《社会科学》和《学术月刊》上,分别发表了《"精神生产"概念在历史唯物主义范畴体系中的地位和作用》和《马克思主义精神生产概念的形成过程》两篇文章,进一步推论出"所谓'精神生产'是指科学、艺术等意识的高级形式的生产。研究'精神生产',不是要研究科学、艺术等具体内容和特殊规律,而是研究意识诸高级形式生产的共同规律及其在社会生活和历史发展中的地位,进一步认识社会的总体结构和历史发展的普遍规律"。并论证了"马克思主义的精神生产概念是马克思在创立唯物史观的过程中提出的。马克思早期的思想发展,经历了'离开黑格尔走向费尔巴哈,又进一步从费尔巴哈走向历史(和辩证)唯物主义'的过程。他对精神生产、精神活动的理解,也随这一过程的发展而变化"。紧接着李教授又于1986年在《复旦学报》(社会科学版)第1期发表的《马克思主义的"精神生产"概念的含义》一文中,确定了精神生产的概念:"'最初的'意识生产是初级的意识生产,是意识的初级形式的生产,精神生产是高级的意识生产,是意识的高级形式的生产。"

将意识反映与精神生产区分开,这是极有意义的努力。毕竟日常意识太稀松平常,与高贵灵明的精神还是应有所区别的,如果把日常意识也纳入精神生产,就会导致精神生产太庸俗化了。这不仅不符合早期资产阶级经济学家、德国古典哲学大家黑格尔等人探讨精神生产的出发点,而且也不符合马克思主义奠基人研究精神生产的本意,他们的最初目的都是出于考察社会财富的增长而着手精神生产理论阐发的,只不过德国古典哲学侧重于人之本体性生成与超越,而马克思着眼于"理论的武器"和资本的增生。

但李文成教授在《"精神生产"概念在历史唯物主义范畴体系

中的地位和作用》中又阐述道："'精神生产'既不能完全列入'社会存在'，又不能被'社会意识'所代换，它是'社会存在'和'社会意识'的中介。""'精神生产'既和'上层建筑'有密切联系，又不等同于'上层建筑'，它是'经济基础'和'上层建筑'的中介。"这就是认为精神生产既不包括社会意识，也不内含上层建筑，只是其间的中介，那么"意识的高级形式——哲学、道德、宗教等"是不是就是上层建筑呢？如果是，那么就有些自相矛盾了——既在范围之内而又不包含于其中。

中国社会科学院的安起民研究员于1986年3月在《社会科学》发表《试论精神生产》一文："我们所说的精神生产，并不是日常意识的反映活动和过程，不是这些日常生活中的意识，而是指社会思想的生产，即社会意识的特殊形式的生产。"同年他又在《教学与研究》第4期发表了《精神生产与精神文明》一文，认为"精神生产是特殊的社会集团（大部分知识分子）从事的哲学、科学、文艺、道德、法学、政治思想、宗教等社会意识高级形式的生产"。并论证道："作为一种生产，精神生产同物质生产既相联系又相区别。精神生产以物质生产为基础，受物质生产发展的制约，并遵循物质生产的基本规律。精神生产方式是精神生产力和精神生产关系的统一体，在精神生产力和精神生产关系矛盾运动中发展。同时，精神生产又有其不同于物质生产的特殊的本质和规律。"这显然借用了马克思关于社会生产力和生产关系的论述，将精神生产限定在物质生产的基础之上，受到了物质生产的完全制约。

安起民研究员接着翻译了苏联社会科学院B. H. 托尔斯特赫等人合作撰写的《精神生产——精神活动问题的社会哲学观》，并由北京师范大学出版社1988年7月出版发行。该书中关于精神生产的概念也基本与安起民教授的观点一致，即是社会意识形态的生产。"意识以社会形式存在，是人们集体生产意识的直接表现和结果。意识获得社会形式，正因为它是人们精神主动性的综合产物，是人的各种个体思维活动的全部综合和结果。人们的集体智力努力与其中体现出智力努力结果的社会形式之间的这种直接联系，就在精神生产概念中固定下来了。因而，精神生产就是一定社会形式意识的生产，或者确切些说，是意识社会形式的生产。"可能安起民研究员先研读了这本著作，从而受到苏联意识形态的影响，将精神生产立足在社会意识的阐发上。

从"社会意识高级形式"和"意识的高级形式"可以看出，安起民研究员和李文成教授主要是从精神生产的产品或结果形态角度来定义其概念的，难以穷尽所有表象来界定其实质。什么才是高级的意识呢？这里好像并不存在一个确切的划分标准，从而也就难以从本质上把握精神生产。"对象是被我主观地思考的；因此，我的思想也就是事物的概念，而事物的概念就是事物的实体"，我们不能停留于表象而抓不住"事物的实体"。既然李文成教授这样的大家都对精神生产概念有些难以定夺，那么从这一点可以看出，给精神生产下定义确实不是一件很容易的事。而且，在这里，精神生产与创新没有多少紧密的关联。

2. 精神生产是社会人改造主观世界的活动

"明知难为而为之"一直是学界的精神实质所在。1987年，武汉大学的汪国训先生发表在1987年第6期的《武汉大学学报》（社会科学版）上的《试论精神生产和物质生产的相互关系》一文，将精神生产概念研究的着重点从结果形态推进到精神生产的客体对象。他论述道："如果说：生产是社会人为了满足自己的一切需要（包括物质需要和精神需要等）而按一定的意图进行的一种旨在改造一切对象世界（包括客观世界和主观世界）、以创造产品（物质产品和精神产品）的活动，那么相应的物质生产就是社会人为了满足自己的物质需要而按一定意图进行的一种旨在改造客观世界以创造物质产品的活动，而精神生产则是社会人为了满足自己的精神需要而按一定意图进行的一种旨在改造主观世界以创造精神产品的活动。"这一论述主要是从主体（社会人）之于客体对象（主观世界）的关系，以及对比社会生产和物质生产来阐释精神生产概念。它不仅扩展了安起民研究员的主体范畴（特殊的社会集团），并且落脚到一种改造和创造活动。相对来说，应该是比前面两位的论述更进了一步。将精神生产的主体限定到特殊的人群，这不仅不符合马克思主义的历史观——人民群众是创造历史的主体，而且还有现实的危险，割裂知识分子与人民群众的联系，以至于在"文化大革命"这样特殊的历史时期，把知识分子不当作劳动人民群体而加以迫害。所以汪先生关于"社会人"的论断是十分深刻的，也是吻合历史逻辑的。

只是精神生产创造的只是作用于主观世界的精神产品，从而也就把精神生产与物质生产完全割裂开了，主观的永远就是主观的，但精神生产最初不就是被物质纠缠吗？而且也与实践不相符合：任何物质生产离开了人的精神活动就难以为继，精神生产也极大地改造了客观世界，这就是雄辩不争的事实。精神与物质难以割离，是目前哲学界趋同的命题，并且有学者提出"物质与精神实质上是'一体两观'"，物质本身具有"广延性、觉知性及能量性"。而且把物质生产与人的精神割离开，那么又怎样区分人与动物的活动呢？要知道动物也要为了生存而不断地进行捕猎这类的物质活动，而人也就是在这类活动的基础上进化而来的，人类之所以比动物高级，不在于体力和肌体运动能力（甚至身体机能还有退化的迹象）胜过动物，根本还在于人有精神活动，能够主动地认识与改造客观物质世界。所以从这一思路来分析，能够改变客观物质世界的，主要不是人的物质生产，而是精神生产，是人的能动性的精神活动导致了物质世界的改变。

将精神生产局限于改造主观世界，也是由于汪先生割裂了精神生产与物质生产之间联系的必然选择，似乎这样也是合乎逻辑推理的，精神的东西是主观的，改造的也是主观世界。但这样就陷入了唯心主义的危险，也即是遵循了德国古典哲学大家康德、黑格尔等视精神生产为"人性的张扬与超越"的思路，超脱了"现实的个人"这一历史基础。而且，科学技术目前被公认是精神生产的一大部类，科学技术主要作用于客观世界而非主观世界，所以说精神生产仅仅改造主观世界是缺乏说服力的。

将精神生产确定为活动无疑前进了一大步，抓住了生产活动性的本质，但汪先生将精神生产归结为一种活动而不是过程，似乎也有缺陷。活动并不必然包含结果，精神生产之所以是生产，是因为生产就应该有产出。相比较而言，活动是由共同目的联合起来并完成一定社会职能的动作的总和，过程则是事物发展所经过的程序、阶段，也是将输入转化为输出的系统，所以说活动不一定包含结果，而过程却是将输入转化为输出的系统，隐含有结果。在"活动"的同时增加规定为"过程"，对于精神生产作为社会生产的必然组成部分来说，也许更为严谨。当然，精神生产是否必然表现出物化的结果，有待深入研讨。

将精神生产看作是一个过程，而且是改造主观世界的过程，这与创新又靠近了一步。创新也是在人这个主体头脑的作用下创造出新的点子、创意和方法等的过程，是作用于主观世界的。主体、客体基本重合，而且都是精神作用于内在世界的过程。

3. 精神生产是观念地把握世界的过程

"社会生产是不断进行的再生产，精神生产也不例外。"① 在笔者看来，众多的下定义者当中，王晓林教授给出的精神生产概念最具思辨色彩，也极为抽象。1989年他在发表于《江汉论坛》上的《精神生产是观念地把握存在的历史过程》一文中认为："观念地把握存在是历史地进行的。这不仅使精神生产的发展呈现出独特的风貌，还从特定的角度表征着精神生产的本质。"并指出精神生产的产品就是知识，而不像前论者们将其规定为哲学、道德、宗教之类（那样有着循环论证之嫌——以部分界定整体），过程就是人类知识产生的承前启后，将精神生产与物质生产可谓较为深刻地区分开来了。正如前段所述，过程比活动涵盖要广，用过程界定精神生产比活动更恰当些。而且，王教授认为精神生产的产品就是知识，而且是历史的、现在的以及后继的精神生产产品——这一点显然也是王教授的贡献。不过这样也把日常的意识活动和日常认知知识包含进来，而把科学技术剔除在外了。这可能也是目前为止在精神生产研究领域取得成果最多的景中强博士没有沿用王教授这一论

---

① 孙来斌:《论精神文明是生产力》，载《黄冈师专学报》1997年第2期。

断的缘由。景博士认为对于精神生产来说，当代最突出的时代概括就是"科学技术是第一生产力"。科学技术是人头脑的产物，这应该是不争的事实，而且也是把主观世界和客观世界联系最紧密的精神生产活动，硬说科学技术也是"观念的把握"，就好像说科学技术全是意识形态一样，有些牵强。观念只存在于人的头脑，而科学技术关键还在于改造现实世界。动物不能产出科学技术，在这个星球上只有人类才进化到了这一步，而且还在不断地发展。

为何最富哲理气息的界定也存在偏颇呢？笔者认为王教授的概念没有如前论者一样，将主观世界与客观世界割裂开来，但似乎只比黑格尔"依据思想，建筑现实"的论断前进了一小步——"产生观念，把握现实"，"观念的东西不外是移入人脑并在人的头脑中改造过的物质的东西而已"，可是，王教授却认为观念只是在头脑里改造，把握着现实而不是改造现实。从表层意义上来看，社会科学可能首先是观念地把握存在，自然科学则更多的是现实地改造世界。王教授把握了其中一方面，却忽略了另一方面，可能这是他在进行理论推演时没有考虑到的。将观念与意识等同，恐怕就是王教授论证的逻辑起点，如"被意识到了的存在是我所把握了的存在"与"被意识到了的存在是被我'目的化'了的存在，即刻有主体能动性印痕的存在"就证实了这点。但观念与意识应该还是有所区别的，观念要内化于主体才是所谓的主观观念，而意识是主客观相连的。观念是人们在实践当中形成的各种认识的集合体，我们能说能动性的意识，似乎不能说能动性的观念。马克思就论证了观念的这种内在性："并不是因为他生产出观念，而是因为他使出版他的著作的书商发财，也就是说，只有在他作为某一资本家的雇佣劳动者的时候，他才是生产的。"①也就是说，观念即便从内心表现出来，也不是生产。将精神生产看作是观念地把握存在，可能犯了与黑格尔同样的错误，把抽象思维与感性现实人为地予以对立。马克思在指出黑格尔的错误时，说在黑格尔的体系中，"全部

---

① 杨炳：《马克思恩格斯论文艺与美学》，文化艺术出版社1982年版，第513~514页。

外化历史和外化的整个复归，不过是抽象的、绝对的思维的生产史，即逻辑的思辨的思维的生产史。因而，异化——它从而构成这种外化的以及这种外化之扬弃的真正意义——是自在和自为之间、意识和自我意识之间、客体和主体之间的对立，也就是抽象思维同感性的现实或现实的感性在思想本身范围内的对立。"①

"观念把握"并不比"意识反映"更能体现出人的能动性，也未能充分体现出"改造"的意味，社会日常意识也是"观念地把握存在"，把日常意识反映包含进精神生产，遮蔽了精神生产"改造"世界的实质。甚至还退回到了资产阶级经济学家以前的认识，他们都认为精神生产是财富增长的来源，马克思更是把不能产生剩余价值的劳动叫作非生产性劳动，在论证作家是否是生产者时，就说："弥尔顿创作《失乐园》得到5镑，他是非生产劳动者。相反，为书商提供工厂式劳动的作家，则是生产劳动者。弥尔顿出于同春蚕吐丝一样的必要而创作《失乐园》。那是他的天性的能动表现。后来，他把作品卖了5镑。但是，在书商指示下编写书籍（例如政治经济学大纲）的莱比锡的一位无产者作家却是生产劳动者，因为他的产品从一开始就从属于资本，只是为了增加资本的价值才完成的。一个自行卖唱的歌女是非生产劳动者。但是，同一个歌女，被剧院老板雇用，老板为了赚钱而让她去唱歌，她就是生产劳动者，因为她生产资本。"② 依据马克思的观点，如果只是观念地把握存在，那根本就不能叫作生产了。观念来源于客观世界，是认识的集成，虽然也可以说是思想财富，但不作用于现实世界则永远是虚拟的东西。

我们也可以认为，人的精神活动主要也是为了"了解"世界和"理解"其间的关系，比精神生产涵盖更广。如果说是精神生产把握存在，还不如说是精神活动把握世界更准确。"哲学家重要的不是解释世界，而是改造世界。"精神生产的现实意义恐怕就在于改造世界，隐去了"本真"的改造，精神生产概念必然少了

---

① 《马克思恩格斯全集》第42卷，人民出版社1979年版，第161页。
② 《马克思恩格斯全集》第26卷，人民出版社1972年版，第432页。

"美"的风味,即便是"真"的与"善"的。将知识确定为精神生产的产品显然有其正确性,但将知识确定为精神生产的唯一来源,就显得有些武断了,毕竟改造世界的对象主要还是在当前的主客观世界,未"把握"的存在还不是人类已经掌握的知识,而知识的来源也存在于当下对未知存在的把握。知识能否成为改造世界的精神力量,或者说在改造世界的同时以知识的形式产生,马克思的精彩论述为我们提供了思路:"自然界没有制造出任何机器,没有制造出机车、铁路、电报、走锭精纺机等等。它们是人类劳动的产物,是变成了人类意志驾驭自然的器官或人类在自然界活动的器官的自然物质。它们是人类的手创造出来的人类头脑的器官;是物化的知识力量。固定资本的发展表明,一般社会知识,已经在多么大的程度上变成了直接的生产力,从而社会生活过程的条件本身在多么大的程度上受到一般智力的控制并按照这种智力得到改造。它表明,社会生产力已经在多么大的程度上,不仅以知识的形式,而且作为社会实践的直接器官,作为实际生活过程的直接器官被生产出来。"① 在这段论述中,我们可以领略到精神生产与知识的关系,知识不能停留在观念的形态,只有成为"物化的知识力量"才能改造世界。精神生产不但来源于已有的知识,也来自于"人类劳动和人类意志驾驭自然"的过程,即当前的社会实践。所以说观念地把握存在并不能精准地概括精神生产的内涵。

观念把握需要不断地去发现和掌握,是人脑发挥功能作用与世界的过程。这与科技的发现与发明有相似之处,因为科技发现与发明首先是在人的头脑里产生观念,然后以符号的形式表现出来,而创新就是发现与发明的结合,所以在这里,创新与精神生产的关系又更进了一步。

4. 精神生产是一种创造性或创新性的活动

以上这几位给精神生产下定义的先行者,具有相当的代表性,

---

① 《马克思恩格斯全集》第46卷,人民出版社1979年版,第219~220页。

在他们之后，诸多研究者也对精神生产概念进行了推论，但都未能突破他们既定的思路或给出的范畴，被社会意识形态的生产所束缚范，似乎形成了所谓的路径依赖。如万光侠认为："我们可以给社会精神生产下这样一个定义：所谓社会精神生产，就是人类在物质手段的辅助下，主要运用其特有的思维创造能力而进行的科学、艺术、宗教、法律、道德、哲学等意识的特殊社会形式的生产，从而形成现实的精神产品的一种实践活动。"①又如杨谦说："笔者认为，精神生产，作为社会生产的一个特定的领域具有生产的一般特征，即它是精神生产者运用一定的精神生产资料作用于一定的精神生产对象而创造出一定的精神产品的过程。"②再如郭正红认为："精神生产就是意识生产，是'思想社会关系'的生产，它是人们在物质手段的辅助下，主要运用特有的思维创造能力而进行的科学、艺术、宗教、法律、道德、哲学等社会意识的生产，是一种生产精神产品的实践活动。"③

当然，笔者注意到一个突出的现象——几乎所有的研究者对精神生产都有一个一致的认识，那就是认为精神生产是一种创新性活动或过程，要么论述为最主要的特征，要么认为就是精神生产的本质。如范贤超、国世平最早在1984年《求索》上发表的《论精神生产是社会生产的一个有机组成部分》中说："我们认为，所谓精神生产，就是人们把自己创造性的思维，物化成精神产品的客观物质过程。"李寿德、万威武于2000年在《中国软科学》第2期上合作发表的《精神生产的特征及其产品的存在形态和价值评价标准》一文中说："第一，精神生产是人脑的思维创造活动。虽然精神生产过程也伴随着一定的体力支出，但就是脑力劳动；第二，人脑思维创造活动的主要内容是对信息的加工、处理和创新。尽管人

---

① 万光侠：《哲学视野中的精神生产》，载《青海社会科学》2001年第1期。

② 杨谦：《社会的精神生产和文化发展》，载《天津大学学报》（社会科学版）2005年第1期。

③ 郭正红：《精神生产是社会实践的基本形式之一》，载《广西大学学报》（哲学社会科学版）2003年第5期。

脑思维创造活动的具体内容千差万别，但其最一般的本质是对知识的运用、整理、综合和创新的过程，这一过程是和信息的搜集、加工、处理和利用密不可分的。"① 将创造和创新涵盖进了精神生产的特征；又如周世兴2004年发表在《北京大学学报》（国内访问学者、进修教师论文专刊）上的《马克思主义精神生产理论的若干关系问题》一文，也论述道："精神生产与物质生产最本质的区别在于其创新性和不可重复性。"当然，李文成教授、安起民研究员还有景中强博士等人都将创新性论证为精神生产的基本特征，但不知出于什么原因却没有在给定的概念中，或从本质的层面上予以确定。

笔者认为，要触及事物的内核就必须逐一剥离覆盖在其上的层层蔽掩，才能确定其概念。从以上的梳理中，我们可以看出，在对精神生产概念的研究中，研究者们被三个陈旧的观念性障碍迷住了"慧眼"：一是日常意识的产生在某种意义上也是创造，如每个人每天都意识到的对他个人来说的新事物；二是如果将精神生产的本质规定为创新性难以涵盖所有的知识文化，因为创新性的知识当然只能是现在时态的，而人类所有的知识文化都是精神生产的产物；三是传统物质生产的概念也认为其是人们为改造自然而创造出物质财富的社会生产，如百度百科就将物质生产解释为"是社会存在形式的生产，是人们改造自然、创造物质财富的活动"。既然物质生产也是创造，那怎么能只把创造确定为精神生产的本质呢？如果创造或创新是精神生产特征或本质所在成为研究者的共识，就必须要去除这三层遮蔽。

其实我们只要改换一下理论视角就可以了，首先，在怎样处理日常意识与精神生产创造性的区别上，我们可以认为日常意识是反映性的观念表述，也就是说是"以（已有的）观念进行把握世界"，而不是探索主客观世界进行改造性的创新。其次，如

---

① 李寿德、万威武：《精神生产的特征及其产品的存在形态和价值评价标准》，载《中国软科学》2000年第2期。

何用创新统合已有的知识和正在产生的知识的问题上，我们就应该像王晓林教授一样把精神生产看作一个历史的过程，历史性的既成知识是后继精神生产必须依托的资源，创新就是这个过程的推动力量。只不过创新在这里是狭义上的精神生产，整个人类知识的产生则是广义的而已。最后，对于物质生产与精神生产的区分，李文成教授等人就论证过，物质生产相对精神生产，脑力劳动相对要少些，体力劳动更多些，那么付出艰辛脑力劳动的创新性活动当然就是精神生产，如不怎么付出脑力的则归于物质生产，物质生产创造了这个世界上原本没有的一件新物品，但精神生产创造的却是世界上原本没有的一类东西，程度上具有质的差距。这也符合我们日常的常识，即一件发明创造，过了一定知识产权保护期，被普遍地掌握后就成了稀松平常的物质生产。实际上，马克思也是这样做的，他把物质生产看作是一个由"生产、交换、消费、再生产"组成的不断进行的循环。物质生产产生了客观世界原来不存在的某一物品，当然也是一种创造，但并不是创新，只是重复以前的创新产品而已，如我们今天已经习以为常的手机或电脑等科技产品，没有把它再当作什么创新的物品，而只看成是工业流水线上的物质生产。但在当初刚刚发明手机、电脑时，那可是个稀罕物，是意义重大的发明创造，当然也就是创新——精神生产了。这样看来，文化艺术作品的商品化生产，也只不过是借助现有物质生产的手段将含有精神生产成果信息的物质载体大批量复制的过程。抓住"知识产权保护"这个当今时代的热词，我们就可以剥开覆盖在精神生产概念的物质创造，将创新性的物质生产归入到精神生产的范畴，把精神生产看作人们探索主客观世界的创新活动和过程，从而在物质生产与精神生产、已有知识和正在生产的知识以及日常意识产生和精神生产之间划出一条界线，使"恺撒的归恺撒，上帝的归上帝"，我们就能扒开迷雾，超脱以表象或客体来定义精神生产概念的误区，使沉寂在故纸堆里的精神生产插上时代创新的翅膀，为往往陷于空谈的创新铺垫理论的基石。

二、精神生产与创新的内在联系

精神生产的基本特征无疑是创新性,也就是说没有创新就不能或不必认为是精神生产,那么,精神生产是否就是创新,或者说创新是否就是狭义的精神生产呢?在知识经济凸显的当今时代,精神生产先是被学术界所重视,而后创新作为一种普遍的需要耗费精力的活动被人们所熟知,都是先被经济学所关注,然后发展到社会学领域,最终被纳入到哲学的视野。这不能说是一种学术研究的巧合,而应该是存在着某种内在的必然。商务印书馆1978年出版的《现代汉语词典》将"创新"解释为"抛开旧的,创造新的"。"创"的含义:在《辞海》(上海辞书出版社,1979年版)中有"首、始、疮、惩、破"等意义,既可作动词,也可视为名词;新的解释为"初次出现",是"老、旧、陈"的反义词,两者组合在一起,"创"字就只能作动词来运用,即创造出新的。精神生产的创新实质容易被大量存在精神性的产品(如书籍、字画等)掩盖,因为我们不能认为图书馆存有的书籍等都是创新的,但我们只要考虑到科技发展就可以发现,早已出现的科学技术制造出物品,转变成物质生产,不再被认定为精神生产,同样,没有创新内容的书籍,只能作为精神性资料被人们吸收,其作为精神生产的初步环节而存在,而不是精神生产的本质体现,几乎与物质产品作为精神生产的基础存在的意义一样。因此,我们要将两者进行实体性的分析和哲学上的抽象。抽象是具体的抽象,共性是个性的共性,本质只有通过现象来认识。

1. 生产性劳动是生产剩余价值的劳动,精神生产是新增社会财富的精神劳动

马克思认为生产性劳动是生产剩余价值的劳动,否则就不是生产性劳动。认为只有生产出剩余价值的劳动才是生产性劳动,不生产出剩余价值的劳动则是非生产性劳动,指出赌徒和妓女的活动都

不能认为是生产性活动，否则就把生产庸俗化了。"什么是生产劳动呢？就是创造剩余价值的劳动，即除了它以工资形式取得的等价之外还创造新价值的劳动"①。马克思在《资本论》第四卷中举了不少生动的例子来说明这个观点。他说："例如一个演员，哪怕是丑角，只要他被资本家（剧院老板）雇用，他偿还给资本家的劳动，多于他以工资形式从资本家那里取得的劳动，那么，他就是生产劳动者；而一个缝补工，他来到资本家家里，给资本家缝补裤子，只为资本家创造使用价值，他就是非生产劳动者。前者的劳动同资本交换，后者的劳动同收入交换。前一种劳动创造剩余价值；在后一种劳动中收入被消费了。"②

精神生产增生精神财富，同样适用于马克思关于生产性劳动的论述，即精神劳动只有生产出剩余的社会价值才是生产性的劳动，否则就不是。有学者认为马克思生产性劳动的观点只适用于物质劳动，这不符合马克思的本意，马克思在这里并没有把精神生产撇开，而正是基于前人论述精神生产之于财富的作用来探讨生产性劳动的。理论应该有自身的历史逻辑，否则就会变得混乱而难以理解。即精神生产应该是精神财富增长了的精神劳动，把那些不能生产财富的精神活动剔除出去，如自娱自乐的精神休闲活动，如已为人类认知的那部分精神财富的知识。由此推论，如果只是复述前人的精神而没有创新，则不是精神性生产。这样精神生产的范畴才会变得清晰，从而也符合马克思主义的社会生产概念，与社会财富增长的逻辑相协调。但这里需要有所突破，马克思主义考察剩余价值主要是批判资本主义的剥削，他所说的剩余价值也就是资本，是相对于资本家这一独特历史对象说的，所以弥尔顿创作《失乐园》获得了5英镑，对于资本家没有产生剩余价值，但对于全人类却是价值巨大的，增生了人类社会前所未有的精神财富，所以我们要超越剩余价值只相对于资本家群体的时代局限，将创造出新的人类财富的精神活动如《失乐园》的创

---

① 《马克思恩格斯全集》第33卷，人民出版社2004年版，第240页。
② 《马克思恩格斯文集》第8卷，人民出版社2009年版，第219页。

作视为典型的精神生产。

在马克思主义奠基人研究社会生产以前，早期资产阶级的一些经济学家在承认精神生产增生社会财富的同时，却在这个问题上犯了一个根本性错误，他们不加分析地、无条件地将一切精神活动或脑力劳动都视为精神生产，从而使研究精神生产失去了现实意义。如施托尔希认为医生生产健康，教授和作家生产文化，诗人、画家生产趣味，道德家生产道德，传教士生产宗教，君主的劳动生产安全，等等。对于早期资产阶级经济学家的上述错误，马克思认为在资本主义条件下精神活动主体或脑力劳动者的所谓生产绝不完全是生产性劳动，有的纯粹是消费，更确切地说，是靠真正的生产者养活的食客、寄生者。马克思愤怒地指出："如果硬把这些非生产者说成是生产者，这实质是对这个社会上层阶级的阿谀奉承。在理论上甚至为这些非生产劳动者中纯粹寄生的部分恢复地位，或者为其中不可缺少的部分的过分要求提供根据。事实上这就宣告了意识形态阶级等等是依附于资本家的。"① 当然，马克思的愤怒也是出自批驳资本家的剥削，对于医生、教授、作家、诗人等群体精神活动的意义要作具体分析，他们添加"剩余价值"的对象不能局限在资本家这一群体，而要扩展到整个人类社会，增生了新财富的是社会精神生产，如果没有则应该看成是服务性劳动或其他性质的活动，否则，我们会把诗人、作家创作的社会价值看成还不如生产了资本的一般工人。

2. 精神生产产生的不是已有的知识，而是生产出新的知识

知识是人类对主客观世界认知了的内容，是已有的精神性财富，最先依靠语言传递，后来依靠物质性的书籍等传承，是不同历史时期人类认知活动的结果。从广义上讲就是文化，其中积极的成果是文明。它可能包括事实、信息，或在社会实践中获得的技能。它可能是关于理论的，也可能是关于实践的。其定义在认

---

① 马克思：《资本论》第1卷，人民出版社2004年版，第873页。

识论中仍然是一个争论不止的问题。一个经典的定义来自于柏拉图，柏拉图认为一条陈述能称得上是知识必须满足三个条件：第一，它一定是被验证过的；第二，它应该是正确的；第三，它是被人们相信的。知识的概念是哲学认识论领域最为重要的一个概念。精神生产是生产出新的社会财富的精神劳动，那么，精神生产是不是就是知识？动物不存在所谓的知识，最多也只是本能的传承，只有人才能形成各种观念性的知识，并且不断地积累传续，以致现在都已呈"爆炸"的形式增长。从知识的无形性、传承性、效用的普遍性等来看，与精神生产极为相似，但精神生产又有创新性和个体性、自由性等知识不具有的特征，所以只有自由的、创新性的知识生产才与精神生产等同，也就是生产新的知识才是精神生产。

我们可以从知识是怎样产生的这一过程来认识这一点。只能是人——现实社会中的人才能生产知识，但人与知识之间有一个连接的环节，这就是人的意识和精神活动。这就是说，主体对主客观世界的认知存在感知和改造的环节，传统的哲学教科书认为意识就是这样的环节，但又认为意识的本质在于反映，反映从语义来理解是被动性的，所以为了解决改造世界的能动性，又不得不强加一个主动性作为对反映的修饰，即能动的反映。其实，如果把意识和精神生产分为两个层次，这些问题就能解决了，即意识活动是被动地认知世界，精神生产是主动地改造世界。精神生产就是创造了人为自然的活动，精神生产是主体与客体之间认知的重要环节之一，而且是创造新的主客体的最关键的环节，也就是产生新的知识的思维活动。过去时态的知识是过去时的精神生产，是被主体认知了的客体，是已经存在的社会性财富；并且是借以生产出新的知识的资源，而不是现在进行时的精神生产。如果笼统地说，知识都是精神生产的产物，但旧的知识是已经被精神产生了的对象，作为社会财富已经存在，没有增生新的财富，把旧的知识也作为精神生产，不符合马克思关于社会生产的论断。但旧的知识存在并不自然地跑进人的头脑，要被人们学习、重新吸收掌握，这个过程是不是精神生产呢？显然不是，它只是人从幼年起就不断地反映、认识这个客观世界的过程，是接受而不是产出。当然，没有吸收就不可能有产出，任何一项科技发明或者理论学说都是生产者在大量吸收前人的知识的基础上生产出来的。所以，旧的知识是新知识生产的条件和基础，是精神生产能够进行的基础条件。

世界经济知识化是当今人类社会发展呈现的必然趋势。为什么呢？可利用的物质是有限的，物质生产也是有限的，而人的精神生产是无限的，用无限的精神生产作用于有限的物质，给予物质部分与整体的不断整合，从而又使物质生产相对无限，精神财富与物质财富不断增长，世界经济也就日益繁荣，表面上是经济知识化，实质上是人的精神生产在驱动。联合国经济合作与发展组织把它称为"知识经济"或"知识经济社会"。与农业经济社会以土地和工业经济社会以生产资料为依托不同，知识经济突出的特征就是以知识为基础。在知识经济社会里，社会发展的主要资料，不再是土地、资本、设备和原材料，而是人的知识和信息。人们似乎还是被知识的表象所蒙蔽，认为社会财富的急速增长就是来自于知识。当然也有认识得深一些的，认为是以人的智力为主导的经济。但真正的社会财富的增生不是知识的堆砌，也不是人的智力的一般施展，而是创造与创新，离开了创造与创新，再多的知识也是一团死水，比尔·盖茨在创建微软时大学还没有毕业，也就是说他的知识储备还达不到一般大学毕业生的水准，但因为他敢于探索创新，用新的知识创造了一个虚拟的世界，改变了整个世界和人类的生活，增生了前所未有的社会财富。所以我们经常说，只有创新才能带动一个产业，才能增加就业，其实也就是要靠我们自己头脑的精神生产。在知识经济时代，知识的生产、传递、消化、再生产构成了整个精神生产的循环或链条，知识分子阶层理所当然地成为社会劳动的主体。传统的唯物史观框架体系内仅从经济的或物质生产的角度，很难对"第三次产业革命"以来人类社会财富迅猛增长做出合理的解释以及正确的把握和回应。马克思主义的奠基人为精神生产的研究开辟了道路，但受制于时代的局限和写作意旨的限制，没有深入阐述，可他们说"'精神'一开始就很倒霉，受到了物质的'纠缠'"①。那么，后来呢？精神就永远倒霉，永远受到物质的纠缠吗？他们没有深入研究，没有做出回答，但从行文和语气中，可以看出他们不可能认为精神永远受到物质的完全制约。他们其实深刻地预见了精神生产的莫大威力，所以那些形形色色的歪曲、责难和攻击马克思主义理论的人要真正地研读马克思主义的著作了。可以说，当今世界每一次大的经济飞跃或财富增长，都离不开精神与知识的参与，如何从马克思的精神生产理论维度，正确地分析和把握知识经济的实质，回应理论与现实的挑战，就成为当今马克思主义者面临的一个重大的、不可回避的问题。

3. 创新概念的历史演变

"创新"在今天，显然是一个高频词汇，而且含义极其广泛。不管是国家层面，还是群体和企业，抑或是个人，都是创新的主体；无论是经济学，还是政治学、社会管理事务等领域，无论是理论，抑或是实践，都能够与创新产生关联。而且在科学技术成为第一生产力的时代，创新与科技紧密相连、不可分割，研究创新成为席卷全球的热潮。但创新本身是一个比较新的词汇，"在我国的辞书中几乎都没有'创新'概念。商务印书馆1978年出版的《现代汉语词典》中虽有收录，但将'创新'一词解释为'抛开旧的，创造新的'，这种解释也是值得商榷的。"② 这固然是从字面意思得来的浅显解释，"创"字在上海辞书出版社1979年出版的《辞海》中有"首、始、疮、惩、破"③ 等词义，但在现代汉语里，"创"主要与"创造"结合，《辞海》把"创造"解释为"做出前所未有的事情"，《现代汉语词典》则将其定义为"想出新办法，建立新理论，做出新的成绩或东西"，显示的是动词的词性。创造

---

① 《马克思恩格斯文集》第1卷，人民出版社2009年版，第533页。
② 魏发辰：《创新实践论》，清华大学出版社、北京交通大学出版社2010年版，第2页。
③ 《辞海》，上海辞书出版社1979年版，第183页。

中的"创"字，虽然也有"创伤、重创"等词汇组合，但显然应该理解为动词，而不应该理解为名词，与"造"结合组成动词或名词。体现在"创新"中，"创"字更是只能理解为动词，否则与名词"新"组合在一起就成了形容词，即创造出新。"新"一般的解释是"初次出现"，是"老、旧、陈"的反义词。当然，"新"从哲学上理解，可以分为几个层次，一是自然生物意义上的"新"，即自然产生的"新"，如万物更新，植物"春来发几枝"，动物诞生新生命等；二是事物矛盾斗争产生的"新"，如地壳下的岩浆运动导致火山喷发，诞生新的岛屿或山岩，岩石风化产生砂砾等；三是社会活动意义上的"新"，这种"新"的不同在于主体只能是人，是人利用自身的脑力或精神创造出来的"新"，也是我们要进行研究的"创新"的"新"。人们往往不能确定创新是人的头脑或精神的产物，是因为被永远运动着的世界万物所迷惑，静止是相对的，运动才是永恒的，新的事物诞生也是层出不穷的，但我们不能把自然万物诞生的"新"与我们人类自身创造产生的"新"混为一谈，否则就难以把握创新的实质。所以，创新是动词"创"与名词"新"的组合，即创造出新的东西或事物。无独有偶，与精神生产理论一样，创新研究首先也是发生在经济学领域，也是围绕财富怎样才能增生而进行研究的，一般都认为创新推动了经济质的增长，而不是量的堆砌，与物质生产的重复不同，创新采用新的技艺和方式，导致物质生产发生质的改变，不仅推动了物质生产总量的增加，而且极大地改变生产生活方式，单纯的经济学研究显然已经不能揭开创新促进社会进步的奥秘，从而拓展到政治学、社会学、哲学等范畴。创新与精神生产概念的生成有着相似的轨迹，这是否说明两者本身就有非常密切的联系或者本来就是一回事呢？

实际上，创新研究及其理论肇始于一个多世纪前的约瑟夫·熊彼特（Joseph Alois Schumpeter，1883—1950年），他是一位出生于奥地利的有深远影响的政治经济学家，后来移居美国，一直任教于哈佛大学。熊彼特的经济学与凯恩斯主义有一定的关联，虽然凯恩斯的学说在其生前没有达到他现在所获得的影响，但研究者都认为他对于经济学科思想史作出了卓越的贡献。在熊彼特的著作《经济发展理论》（1911）中，首次结合经济生产活动提出了创新理论，并在经济学的意义上给出了"创新"的定义。在他看来，创新在人类的经济活动起着决定性的作用，理由有如下五点，第一，创新是生产函数的变动，是生产要素进行的新组合。人们在生产过程中，需要不断满足发展的需求，单纯的体力劳动只是提高了经济的数量，而不能达到质的飞跃，需要人们用不同的方式去改变现存的生产要素，进行新的组合，使经济生产系统内部自行发生变化，产生质的改变，呈现出质的增长，这就是创新。第二，事物发展具有多种可能性，创新是人为地选择和实现新的可能性。创新与发明一体相连，关键是要得到实际的应用，在经济活动中取得更好的效益，也就是把经济选择的可能变为财富现实。如果不进行创新，各种可能性就会消失。第三，创新是打破旧的生产模式，采用新的手段与方式。人类物质生产模式一旦形成，就会有惯势作用，难以改变。农耕时代的刀耕火种延续了几千年，只是到了工业革命才迫使原有的生产方式退出了历史舞台。创新是要改变既定的经济运行模式，使人类的经济活动更轻便、更高效。第四，熊彼特虽然将创新限制在经济学中理解，但他还是认为创新是人类处理不确定性的能力。经济活动存在矛盾运动，竞争与不确定无处不在，需要人去把握与解决。经济活动中人必须花费脑力捕捉新的信息，掌握足够的数据，做出有利于竞争的决策。第五，最后，熊彼特认为创新是经济活动中的根本因素。财富基础、战争、革命、自然灾害、制度、人口等构成经济活动和经济生产周期的外部和客观因素，而创新是内在的主观因素，是经济发展与财富增长的根本现象与因素。因而创新也是解释经济周期的理论工具。① 熊彼特研究创新，虽然不可能完全脱离社会学的因素，但主要还是局限在经济学范畴内进行考察。人类生活不可能只局限于经济活动，而且政治、社会、教育等都与经济紧密相关，单单在经济学视野中探讨创新，显然就是盲人摸象，只知其一，不知其二，难以把握全局。经济学解释不了创新

---

① ［美］约瑟夫·熊彼特：《经济发展理论》，何畏等译，商务印书馆1990年版，第64~105页。

到底来源于哪里？对经济增长的作用是怎样的？又有哪些因素影响创新？这些问题激发了后人进一步的研究。

在熊彼特之后，美国管理学家德鲁克（P. F. Drucker）认为创新首先是一种企业行为，将创新的经济学特征更为具体化。他指出创新的意义在于开创新的产业或新的服务，创造出新的财富、资源、价值与效用，也造就了新的就业机会，但他也将创新拓展为所有人类的活动，认为创新并不局限于企业，而是适用于每一个人的所有活动。我们再次应该注意到，德鲁克并没有将创新无限扩展到所有事物，而是局限于人这个主体，即是具有思维能力、精神活动的人的行为。但德鲁克仍然没有跳出经济学的眼界，认为创新与企业家相联系，将创新与企业家精神并列，甚至认为创新就是企业家精神的内核，是社会生活领域、经济活动领域、公共服务部门和企业生产行为所共同需要的，社会制度创新要比技术创新更能对生产活动起到更加重要和广泛的影响。社会制度创新对经济增长的影响是面上的、全局的，而技术创新只是点上的、局部的。至此，我们可以认为，德鲁克已经将创新研究扩展到社会学领域。他提出："社会创新，如建立学校、市政服务、银行和劳工组织等机构，与制造蒸汽机车和使用电报相比，更为关键和困难。"[①] 德鲁克把创新作为一种社会手段，是维持组织、促进经济和存续社会不可缺少的活动，并通过考察人类历史的整体发展情况，指出如果哪个社会或国家处于缺少创新的时期，那么该社会或国家的发展就会陷入停滞或缓慢发展。显然，德鲁克对创新的研究比熊彼特大大地前进了一步，经济与社会一体相存，脱离社会学的创新经济研究必然会狭隘偏见，难以把握经济增长、财富增加的本质原因。德鲁克把企业创新扩展为社会创新的试图，涉及了人的活动领域的普遍的创新性质，将创新主体从企业拓展到全体社会人，从人的精神生产角度来分析创新，既是创新研究内在逻辑的发展，也是研究者本人努力的成果。至于探索创新来自于哪里，又是怎样产生的，其本质所在是

---

① P. F. Druker, *Innovation and Enterpreneuship: Practice and Principles*. New York: Harper&Row, Publishers, 1985, pp. 32-33.

什么，停留在具体学术领域、具体研究层次上的创新理论仍然难以解决这些问题，必须更抽象、更深入，提升到哲学的层面才能解决。

创新像精神生产一样，首先在经济学领域被提出，而且涉及社会财富的增长，说明创新作为人类的活动在经济领域得到了充分发展与典型表现。吃、喝、住、穿、行等物质资料的生产是人类的基本实践活动，是人类的基本需要，在基本需要的基础上又发展出高级的精神需要，而精神需要又反过去极大地促进基本生产活动。社会财富能否增长，经济能否发展，直接关系到人类社会的规模和生存质量，也就是兴衰存亡。正是由于经济活动对于人类的重要意义，人的精神力量首先和集中地要运用于物质生产领域，不断地发明新的工具，改进生产技艺，提高劳动效率，一部人类物质生产史就是一部精神生产创新史。经济领域的创新在不同的历史时期表现出不同的态势，在漫长的原始社会，人类依然依赖自然的供给，创新大多表现在劳动工具的使用上，数量稀少而发展缓慢；在自然经济时代，人类从对自然的完全依赖发展到对土地的半依赖，农业的规模决定人口的数量，创新缺乏外在的刺激和诱导，同样也是艰难而缓慢地进行着。但社会人口的快速增长、人类需要的急速增加，对物质资料的生产和财富的积累提出了新的要求，原有的生产生活方式，已经完全满足不了人类的需要。而自然的供给、土地的馈赠都是有限的，自从哥伦布发现新大陆之后，人类在不到几百年的时间里，已经占据了整个地球，几乎将能够生存生活的陆地都开发了出来，人口数量急速地翻了几番，野生动植物的数量急剧下降，生态危机悄然威胁到了人类自身的命运。显然，人类不能再依靠开荒拓疆来满足自己的需要了。但人类的生活与生产并没有因此而停步，而是仍然加速度地前进，社会财富比工业革命前不知增长了多少倍。我们可以说经济的快速增长、财富的大量增加很大程度上归因于科学在生产中的应用，技术越来越快地转化为生产力，也就是归因于经济创新和与之相适应的社会制度创新。

尤其是工业革命以来，物质生产每一次大的飞跃无不是创新促成的。1764年，正在为提高纺纱数量而苦恼的英国兰开郡纺织工人詹姆斯·哈格里夫斯，进家门时不小心踢翻了妻子正在使用的纺纱机，原先横着的纱锭变成直立的了，而且还在不停地转动。他头脑里灵感顿现：这样轮子也可以转动，还可以空出位置多装几个纱锭，不就可以同时纺出更多的纱了吗？哈格里夫斯非常兴奋，马上着手试验，第二天他就造出了用一个纺轮带动八个竖直纱锭的新纺纱机，功效一下子提高了 8 倍。他灵机一动的创新提高了纺纱的效能，开启了织布的新时代，解决了人类几千年来在穿着方面的窘境，极大地促进了物质生产力。如果说纺纱机是一个人的创新成果，蒸汽机的发明则是一批人的创新结晶。瓦特在现代成了蒸汽机发明者的代名词，而实际上他并不是蒸汽机真正的发明者。在瓦特之前，早就出现了纽科门蒸汽机，但这种蒸汽机耗煤量大、效率低。瓦特在实际应用过程中，逐步针对这种蒸汽机的毛病所在，运用科学理论，进行了一系列改进，使蒸汽机的效率提高到原来的 3 倍多，最终发明出了现代意义上的蒸汽机。蒸汽机接替珍妮纺纱机开启了一个新的工业时代，在采矿、冶炼、纺织、运输、机器制造等物资生产行业中都获得了迅速的推广。例如，蒸汽机在纺织业中得到应用，从 1766 年到 1789 年的 20 多年内使英国的纺织品产量增长了 5 倍，为市场提供了大量的消费商品，加速了资本的积累，使资本主义生产方式得以发展壮大，人类能够消费的物质极大的丰富了。这使我们认识到，创新在资本主义经济产生与发展的历史上起到了无与伦比的作用，而到了熊彼特生活的年代，正是第一次世界大战前夕，主要资本主义国家之间经济竞争非常强烈，而取得优势的法宝就是经济活动领域中的创新。当时各国之间的强弱易势，并不是疆土和资源的简单对比，而是国民生产能力的比拼。

而在当代，科学技术是第一生产力，创新与科技成为一体、紧密相连，甚至在某些场景完全可以相互取代，如科技园也被称为创新园区。科学技术极大地促进了人类社会经济的增长和财富的增加，这是不争的事实，但科学技术只是科学与技术的结合吗？它来自于哪里，是怎样产生的？我们只要低头沉思，就会明白科学技术的背后也是人，只有人才能创造科学技术，动物不能，植物更不能，虽然它们是科学技术的载体，但不等同于科学技术。人才是掌握科学技术的主体，科技是人的精神生产的产物，推动科学技术的是创新。要说明这点，我们以当代最杰出的科学家之一斯蒂芬·霍金为例，霍金于1942年1月8日出生于英国牛津，1962年他刚刚20岁时就被诊断患有运动神经元疾病，亦即肌肉萎缩症，也就是俗称的"冰冻人"（2014年风靡全球的"冰桶挑战"活动使这种病为人们所熟知）。相对于当时的医疗水平，这种疾病几乎就是绝症，而且霍金的病情还在不断恶化，医生判断他也许只能活上数年。霍金虽然没有一般人都有的健康身体，但他却有非凡的精神力量；即便身体局限于狭小的轮椅，但他头脑的空间却无比广大，直抵浩瀚无垠的宇宙之谜。霍金坚毅的意志使他在轮椅上坚持学习并获得了剑桥大学哲学博士学位。他取得了绝大多数身体健康的人所不能取得的伟大成就：黑洞蒸发理论和量子宇宙论不但在自然科学界引起轰动，而且极大地影响了哲学和宗教学的研究。宇宙大爆炸的奇点到黑洞辐射机制又促进了量子宇宙论的发展。霍金是英国皇家学会最年轻的会员，人们总把他和爱因斯坦、牛顿相提并论。他用不太灵便的手指敲出的科普著作《时间简史》，在全世界的发行量已经超过1000万册，该书把深邃的时间理论阐释得浅显易懂，激发了大众的兴趣，是世界上最畅销的科普读物。他创作的《果壳里的宇宙》图文并茂，涉及了诸多前沿理论，如广义相对论、量子论、黑洞、暴涨、时间旅行、玄论、超引力等，在2002年度获得了世界上最著名的科普图书奖之一的安万特科学图书奖。霍金取得如此巨大的成就，不在于他的身体，而在于他不一般的头脑和精神，是他的头脑与精神创造出来如此之多的全新理论，达到了如此之高的成就。

  如果我们现在还使用珍妮纺纱机或者瓦特蒸汽机，会被人质疑这算是科学技术吗？可见陈旧的生产方式、老的技艺已经不能被称为科学技术，只有存在创新成分的科学技术才能被称为科学技术，而创新是精神生产最主要、最显著的特征，没有研究者否认精神生产与物质生产最主要的不同在于创新。因此，科学技术、创新与精神生产三者之间必然存在着某种的联系，创新成就科学技术，精神生产导致创新，没有脑力的耗费、精神的力量支撑，创新能够实现吗？在此，我们可以归纳出一个模式：科学技术→创新→精神生产→人，即人是三者产生的主体。

创新在经济活动中的作用就被熊彼特注意到了，并且他取得了一定的研究成果。只是熊彼特还不完全了解所谓的创新不仅仅是经济要素的重组和对传统的突破，而是人的头脑思维的产物，不管是经济要素的重组还是对传统的突破，都不是自然形成的，而是要经过人的头脑的思考与选择；社会制度的制定，更是需要耗费人的脑力，需要更多人的参与与抉择；政治博弈与改革，更是险象环生，只有付出极大的精神努力，做出创造性的举措才能获得成功。离开了人的精神活动，所有的经济、社会、政治创新活动都难以形成。因此，我们也可以说创新就是人的头脑的功能、思维的机能，是人类精神的产物，离开了人，创新就不可能实现，离开了人的精神，创新难以达成，创新在某种意义上也就是狭义的精神生产。

4. 精神生产是探索主客观世界的统一，表义就是创新

基于对精神生产主体、客体对象以及外延内涵的分析，我们可以确定精神生产首先是一种精神活动或过程，主体应该是"现实的人"；生产的方式是人脑的高级思维形态；客体对象不能笼统地说是各方面的知识或主客观世界，而应该是正在生产的文化知识和正在改造主客观世界，已有的人类文化是其再生产的资源；然后能确定的是精神生产与物质生产一同起始与发展，只是到了原始社会末期分工出现后才与物质生产明显分离；生产的结果并不一定外化为物化的产品。因此，我们不难推导出：所谓精神生产，就是人们借助于人类已有的物质文化水平，探索主客观世界未知领域的创新性历史活动和过程。精神生产是社会生产的基本形态之一，包含了社会生产中物质生产与人自身生产之外的所有生产，是开创性研究政治、法律、道德、宗教、艺术、科技（包括天文）、心理以及哲学和教育等领域的历史活动和过程。伴随着人类社会物质生产的产生而产生，随着社会分工的发展而发展，其生产的主要主体是知识分子，基础是物质以及建立在物质之上的人类已有的科学文化知识，并且随着知识的积累，日益有超脱于物质基础、按照自身逻辑

矛盾加速发展的趋势。

是故，我们应该在社会生产理论的总体框架下，把精神生产看作是主客体相互作用生成人的这个主体（当然不仅仅限于所谓的知识分子），通过改造主客观世界而获得产出的过程。它是意识发展到高级阶段的产出而不只是意识初级阶段对世界的反映，也即是创造出新的社会财富的活动和过程，从狭义的意义上讲就是创新。只有这样，我们才能超越苏联学者将精神生产认为是社会意识生产的局限，把人的精神与物质财富的创造联系起来，是人的精神创造推动了物质生产的发展，而物质生产又为精神生产奠定了免于滑入空想的基础；也才能解释社会意识与物质生产相互作用但又不完全同步的奥秘。可是，我们有些学者研究精神生产的概念，要么光从意识形态的生产或"意识的高级形式"如"政治、法律、道德、宗教"等精神生产的表象来界定；要么只以内在的"观念把握"或"改造主观世界"单向度地来限定；要么抓住了精神生产生产所有的知识形态而忽略其根本的特质——生产出新的知识财富。以表象界定本质、以单维限定多维、以具象代理抽象、以主观混淆主客观，当然就不能抓住整个社会财富增生的本源，从而也不可能把握精神生产的实质，阐发起来不免显得片面而浅显，有些勉为其难了。

在人类出现以前，这个世界就已存在，是人类的活动逐步改变了这个世界，形成了所谓的人造自然即"第二自然"。与此同时，人类的活动也不断地改变人自身和社会，促使了自身和社会的进化。动物也存在于这个地球，但没能像人一样创造或整合出新的物质，即便是鸟造了窝、生了蛋，蜂筑了巢、产了蜜，这还只能算是自然的生产，不同于人类社会的生产，我们也只能把它看作是自然的一部分。只有人才能改造自然，建立起新的人类环境，这个力量来自哪里？就是人类不断得到进化的意识和精神。意识反映世界，精神改变世界。精神改变世界的活动和过程就是精神生产，所以精神生产即是产生新的东西，同义语就是创新。名家画作的临摹不是精神生产，只是一般性的劳动，所以价值不大，只有原创性的名作，才是对整个人类社会财富的增加，才具有巨大的价值。

创新是人类特有的，动物经过亿万年的进化，拥有了一些令人瞠目结舌的生存本能，如水獭会筑坝、贼鸥会盗蛋，但并不是人类精神生产意义的创新。只有人的大脑进化发展出一个神秘、复杂的精神世界或心灵世界，使现实社会生活中的人，永远不满足于被动地接受外部客观世界对他的规制，不断进行认识、改造和超越。因此，历代思想家都十分重视对人类精神生活或精神世界的研究。古希腊哲学得出了"人是理性的动物""求知是人类的本性"的命题，以及德国古典哲学则提出了"人为自然立法""依照思想，建筑现实"等著名论断，就是对人类自身精神生产不断探讨的体现。创新是一个艰辛的过程，不仅是简单的知识的重新整合，而且更是探索未知领域的冒险。知识整合能够产生新的知识甚至新的学科，但对未知领域的探索，更能使知识激增，如对于自然界和宇宙外层空间的观测、探险，人类历经劫难而勇往直前，在不断经受失败的同时收获颇丰。500多年前哥伦布发现了新大陆，证实了地球是圆的，刷新了人类对全球的认识，不知激增了多少新的知识和财富。马克思在《资本论》中指出："美洲金银产地的发现，土著居民的被剿灭、被奴役和被埋葬于矿井，对东印度开始进行的征服和掠夺，非洲变成商业性地猎获黑人的场所——这一切标志着资本主义生产时代的曙光。"① 美国研制的旅行者号空间探测器对外层星系的探索，证实了巨行星有自己的能源，表面是液态氢的海洋，导致人们对行星观念发生深刻的改变，也产生了前所未有的大量新知识，而这些知识又加深了人类对未知宇宙的认识。在探索自然界时如此，在认知人类社会的存在时亦是如此，探索创新使社会科学研究面貌日新月异。"正像达尔文发现有机界的发展规律一样，马克思发现了人类历史的发展规律，即历来为繁芜丛杂的意识形态所掩盖着的一个简单事实：人们首先必须吃、喝、住、穿，然后才能从事政治、科学、艺术、宗教……不仅如此。马克思还发现了现代资本主义生产方式和它所产生的资产阶级社会的特殊的运动规律。由于剩余价值的发现，这里就豁然开朗了，而先前无论资产阶级经济

---

① 《马克思恩格斯全集》第5卷，人民出版社2009年版，第860页。

学家或者社会主义批评家所做的一切研究都只是在黑暗中摸索。"①马克思本人一生历经流亡、迫害、贫病,产生的两个伟大发现开启了人类社会前进的一扇大门,形成了科学的马克思主义学说。从此,人类社会发展的面貌焕然一新。

精神生产不仅作用于外在的客观世界,同样也改造主体的内在主观世界,两者互为表里,相互影响。缺乏对主观世界的改造,客观世界的创造就失去了内在动力;没有外在世界的改造,人的超越会成为无本之源。"为了在对自身生活有用的形式上占有自然物质,人就使他身上的自然力——臂和腿、头和手运动起来。当他通过这种运动作用于他身外的自然并改变自然时,也就同时改变他自身的自然。"②人在创造客体,同时也在创造自身,这样就呈现了一个有异于自然界的人类社会内在精神发展的自然史。"正像一切自然物必须形成一样,人也有自己的形成过程即历史,但历史对人来说是被认识到的历史,因而它作为形成过程是一种有意识地扬弃自身的形成过程。历史是人的真正自然史。"③那种认为精神生产只作用于主观世界的观点是站不住脚的,如将精神生产界定为"社会人为了满足自己的精神需要而按一定意图进行的一种旨在改造主观世界以创造精神产品的活动"④的观点,不仅割裂了主观与客观的联系,而且最终会陷入唯心主义。

精神生产高于一般社会日常意识,是人类借助抽象想象、逻辑推理等高级思维能力认识主客观世界活动的探索过程,在形成理论的同时反作用于主客观世界,也是理论指导实践的创新过程,所以说精神生产既引导了认识又指导了实践。探索是创新的必然要求,创新是探索的应然归属,探索是指对未知领域的发掘,人类在探索中进步,每一次都珍贵无比,因为探索得到教训,收获希望。所以

---

① 《马克思恩格斯全集》第 25 卷,人民出版社 2001 年版,第 594 页。
② 《马克思恩格斯文集》第 5 卷,人民出版社 2009 年版,第 2207 页。
③ 《马克思恩格斯文集》第 1 卷,人民出版社 2009 年版,第 211 页。
④ 汪国训:《试论精神生产和物质生产的相互关系》,载《武汉大学学报》(社会科学版) 1987 年第 6 期。

爱因斯坦说探索真理比占有真理更为可贵。创新在现代来说，一般都作为正面词汇看待，也即创新的价值是正面的，但我们也要看到并不是所有的创新都能带来正能量，这一点与精神生产一样，精神生产也可能产生负能量的社会财富，例如世界各地层出不穷的邪教教义，我们不能否定它们也是精神生产和创新。创新要不断突破常规，这个常规既可以是好的，也可以是坏的，突破坏的当然更好，但突破好的则可能变坏。创新要发现或产生某种新颖独特的、有社会价值或个人价值的新事物、新思想，评判的标准是新，而不是好坏。创新的本质是在探索中寻求突破，突破已知的一切。创新的基础是"创"，核心是"新"，"创"隐含了探索的意义，"新"则表现了精神生产的产出。精神生产将客观世界与主观世界紧密地联系起来，表义就是创新。人们都知道创新对于一个企业、一个国家甚至整个人类社会的重要性，但究竟怎样从理论上研究创新，探索创新的本质规律，还留有许多空白。精神生产架起了人与创新之间的桥梁，这样我们就可以进入哲理的深度来考察创新，而不是空谈创新。

第三章　马克思总体社会生产理论中的精神生产

"生产是总体"①，马克思主义社会生产是总体性的生产理论，是指全面的生产，而且是开放的、发展着的全面生产理论，随着时代的发展而不断扩展理论范畴。随着资本主义生产的发展，生产主体与生产过程、产品、生产资料的关系发生了改变，"可以把各种不同的在时间和空间上分开的特殊劳动过程……看成是统一劳动过程前后相继的不同阶段。"②"这里已经不再是工人把改变了形态的自然物作为中间环节放在自己和对象之间，而是工人把由他改变为工业过程的自然过程作为媒介放在自己和被他支配的无机自然界之间。工人不再是生产过程的主要当事者，而是站在生产过程的旁边。"③ 而且，看到了劳动者在生产过程中不断有机紧密结合，互相成为手和腿，深刻阐释了"总体工人"的概念，即"总体工人的各个成员较直接或者较间接地作用于劳动对象。随着劳动过程本身的协作性质的发展，生产劳动和它的承担者即生产工人的概念也就必然扩大。为了从事生产劳动，只要成为总体工人的一个器官，完成他所属的某一种职能就够了。"④《德意志意识形态》中马克思认为有三种生产，即三种事实或关系：一是"生产物质生活本身"，二是"新的需要的生产"，三是"每日都在重新生产自

---

① 《马克思恩格斯全集》第 46 卷（上册），人民出版社 1979 年版，第 23 页。
② 《马克思恩格斯全集》第 23 卷，人民出版社 1972 年版，第 213 页。
③ 《马克思恩格斯全集》第 46 卷（下册），人民出版社 1980 年版，第 218 页。
④ 《马克思恩格斯全集》第 23 卷，人民出版社 1972 年版，第 556 页。

己生命的人们开始生产另外一些人,即繁殖"① 在这里,"新的需要的生产"是最值得研究的,里面有两个内涵,一是"满足需要的活动"和"为满足需要而用的工具又引起新的需要",前者是人的精神驱使下产生的物质活动,后者则可以视作人的精神脑力作用下创造工具的活动,虽然马克思的本意是强调物质生产本身驱使下的人的活动,但内在原因我们不能否认是人的精神作用才产生了"新的需要",因此,有人直接将它看作精神生产是有一定道理的。实质上也是对马克思主义的某种程度的发展,本来马克思主义是开放的体系,需要后人不断去发展。在这之后,1884 年恩格斯在《家庭、私有制和国家的起源》第一版序言中提出了"两种生产理论","根据唯物主义观点,历史中的决定性因素,归根结底是直接生活的生产和再生产。但是,生产本身有两种。一方面是生活资料即食物、衣服、住房以及为此所必需的工具的生产;另一方面是人自身的生产,即种的繁衍。"② 虽然在这里提及了工具的生产,但恩格斯把它作为物质生产看待,没有提到精神生产,因而,有些学者把恩格斯的两种生产视为"自然决定论",这当然有待商榷,不同的写作背景和中心可能会得出不同的答案。恩格斯本人就认为马克思主义是开放的体系,是发展的理论,我们后来的研究者并没有拘泥于"两种生产理论",而是发展出三种(物质生产、精神生产、人自身生产)、四种(物质生产、精神生产、人自身生产、社会关系生产)甚至五种生产理论(物质生产、精神生产、人自身生产、社会关系生产和生态生产,也有的以安全生产替代生态生产)。这就是总体社会生产理论的不断发展,多种生产才能构成总体的社会生产力,"一定的生产方式或一定的工业阶段始终是与一定的共同活动的方式或一定的社会阶段联系着的,而这种共同活动方式本身就是'生产力'"③,不管社会生产包含几种形式,首先

---

① 《马克思恩格斯选集》第 1 卷,人民出版社 2012 年版,第 158~160 页。
② 《马克思恩格斯选集》第 4 卷,人民出版社 2012 年版,第 13 页。
③ 《马克思恩格斯选集》第 1 卷,人民出版社 1995 年版,第 80 页。

我们必须弄清楚的一点是物质生产与精神生产之间的联系及区别。再就是两者与人自身生产的关系问题，在此基础上，才能进一步弄清它们与社会关系生产及生态生产之间的牵连。

　　社会生产理论是马克思主义考察人类历史的基本方法，其中物质生产被苏联斯大林主义演绎为历史的决定性力量，尤为被后来的研究者重视。但马克思、恩格斯本人并没有忽视人的自身生产和精神生产，在《德意志意识形态》中就认为不应该将社会活动的三个方面"吃喝住穿""新的需要的生产"及"繁殖"看做是"三个不同的阶段，而只应该看做是三个方面，或者，为了使德国人能够明白，把它们看做是三个'因素'"①。恩格斯也提到过"生活资料生产"和"人自身的生产，即种的繁衍"②，即著名的"两种生产理论"。只是由于他们批判的重点在于资本主义制度，揭示机器生产"压迫人""敌视人"背后剥削人的根源，也就没有深入和系统地阐述人的自身生产和精神生产。而我国学界对物质生产与精神生产的关系研究较多，但对精神生产与人自身生产两者的关系问题研究得相对较少，而且怎样划分两者的界限几乎还是一个理论的空白地带。社会关系生产也是一种社会财富的生产，有社会就有人与人之间的关系，社会关系也就是生产力，至于社会关系生产与精神生产的联系问题，目前有涉及的研究也不多。生态生产随着生态社会主义的兴盛而获得关注，是一个"学术宠儿"，但同样，生态生产与精神生产之间的相互作用如何，则是一块朦胧的"处女地"，需要去开发。

一、精神生产与物质生产的关系

1. "精神一开始就很倒霉，受到物质的'纠缠'"

　　在 1844 年合著的《神圣家族》一书中，马克思、恩格斯就开

---

① 《马克思恩格斯选集》第 1 卷，人民出版社 2012 年版，第 159~160 页。
② 《马克思恩格斯选集》第 4 卷，人民出版社 2012 年版，第 13 页。

始思索劳动时间是衡量劳动产品价值大小这一政治经济学的基本原理，但精神劳动的时间也必然被纳入思考范围，因此他们首次使用了"精神生产"这一概念。"甚至精神生产也是如此。如果我想合理地行动，在确定精神作品的规模、结构和布局时，难道我不必考虑生产该作品所必需的时间吗？"① 后来在《德意志意识形态》《剩余价值理论》等著作中，他们也对精神生产的含义、与社会生产的关系及历史演变做了粗略的论述，但囿于时代的局限和写作意旨的限制，他们并没有深入系统地论述精神生产的理论。不过从他们行文严谨的相关论述中，我们还是可以从丰富的语义信息中发掘出许多可供探讨的线索。如"'精神'从一开始就很倒霉，受到物质的'纠缠'"②。我们就可以结合当今社会发展的实际，深入阐发精神生产受到物质制约的关系。

在论述精神生产与物质的关系中，马克思、恩格斯的两句话一直为人所乐道。"思想、观念、意识的生产最初是直接与人民的物质活动，与人们的物质交往，与现实生活的语言交织在一起的。"③"'精神'从一开始就很倒霉，受到物质的'纠缠'，物质在这里表现为振动着的空气层、声音，简言之，即语言。"他们在这里用了两个时间副词作为精神与物质关系的限定词"最初"与"一开始"，强调精神并不是凭空而生，精神起源于人们日常的物质交往，是在人们的物质生活中发展起来的，不是"从天国降到人间"，而是"人们是自己的观念、思想等等的生产者"④，"不是意识决定生活，而是生活决定意识。"⑤ 原始人是在交往中慢慢产生了意识，在没有产生意识之前，世界万物存在那里，与人类没有关系，所以说"意识在任何时候都只能是被意识到了的存在，而人们的存在就是他们的现实生活过程"⑥。在意识的基础上，才产生

---

① 《马克思恩格斯文集》第1卷，人民出版社2009年版，第270页。
② 《马克思恩格斯文集》第1卷，人民出版社2009年版，第533页。
③ 《马克思恩格斯文集》第1卷，人民出版社2009年版，第524页。
④ 《马克思恩格斯选集》第1卷，人民出版社2012年版，第152页。
⑤ 《马克思恩格斯选集》第1卷，人民出版社2012年版，第152页。
⑥ 《马克思恩格斯全集》第3卷，人民出版社1960年版，第29页。

了更高一层次的精神活动。如果说日常意识是一个反应与接受的过程，是一个认识世界的过程，那么，精神则是一个加工与产出的过程，是人类反作用于主客观世界的过程。因而在这里，两位伟大的导师没有使用"意识生产"，而是用了更准确的"精神生产"。精神生产不仅来源于物质生活，而且要产出精神产品，一开始就必须要借助于物质媒介即语言来进行传递。看似空灵缥缈、高贵神秘的精神，如果不借助言语的外壳，就难以记载和传递，就不能被"意识"，也就等于不存在，所以精神一出现就被物质"纠缠"，可谓"很倒霉"的了。而且"我至少会遇到一种危险，即我思想中的物品永远不会变为现实中的物品，因而它就只能获得想象中的物品的价值，也就是想象的价值"①。马克思、恩格斯在这里就认为精神生产不能停留在观念想象之中，必须首先借助语言传递出来。所以马克思、恩格斯接着论述道："语言和意识具有同样长久的历史；语言是一种实践的、既为别人存在因而也为我自身而存在的、现实的意识。"② 这就是说语言和意识难分彼此，意识只要表达出来就是语言，而且两者产生的原因也是一致的，即"语言也和意识一样，只是由于需要，由于和他人交往的迫切需要才产生的"。而人的交往是发生在"关系"之中的，而且只有处在社会中的人才能意识到这种"关系"，构建这种"关系"的意识和语言，一刻也不能脱离"现实社会生活中的人"，否则置于意识产生之上的精神生产无从谈起，精神也无时不刻地不被人这个处在社会中的物质所制约，所以马克思、恩格斯说："这种考察方法不是没有前提的。它从现实的前提出发，它一刻也不离开这种前提。它的前提是人，但不是处在某种虚幻的离群索居和固定不变状态中的人，而是处在现实的、可以通过经验观察到的、在一定条件下进行的发展过程中的人。"③ 概而言之，也就是精神生产一开始就不走运，与物质"纠缠"在一起。

---

① 《马克思恩格斯文集》第1卷，人民出版社2009年版，第270页。
② 《马克思恩格斯文集》第1卷，人民出版社2009年版，第533页。
③ 《马克思恩格斯文集》第1卷，人民出版社2009年版，第525页。

2. 精神生产曾被物质生产"隐没"

人类发展的前期，人类的生存繁衍相对困难，物质资料相对匮乏，精神生产的地位和作用并不凸显。正是因为如此，在马克思、恩格斯所有的著作中，没有集中着重或系统论述过精神生产的相关理论。原始社会中，氏族血缘关系首要的前提是保证种族的繁衍，精神生产处于微不足道的境地，表现出来的只是少量的图腾、传说、神话等，被人的自身生产所遮掩。在奴隶社会和封建社会，人的依附关系逐步过渡到物的依附关系。到了资本主义社会发展阶段，资本主要体现为人与人之间的物质关系，资本家追求的是物质利益，物质的丰富带动和促进了人自身生产和精神生产，物质生产关系遮盖了其他两种生产尤其是精神生产的色彩，是这一时期"特殊的以太"。在漫长的历史时期里，精神生产被物质生产所"隐没"，原因主要表现在以下几个方面，一是精神生产"从一开始就很倒霉，受到物质的'纠缠'，物质在这里表现为振动着的空气层、声音，简言之，即语言"①。这就是说，精神生产的起始就得依赖一种人体产生的物质形态——语言。看似空灵缥缈、高贵神秘的精神，如果不借助言语的外壳，就难以记载和传递，就不能被外界"意识"到，精神生产就只能是停留于头脑中的内在的思维活动，而不能表现为外在的生产形态。对于客体来说，也就等于不存在。二是"人们为了能够'创造历史'，必须能够生活。但是为了生活，首先就需要吃喝住穿以及其他一些东西。因此第一个历史活动就是生产满足这些需要的资料，即生产物质生活本身，而且，这是人们从几千年前直到今天单是为了维持生活就必须每日每时从事的历史活动，是一切历史的基本条件"②。不仅在奴隶社会和封建社会时期，物质资料生产占据了人类主要的活动时间，而且在资本主义时期仍是如此。人类的需要主要还体现在生理和安全等基本

---

① 《马克思恩格斯选集》第1卷，人民出版社2012年版，第161页。
② 《马克思恩格斯选集》第1卷，人民出版社2012年版，第158页。

物质需求上。三是"蒸汽和机器引起了工业生产的革命"①，工业革命起始是珍妮纺纱机，标志是瓦特蒸汽机，表现出来的都是物质生产产品。物质的力量使资本主义生产关系所向披靡，物质生活资料的生产改变了整个世界。正如马克思所讲："古老的民族工业被消灭，并且每天都还在被消灭。它们被新的工业排挤掉了，新的工业的建立已经成为一切文明民族的生命攸关的问题；这些工业所加工的，已经不是本地的原料，而是来自极其遥远的地区的原料；它们的产品不仅供本国消费，而且同时供世界各地消费。"② 因而，在这段时期，精神生产即便被提起，也是充当论证物质生产的点缀。"过去那种地方的和民族的自给自足和闭关自守状态，被各民族的各方面的互相往来和各方面的互相依赖所代替了。物质的生产是如此，精神的生产也是如此。"③ 国家与国家之间、地区与地区之间、民族与民族之间的斗争依赖的是物质武器，精神生产在这里被机器的轰鸣声所"隐没"。四是"支配着物质生产资料的阶级，同时也支配着精神生产资料，因此，那些没有精神生产资料的人的思想，一般地是隶属于这个阶级的"④。在历史长河中，精神生产整体依附于物质生产，在资本主义生产关系中尤其如此，是物质生产的附庸。五是"占统治地位的思想不过是占统治地位的物质关系在观念上的表现，不过是以思想的形式表现出来的占统治地位的物质关系"⑤。在资本主义生产关系中，工人阶级被机器压迫和异化，激烈的阶级斗争主要体现为争夺对物质力量的控制，物质生产的效能被无限地扩大。如此看来，精神生产要么被语言"纠缠"，要么被物质生活资料、机器挤压，要么被对物质占有的争夺所支配，即便后来文化艺术和科技发展崭露头角，也被物质生产浓厚的色彩所"隐没"了。

---

① 《马克思恩格斯选集》第1卷，人民出版社2012年版，第401页。
② 《马克思恩格斯选集》第1卷，人民出版社2012年版，第404页。
③ 《马克思恩格斯选集》第1卷，人民出版社2012年版，第404页。
④ 《马克思恩格斯选集》第1卷，人民出版社2012年版，第178页。
⑤ 《马克思恩格斯选集》第1卷，人民出版社2012年版，第178页。

3. 精神生产有日益摆脱物质"纠缠"的趋势

思维逻辑严密、行文推论严谨是两位马克思主义奠基人留给后人的一贯印象。为什么一定要加入"最初"和"一开始"这两个时间限定副词呢？能不能去掉？如果不能去掉，那么，接下来精神生产的发展又如何呢？是不是仍然与物质交织在一起，受到物质的纠缠而"很倒霉"？两位导师并没有继续深入论述，即便在后来的著作中也少有涉及。从当今精神生产发展的现状来看，他们所处的历史时期物质相对短缺，物质生产乃是社会生活的重中之重，精神生产的作用被忽视。但正是由于这两个时间限定副词的使用，使我们可以大致领悟到他们并不认为精神总是永远"倒霉"的，而是有日益摆脱物质制约的发展趋势。"人的意识不仅反映客观世界，并且创造世界"①，精神的力量不仅能转化为巨大的物质力量，极大地推动了物质生产的发展进步，而且成就了"科学技术是第一生产力"和知识经济的迅猛发展。马克思、恩格斯逝世之后的两个多世纪里，精神生产能够借助的媒介越来越多，如最初的留声机，后来的无线电传音、影碟、光盘、U盘等，尤其是互联网，人与人之间的交往不再那么耗时费力，地球变成了精神空间里的一个小村庄，须臾联动万里、来往古今。人类的精神产品像井喷一样产生，新的知识累积越来越多，呈现爆炸式的增长；科技日新月异，科技发明越来越快地推动着物质生产的丰富，向物质转化的速度越来越快；而且，精神生产使管理成为一门真正的科学，使人的精神力量渗透到了物质生产的每个环节，提高了物质生产和社会治理的效能。以致人们并不太依赖什么物质基础，只需要坐在书斋里、办公桌前，摆弄笔杆、敲打键盘、遥控指挥就能进行文艺创作、科技发明和企业管理或社会治理。更有甚者，无需多少物质的帮助，人们可以在已有的理论基础上进行纯理论推理，如恩格斯在《致弗兰茨·梅林》（1893 年 7 月 14 日于伦敦）一信中写道："历史方面的意识形态家（历史在这里应当是政治、法律、哲学、神学，总

---

① 《列宁全集》第 55 卷，人民出版社 1990 年版，第 182 页。

之,一切属于社会而不是单纯属于自然界的领域的简单概括)在每一科学领域中都有一定的材料,这些材料是从以前的各代人的思维中独立形成的,并且在这些世代相继的人们的头脑中经过了自己的独立的发展道路。当然,属于本领域或其他领域的外部事实对这种发展可能共同起决定性的作用,但是这种事实本身又被默认为只是思维过程的果实,于是我们便始终停留在纯粹思维的范围之中,而这种思维仿佛顺利地消化了甚至最顽强的事实。"① 可能是思维与事实在共同起决定性的作用,但是这种事实本身又被默认为只是思维在已有的知识积淀中探求新知识,精神生产似乎完全脱离了物质的制约,就像牛顿一样坐在苹果树下,想象万有引力;像斯波拉斯空想"斯波拉斯色子"一样,无需实验的证明,就能知晓"上帝粒子"的存在;在"旅行者"号还远未到达银河系,就能遥想宇宙有多远多大。迅猛发展的网络话语可以掀起巨大的社会舆论,甚至形成强大的社会心理和社会意识形态。可以说,意识形态中高端的精神生产可以不再耗费有形的巨大的物质武器就能掀翻一个国家的政权,改变一个社会发展的形态。恩格斯在《自然辩证法·导言》中指出:"人离开狭义的动物愈远,就愈是有意识地自己创造自己的历史。"② 从某种意义上说,也是说精神生产越来越会按照自身的逻辑创造自身的生产。

看来精神就是这样越来越神奇了,越来越摆脱物质的"纠缠",不需什么物质力量的帮助也能存在与发展。尤其是自第二次世界大战以来,这种趋势越来越明显。一是科学家群体大量涌现,使社会的发展更依赖他们的精神力量,即便是一片废墟的德国和日本,由于人才及教育的延续,战后也能迅速恢复,并且超越了其他国家的发展。二是科技生产异常迅猛,创造社会财富的能力越来越强,在国民财富中所占的份额越来越大,科技之于生产力的重要性也越来越为各国所重视。三是精神生产尤其是科技和文化生产,目前已成为门类齐全、领域广阔的生产系统,发展成了相对独立于农

---

① 《马克思恩格斯选集》第4卷,人民出版社2012年版,第643页。
② 《马克思恩格斯文集》第9卷,人民出版社2009年版,第421页。

业、工业和服务业之外的社会生产产业体系，而且精神生产的内部分工越来越细，环节越来越多，导致规模越来越大，特别是随着现代科学技术的迅猛发展，精神生产已成为当今认识产生的直接来源。四是表现在社会进步中的重要地位和作用，精神生产不仅能增加社会财富，而且能融合社会交往关系，如"建设社会主义和谐社会"理论的提出，重在构建人与人之间情感精神的关系，扭转过分重视物质利益的倾向，起到物质生产不能替代的作用。

由此看来，精神在越来越发达的人际交往里，已能够越来越不依赖物质就产生改变现实世界的力量，也就是精神生产越来越摆脱物质的"纠缠"了。

4. 精神生产日益摆脱物质"纠缠"，但未脱离物质基础

精神无形，但却是自然的产物，离开物质自然的自然界和人的自然界，精神无从依托。"所谓人的肉体生活和精神生活同自然界相联系，不外是说自然界同自身相联系，因为人是自然界的一部分。"① 在人类的原始时期，物质生产与精神生产是一体相存、难以分割的，每一个人既是物质生产者，又是精神生产者。例如学习砸坚果，开始用木棒时效率很低，后来尝试用石头砸，效果很好，于是原始人就记住了，我们很难说物质生产和精神生产在这一过程中的比重。今天我们看来极其平常的生产经验，是原始人耗费莫大精神的总结，并直接用于指导自己的生产活动，也就是精神生产统一在物质生产当中。即便是原始人初期，最简陋的石制工具，也凝结了他们巨大的精神劳动，于人类进化的意义可能并不亚于当今任何一项科技发明，只是现代人习以为常而忽视了而已。但是，随着生产力的发展，无需部族的全体外出打猎或采集也能够得以生存，其中会有一小部分人（如巫师）有空闲专门从事精神生产活动。精神生产就从原来在物质生产中存在的潜在形式发展成为在物质生产之外存在的独立形式了，这就是脑力劳动与体力劳动的分离，意味着所谓的真正的精神生产开始出现。但这给人们一个错觉，认为

---

① 《马克思恩格斯文集》第 9 卷，人民出版社 2009 年版，第 161 页。

精神已经与物质生产完全分离，两者也能够明显区分，实际上，物质生产还是保存了精神生产的内容。"分工只是从物质劳动和精神劳动分离的时候起才真正成为分工。从这时候起意识才能现实地想象：它是和现存实践的意识不同的某种东西；它不用想象某种现实的东西就能现实地想象某种东西。从这时候起，意识才能摆脱世界而去构造'纯粹的'理论、神学、哲学、道德等等。"① 也就是说，精神生产可以脱离现实的物质制约而去构造某种不现实的东西，而这种东西又可以现实的物质形态表现出来，创新就是这样产生的。

"要研究精神生产和物质生产之间的联系，首先必须把这种物质生产本身不是当作一般范畴来考察，而是从一定的历史的形式来考察。……如果物质生产本身不从它的特殊的历史的形式来看，那就不可能理解与它相适应的精神生产的特征以及这两种生产的相互作用。"② 精神生产再怎么发展，远离了物质的制约，但永远不能脱离物质基础。其一，精神生产受人脑这一物质的制约，头脑需要营养物质的及时补充才能不断创造。人脑的开发即教育将是社会进步最主要的标志，精神生产永远也离不开人脑这一基本的物质。其二，精神生产要借助基本的媒介——语言符号，生产是社会性的，精神生产只要以表现出来，就要依托语言符号，否则就是"想象中的价值"。语言文字符号这一物质形式是精神交往不能不依赖的工具。其三，新知识产生与留存累积，离不开一定的物质手段尤其是文字符号，否则就像远古时代的传说，极容易失传。秦始皇"焚书坑儒"毁掉了不知多少的精神产品，再也不能完全从文字符号形态恢复。其四，科学理论发展不是为了理论而理论，而是要改变现实的物质世界，"哲学家们只是用不同的方式解释世界，而问题在于改变世界。"③ 而且任何自然科学理论都得作用于物质力量。社会科学虽然表现得不像自然科学那么明显，但"批判的武器当

---

① 《马克思恩格斯文集》第9卷，人民出版社2009年版，第534页。
② 《马克思恩格斯全集》第33卷，人民出版社2004年版，第345页。
③ 《马克思恩格斯全集》第33卷，人民出版社2004年版，第502页。

然不能代替武器的批判，物质力量只能用物质力量来摧毁；但是理论一经掌握群众，也会变成物质力量。"① 纯粹的社会科学理论最终还是要变成物质的力量，才能推进人类社会发展。其五，精神生产是一个社会生产活动的过程，最终的结果是把内在无形的精神化为外在有形或无形的产品。外化的产品也许不一定有形，如语言在传递中，但还是必然依托于人嘴、空气等物质形态，完全不依赖物质的精神生产结果形态是不存在。其六，精神生产的发展规律归根到底决定于物质生产的发展规律，在原始社会末期，精神生产的一部分从物质生产中分离出来，还有一部分与物质生产相交织，即劳动人民日常生活中的创造，这一点极容易被忽略但却意义重大，20世纪70年代末安徽凤阳小岗农民分田到户，开启了中国农村改革的序幕，到了今天，我们党也多次提出尊重人民的首创精神。即便是从物质生产分离出来的那部分，它的发展水平归根到底不能超出物质生产的发展水平，"罗马不是一天建成的"，古人想像鸟儿一样在空中自由飞翔，但100多年才前发明了飞机，人类才能进一步探索宇宙的奥秘。"政治、法、哲学、宗教、文学、艺术等等的发展是以经济发展为基础的。但是，它们又都互相作用并对经济基础发生作用。这并不是说，只有经济状况才是原因，才是积极的，其余一切都不过是消极的结果，而是说，这是在归根到底不断为自己开辟道路的经济必然性的基础上的相互作用。"② 因此，精神生产的发展规律归根到底仍然受物质生产的发展规律所决定。《共产党宣言》中说得好："思想的历史除了证明精神生产随着物质生产的改造而改造，还证明了什么呢？"③

5. 创新给精神生产与物质生产划出一条界线

物质生产与精神生产的关系一直是学界辩论不休的问题。精神生产与物质生产一开始就"纠缠"在一起，难以分割，只是到了

---

① 《马克思恩格斯文集》第1卷，人民出版社2009年版，第11页。
② 《马克思恩格斯选集》第4卷，人民出版社2012年版，第649页。
③ 《马克思恩格斯文集》第2卷，人民出版社2009年版，第51页。

原始社会末期有了脑力劳动和体力劳动的分工，才最终明显地分离并按各自的范式发展。在我们居住的星球上，除了原始就有少许天外来物（如陨石）以外，其他的物品都是人类产生后逐渐发展生产出来的。这里应注意到是人而不是动物生产创造的，而人与动物的根本不同就在于精神生产。是人的精神力量改造世界，物质财富如此，精神财富也是如此。但怎样才能区分物质生产与精神生产呢？我们可以以现代社会的"人体"来剖析原始社会的"猴体"。在原始社会，一个原始人打磨一块石器或制作一把弓箭，对于他们当时所处的智力水平来说，应该是耗费了他们巨大的脑力，是一件划时代的事情，对人类发展的意义甚至不亚于原子弹的爆炸，只是时代久远而被现代人忽视了而已。由于石器和弓箭突出的性能和作用，打磨制作技术马上会被模仿学习，继而在部落里传开，但这第一个或多个打磨制作的人被湮灭无闻，石器与弓箭也日渐被人们视为稀松平常的物质制造；到了工业文明时代，这种状况却完全不同了，人们发现这样的"第一"能成就巨大的财富，能使个人、群体或国家变得强大，如西欧国家制作的枪炮能成为掠夺殖民地财富的利器，因而成了各方势力争夺的对象。为解决创造"第一"带来的财富纷争，人们发明了"知识产权保护"这一概念。为什么要这样呢？因为没有保护就会使创新的科技或作品马上被别人抄袭和复制，成为普普通通的日常物质生产，就不能保障创新者的权益，从而也不能激发进一步的创新发展。我们从中可以分析出物质生产与精神生产的区别就在于创造或创新，这与不少学者论述两者差别在于体力劳动多点还是脑力劳动少些存在质的区别。

　　知识产权保护也是在保护无形财富的基础上发展起来的。1474年3月19日，威尼斯共和国颁布了世界上第一部专利法《发明人法规》(Inventor Bylaws)。该法规定："任何本市公民制造了前所未有的、新奇精巧的机械装置，并能够方便人们使用和操作，即应向市政机关登记。本城其他任何人在10年内没有得到发明人的许可，不得制造与该装置相同或者相似的产品。"这明显就是保护发明创新，而且以10年的时间段规定了精神创新保护权益与物质仿造所得利益的界限，也就是大致上给出了精神生产作为一个生产、交换、消费、收益及再生产循环活动过程所必需的时间，从而也大致将精神生产与物质生产作了区分。当然，严格地说，没有完全脱离精神生产的物质生产，也不存在完全超越物质制约的精神生产，当创新已经完成，不再耗费巨大的脑力劳动，那么精神生产的一部分以知识形态留存，以作为继续再生产的资源；另一部分则转换为不再需要创新的物质生产，以作为人类自身生产和精神再生产的资源而消费。

在知识产权保护制度之初，知识产权法规更多的是保护工业专利，也就是偏向于传统的物质生产；但随着国际商品贸易的进一步发展，著作权和商标权等精神生产权利也成为关注的对象。工业创新专利和著作创作是典型的精神生产，正是由于知识产权的保护制度，才使得人类的精神生产得以迅猛发展。这是因为知识产权保护制度对于精神生产具有如下功效，第一，激发创新。知识产权制度在于国家政权利用法律和经济的手段，规定他人未经专利人许可不得使用该发明或版权，从而使创新者能够通过自己生产或授权他人生产来收回自己的投入，并获得超额利润，使创新者在一定期限内对其科技创新和创作成果享有专用权。给精神生产灌注驱动力，为生产者提供了有效和持久的创新动力，保护创新活动在新的高度不断向前发展，不断增添人类社会财富。第二，加速创新的进程。知识产权保护制度实行优先申请原则，即保护专利授予最早提出申请的人。这一原则规定的意义在于：一方面控制了知识产权申请的纷争；另一方面促进了创新主体的竞争，促使其抢占新的起点，加速对未知领域的探索和新事物的产生，这对人类进步的意义可谓极为非凡。同时，知识产权保护要求获得保护的产权，必须将其内容充分说明并公开，这就使当今世界上每年发明的成果 90%~95% 都能在专利文献中查到。精神生产者通过搜索和检索，能够及时了解和把握国内外最新的科技创新前沿动态和著作创作的水平动向，从而选择正确的探索方向和创造途径，将有限的资源投向重点攻克的领域，避免重复前人走过的路，在减少风险的同时，缩短创新时间，提高生产质量和降低经济成本。第三，为创新提供公平竞争的社会环境。知识产权制度通过专利法、著作权法、反不正当竞争法等一系列法律制度，为创新者建立了一套公平竞争的规则，其本质就是鼓励建立在创新基础上的公平竞争；对于违反知识产权制度的行为，通过行政或司法的方式予以惩处；对遵循知识产权法规的行为，则予以市场准入和通行，从正反两方面为创新提供法律保护。第四，促使创新成果的公开和交流。我们知道，在知识产权制度未形成之前，不知多少民间秘籍秘技失传，这既源于人的自私本性，也囿于社会保护制度的缺失。知识产权赋予权利人一定的垄断，但却是以技术的公开为条件的，没有登记公开的知识产权是不受保护的，这样就在充分维护合法权益的同时，又促进了科技和知识的公开和交流，为后来的创新提供了知识资源。

"二战"后，科技革新蓬勃发展，出现了信息网络技术、微电子技术、宇航技术、激光技术、新能源新材料、生物科学以及生命健康技术等各种新科学领域，各类发明大量涌现，专利申请数量迅猛增长，知识产权保护越来越受到人们的重视。20世纪80年代后，知识经济在信息技术的主推中获得了更大的发展，电子商务等网络技术的知识产权保护也开始被更多的强调。人类社会进入新的世纪，正是由于知识产权保护制度的形成与完善，精神生产也正呈现出加速度发展的态势，知识经济超越了传统的物质生产，成为社会财富最主要的来源。

二、精神生产与人自身生产的关系

1. 精神生产和人自身生产的关系被忽视

马克思唯物主义理论曾经一度被传统哲学教科书演绎为物质决定论，物质生产被推到了至高无上的地位，以致马克思主义唯物史观被歪曲为"经济史观""经济主义""人学空场"，一些原理被误读，适用的范围被局限为一种关于资本主义的社会历史学说，使得其难以解释科技革命带来的一些现象，如工人仅仅在流水作业线上劳作，而现代科技更多地依靠科技工作者在实验室里的艰辛劳动，以传统的"剩余价值"学说去理解其中的时间与价值问题，显然还有许多环节要去弥补，因此，马克思主义也被不同程度地宣称已经过时。但"凡是深入地研究过马克思著作及其思想发展史的人都会发现，马克思本人从青年时期起就是对'抽象物质观'、从而也是对物质本体论的坚定不移的批判者"①。马克思说："只有当物按人的方式同人发生关系时，我才能在实践上按人的方式同物发生关系。"② 这就是说，离开了人，物的关系只是纯粹自然的关系，而不是社会生产中人与物、人与人之间的关系。可是，我们却往往忽视了烙印在"物"上的人的意识、意志和实践活动，以致把人这个主体以及这个主体种的繁衍、精神活动置于熟视无睹的地步。至于人的自身生产繁衍与其精神生产的关系则更是被忽视，研究涉及的文章少之又少。倒是由于恩格斯在《家庭、私有制和国家的起源》1884年第一版序言中提及了"两种生产理论"，人自身生产与生产资料生产的关系及作用曾一度被热议。这段论述是："根据唯物主义观点，历史中的决定性因素，归根结底是直接生活的生产和再生产。但是，生产本身又有两种。一方面是生活资料即食物、衣服、住房以及为此所必需的工具的生产；另一方面是人自身的生产，即种的繁衍。"③ 在20世纪八九十年代，研究者们也正是出于是否维护物质决定一元论而进行了一场热烈的争论，从而也深入地分析两者的关系问题，但对于精神生产与人自身生产的联系则极少论及。同时，由于精神生产在现代社会的作用越来越突出，科学技术已经发展成为第一生产力，文化软实力成为各国竞争的重心，对精神生产与物质生产关系的研究也得到深入发展，虽然有些论著也涉及了人自身的生产，一般将人自身的生产称为人类自身生产，认为不仅是生物性物种的繁衍，而且是社会性人的抚育、成长、教育过程，是人自己生命的生产。具体来讲，人的生产可以分

---

① 俞吾金：《马克思对物质本体论的扬弃》，载《哲学研究》2008年第3期，第7页。
② 《马克思恩格斯全集》第42卷，人民出版社1972年版，第124页。
③ 《马克思恩格斯选集》第4卷，人民出版社2012年版，第13页。

为三个层次：第一个层次是指新一代的生产，是指原有人口对新生命的妊娠、扶育和培养，这是停留在自然生产意义上的生产，与动物的生产没有多少区别；第二个层次是指劳动力的再生产，即劳动者在实践中所耗费的体力、脑力、神经和肌肉等的重新恢复，首先需要物质生产作保证，缺乏物质营养的供给，人的再生产就不能进行；第三个层次是指人的智力和能力的发展，需要学习和继承前人获得的经验与知识，也要开创性地改造自身与外在世界，这实质上就是一个精神生产的过程。当然，这三个层次是不可能分离的，而且，这个过程与社会关系生产也是同一的，没有夫妻、父母以及助产人员介入生产过程等社会关系的发生，人的自身生产就很难完成，任何将总体性社会生产完全划开的企图都只是理论上的想象，在现实中不可能做到。历史事实让文明知道，人口过少或过多都不利于社会、国家发展，但仅仅把人口数量与社会物质生产总量结合起来出政策、做文章，而不研究人口增长与精神生产的相互作用问题，使我们付出了沉重代价。我们都知道人的生产关系到国家的前途命运，我国20世纪80年代实行计划生育政策来控制人口的过快增长，但忽略了或者说没能深入研究精神生产对人的自身生产影响，不能不说是一种遗憾。其实，政策的控制起到了一定的作用，但使我们付出的代价也是沉重的，耗费了大量的财政支出、人力支出。据估计：国家基本要求人口和计划生育事业费人均30元，部分省市要求人均计划生育经费投入40元。由于计生部门对罚款偏好的原因，实际费用已远远超过这个标准。全国以13亿人计算，现在每年计生系统财政经费需要500亿元以上，这还不包括财政对基础建设等固定资产投入。按可比价格，30年来计生系统消耗了1万亿元以上的直接资源，间接费用（普通家庭配合计生、企事业单位、媒体等费用）更数倍于此。① 如果我们能把这笔巨大的款项用在教育或科技开发上，将是一个什么样的愿景呢？只有改造人的精神，扭转"多子多福""重男轻女"等传统观念，培育科学生育观，才是真正解决人口问题的根本。

---

① http：//bbs.tianya.cn/post-free-2165115-1.shtml，2017-07-17。

2. 人自身的生产与精神生产的过程同一

恩格斯将"人自身的生产"视为与物质生活资料生产一样具有决定性意义的生产方式，但精神生产却不知什么缘故没有被同时论及，以致有人认为恩格斯的生产决定论近乎自然决定观。而精神生产的作用在现时代已经不证自明，人自身繁衍与动物不同，人又产生了"新的需要"，这种"需要"有精神的力量在起作用，从而不断推动物质生产，可见精神的东西连接了人自身生产与物质生产。那么，如此重要的人自身的生产与精神生产又有何种联系与区别呢？要弄清楚这个问题，必须首先回答什么是精神生产、什么是人自身的生产，如果概念都未能确定，分析就无从谈起，即便有所论述也缺乏逻辑根据与理论深度。至于人自身的生产到底是称作人自身的生产好，还是称作人类自身的生产准确？笔者认为，如果不能局限在生物性种的繁衍，还包含人本身的社会化及个人机体的生长发育，那么，多一个"类"字实际上是多此一举，而且也不准确，毕竟"人类"着重于整体而忽略个体，用人自身的生产更能概括其中的内涵。其实，恩格斯也说的是"人自身的生产，即种的繁衍"，并没有说"人类种的繁衍"。我国学者大多用"人类自身的生产"，是重视了"类"这个整体，而忽视了"人"这个个体，这与我们强调集体、强调整体，轻视个人主体性的文化传统是一致的。"生活的生产——无论自己生活的生产（通过劳动）或他人生活的生产（通过生育）——立即表现为双重关系：一方面是自然关系；另一方面是社会关系。"① 人的本质是社会性的综合，人有精神，而精神不是从婴儿阶段就有或者说是成熟的，而是一个不断生长发育的过程，即从幼儿时的意识慢慢开始发展起来的，从纯粹对外反应的意识发展到改造外在世界的精神，说明人自身生产的过程也是一个人的精神不断成长的过程。那么，这个过程又与人精神生产的过程是否重合呢？如果重合的话，又如何区分呢？有人将精神生产视为不仅是人本质力量的外化与对象化，而且也是内在

---

① 《马克思恩格斯全集》第 3 卷，人民出版社 1960 年版，第 33 页。

地改造人自身的生产，是能够改变人的内在精神世界的生产，这就与人的自身精神的启蒙发育统一了，人的自身生产与精神生产几乎难以区分，因为都是人的精神的生成，而且作用于人本身这一相同的客体对象，微小的区别就人自身生产有生物性的一面，精神生产有外化、物化的一面。这就有点像马克思论述的"'精神'从一开始就很倒霉，受到物质的'纠缠'"①一样，两者关系纠缠不清。其实，原因还在于精神本身的概念不好确定，精神既来源于物质，又作用于物质；既作用于人本身内在的精神世界，又改造外在客观对象。人在这里既是主体又是客体。但是，我们应该看到人自身的生长发展，不仅是肉体的生长发育、衰落死亡的过程，而且也是意识启蒙产生、精神成熟衰败的过程。当然，意识、精神看不见、摸不着，是一个内在的隐形的过程，仅仅表现为人自身的身体变化这样外在的物化形态。这点可以与精神生产相区别，精神生产就是精神力量的外化与物化或对象化，化为与人的目的需要相适应的、具有特定价值的客体形式，最终表现为客观存在。"在劳动者方面曾以动的形式表现出来的东西，现在在产品方面作为静的属性，以存在的形式表现出来。"② 故此，我们可以看到，精神将人自身的生产与精神生产紧密地联系在一起。

3. 人自身的生产与精神生产的相互作用

人自身的生产与精神生产就像马克思所说的"精神"与"物质"关系一样，两者"纠缠"在一起，谁也离不开谁。人如果没有精神的产出，那就与一般动物无异；精神生产如果离开人这个主体就无从说起，最终可能就只能推演到黑格尔的"绝对精神"，成为唯心主义的说教。两者都以人为主体，也部分地以这个主体为客体，人生产了人，以自己为改造的对象，人既是主体也是客体；人生产与人体不能脱离的艺术，以人为客体，又外在地改造客观世界，人是主体。"他们在这个过程中更新他们所创造的财富世界，

---

① 《马克思恩格斯选集》第 1 卷，人民出版社 2012 年版，第 161 页。
② 《马克思恩格斯全集》第 23 卷，人民出版社 1972 年版，第 205 页。

同样地也更新他们自身。"① 人以自我内在为改造对象的过程，也是一个精神不断输出能量的过程，还处于混沌状态的婴儿，只有初步的意识，没有什么精神也没有什么产出，但当他逐步认知这个世界，不断学习人类已有的文化，他的精神逐渐发育成熟，到了某一阶段就有精神的产出，这是一个在遗传的基础上，由吸收到输出的转化过程。吸收得越多，产能越大，储存越丰富，产出的可能性越大，到了青壮年时期的产能达到最高，随后就逐渐减弱；由于人类积累的知识文化早已是汗牛充栋，不是某个人穷尽一辈子就可以完全掌握的，并且随着职业的分化，某一个或某一些人自身的生产并不能吸收或承受人类所有的精神资源，在教育成长过程中，侧重于掌握某一方面的专业知识，成为某一方面的专业型人才，从而他或他们的产出一般也就局限在这一专业领域。即便是爱因斯坦这样天才级别的人才，也只是在理论物理领域取得了卓越的贡献。人自身的生产必须借助于精神生产资料，学习技能、掌握知识，才能够实现成长，也就是真正成为一个与动物相区别的人。

　　人自身的生产既是生物意义上的，更是社会性意义上的，不但继承自然基因，也要承续人类的社会文化基因。这是因为，第一，人的自身生产没有停留在动物意义上的两性结合产生后代，而是要通过婚姻、家庭等社会关系和复杂的社会文化形式才能实现。第二，人类的自身生产产生人口，人口本身也是一种社会经济因素，既为社会生产提供源源不断的劳动力，又为社会生产创造出永无止境的消费力，而且还要与社会发展水平相适应。正如恩格斯说的，"种族本身就是一种经济因素"②。第三，人自身的生产是有意识、有目的生产。在人类社会早期，受自然因素干扰比较大，而在后来越来越受各民族历史文化因素影响，受到人们的世界观所支配。人一出生就处于一定的历史、民族、地域文化环境中，并且这种文化一直都会伴随着他的成长发育直至死亡。文化实际上就是人化，人化中除了一部分人类日常生活行为凿造的，更大部分则是人自觉的

---

① 《马克思恩格斯全集》第46卷，人民出版社1980年版，第226页。
② 《马克思恩格斯选集》第4卷，人民出版社2012年版，第649页。

精神的产品，如道德、宗教、伦理、法律、政治，等等，这些都是精神生产的结果，人的一生就处于精神产品的不断学习、继承、吸收、扬弃的过程之中，也就是说人的自身生产脱离不了精神生产，精神生产是人的自身生产得以发展的资源。精神生产促进人自身生产的优生优育，人类生产没有停留在动物自然生产的水平上，而是有目的、有计划的生产，使人类从原始自然形态中一个不占什么优势的物种发展成为"自然的骄子"。精神生产一方面促进劳动技术和科学的发展，使人类自身能够在一定程度上控制自然；另一方面促使人类不断认识自己，不仅像动物一样追求自身基因遗传的数量，而且更注重生产的质量，也就是优生优育。人的生产是全面的生产，而动物的生产是片面的，精神生产促进物质生产的高速发展，从而使人类总体的自由时间越来越多，社会生产的自由程度越来越高，人就越可能全面的发展。精神生产促进人的全面自由发展，也就是促进了人自身的全面生产。

4. 研究人自身的生产与精神生产相联系的意义

如果分别研究人自身的生产和精神生产，我们知道两者都很重要，就像学者们从恩格斯的《家庭的起源》中推论出"两种决定论一样"，认为人类自身生产与物质生产都是社会发展的决定性力量。但我们将人自身的生产与精神生产放在一起研究，就会发现两者都离不开人，就会看到人在社会生产里面的重要性。没有人，就谈不上什么社会生产，人口与整个社会生产的比例不协调则不利于生产，没有高素质的人才就没有高质量的精神产出，没有高科技的发展，物质生产就得不到高速发展。这就是我们"以人为本"的立论依据。说到底，人是最重要的，而人才是推动人类历史发展的关键，好的人才创造出好的精神产品，好的精神产品推动社会历史向正确的方向发展，推动物质生产迅速发展，在政治层面上讲是"以人为本"，在经济层面上讲是"以人才为本"，各国早就开展了人才筹备的竞争。

要产生人才，就不能只注重人口的数量，而忽视人口的质量。人口无疑是一个重要的经济因素，我国 30 多年的快速发展得益于

"人口红利",但现在人口对经济的增益已经到了尽头,所以"人才红利"被提了出来,也就是要利用人的智力即精神生产创新带动经济社会发展。马克思、恩格斯曾经指出:"生活的生产——无论自己生活的生产(通过劳动)或他人生活的生产(通过生育)——立即表现为双重关系:一方面是自然关系;另一方面是社会关系。"① 人类自身生产的本质属性是它的社会性,也就是说它离不开物质生产、精神生产以及社会关系生产。发展到今天,自然环境的因素对人自身生产的作用越来越突出,生态生产的影响也被纳入到了研究的范畴。但人自身生产在社会总体生产体系中,仍然处于中心位置,起着决定性作用。从人类历史的起源来看,是先有人类生产后有物质生产和精神生产的。"全部人类历史的第一个前提无疑是有生命的个人的存在。因此,第一个需要确认的事实就是这些个人的肉体组织以及由此产生的个人对其他自然的关系。"② 只有人的存在,才有物质生产与精神生产。原始状态中的人,主要是以采集天然植物或狩猎为其生活来源的,这就是最初的生产。在采集和狩猎的过程中,人先后学会或掌握了制作石器、骨器、木器、弓箭等生产工具,而这些现代人看来十分简陋的产品,对于当初来说却是具有划时代意义的创新,也就是精神生产的开始。正是有了精神的生产,人类发展的进程才开始加快,物质生产丰富了起来,同时促进了人口的增长。在工业革命以前,人口数量还处在很低的水平,到了工业革命之前的 15 世纪,世界人口增长已经开始加速,而那时,正是早期资本主义经济学家开始关注精神生产的时期。据统计,世界人口在 15、16、17、18 世纪分别增长了 28.2%、11.9%、47.5%和 80.6%。③ 可以看出,从 18 世纪后半叶的工业革命开始,世界人口增长幅度明显加大。人自身的生产急速发展,表面上是基于人类物质财富的增加,能够养活这么多人,实质上则

---

① 《马克思恩格斯全集》第 3 卷,人民出版社 1960 年版,第 33 页。
② 《马克思恩格斯选集》第 1 卷,人民出版社 2012 年版,第 146 页。
③ http://www.pep.com.cn/lsysh/jszx/jxyj/jxxc/201008/t20100827_805521.htm,2017-07-18。

是人类科学技术和文明程度的进步造成的。试想，如果没有科技促进物质资料生产，原始的农业根本不可能养活几十亿人口；如果没有生育预防医学的提高，即便生育得多，存活的也不会很多；如果缺乏人与人之间的人文关怀，仍然是战争纷起，任由毁灭性的武器生产，甚至爆发更大规模的世界战争，人类也会消灭自己。所以，人自身的生产发展离不开物质生产，也不能离开精神生产，从终极意义上说，精神生产也就是为人自身的生产服务的，两者是目的与手段的关系，缺乏对人自身的生产的研究，显然不利于深入考察社会总体生产。

三、五种基本社会生产形态中的精神生产

1. 五种社会生产形态

综观经典作家的论述，社会生产主要包括人自身的生产、物质生产以及精神生产三种形式。人自身的生产即人类的繁衍，是通过氏族、家庭、婚姻等社会形式进行人类自身种的延续。"全部人类历史的第一个前提无疑是有生命的个体的存在。"[①] 没有生命个体的存在以及个体生命的延续，一切历史就无从谈起。在漫长的进化过程中，人类越超了动物纯粹生物性的繁殖，实现自身的繁衍与发展，人成为社会发展进步中的历史主体。人类之所以能够拥有不同于动物的繁衍，是因为人类在不断进行与发展着区别于动物的物质生产和精神生产（动物的生产是纯粹自然的）。物质生产即物质生活资料的生产和再生产，它是以人为主体，人主动地与自然发生物质和能量交换，生产出物质产品以满足人类生存的需要，这是"一切人类生存的第一个前提"[②]，反映了人们的物质需要与自然界不能满足人们生存需要之间的矛盾，而且这种矛盾呈扩大趋势。

---

① 《马克思恩格斯选集》第 1 卷，人民出版社 2012 年版，第 146 页。
② 《马克思恩格斯选集》第 1 卷，人民出版社 2012 年版，第 158 页。

精神生产是人类特有的认识、实践和抽象理论活动，通过人与外界（包括自然界与人类社会）的信息、能量的交换，创造出物质和精神性产品以满足人们的发展需求，是人的本质力量的外化和对象化，在改造外界的同时也发展了自身，从而保证人类社会发展合规律性和合目的性的统一，反映了人们的发展需要与外界不能自动满足人们这种需要之间的关系，人们的发展需要带动着物质生产。

人们进行社会生产必然发生交往关系，从而产生社会关系生产。社会关系生产在物质生产、精神生产与人自身的生产中都存在，而且同时进行，如果离开关系的生产，任何其他生产都难以进行。人必须首先组成婚姻家庭，才可以发生人自身的生产。人的社会生产离不开分工合作，即便是原始的采集和狩猎活动也离不开部落成员的协作。精神生产更是在社会分工日益发达的基础上形成的，分工首先就会产生人与人之间的关系。所以说，社会生产关系生产与其他各种生产形态交错交织、不可分离。

社会生产是在自然生产的基础上发展而来的，在工业社会以前，在人类的认知里自然是用之不尽、取之不竭的，但随着人类对自然的开发过度，生态环境问题涌现出来了。自然生态不能在一定时期内自然地恢复，反过来影响人类社会的整个生产，所以，人们必须以自身的力量介入自然的生产，这就是生态的生产。如生态保护林的价值既区别于物质经济价值，也有别于精神抚慰价值，更多地体现为对生态恢复的社会价值。生态社会主义的兴起，证明人类社会的生态危机已经发展到了非得采取积极主动的矫正措施才能化解的地步，从总体上讲就是要进行生态生产恢复，这同样是自自然生产的基础上发展起来的社会生产形式，从而引申出"生态生产力"这个新的概念。当然，生态生产力的界定还存在着争议。支持者都不同程度地强调自然生态因素在生产力发展中的重要性及其对经济发展的制约性，对各种自然资源进行高质的开发和利用，强调尽量避免破坏生态环境，实现人与自然的可持续和谐发展。反对者认为，人的存在无所谓生态不生态，生产力部分要素的生态化并不一定证明生态生产力这一整体的生态化。反对者的理由显然已经跟不上时代发展，一是人的存在应然就是生态的，因为人离不开自然环境,也没有离开自然环境的社会,而正是不同的自然环境造就了不同的社会特质。二是自工业文明以来,人类对自然环境的破坏,反过来影响了人类自身的社会生产,物质生产和精神生产都非常明显地受到了环境恶化的重创,生态危机对人自身生产的影响也许更为深远。因此,生态生产力是一个社会朝着绿色文明进步的重要标志。如果不对自然生产进行生态恢复,任由物质生产、精神生产和人的自身生产对自然生态的挤压,我们的地球环境将在不远的将来不再适合人类生存。而物质生产、精神生产与人的自身生产三者的协调发展,又要受到社会关系生产的制约,社会生产关系调节着总体社会生产的比例。在社会生产越发达的情况下,人类越来越依赖自然环境的生态恢复与修复,生态生产必然纳入到社会生产的范畴之内。

2. 五种社会生产中的精神生产

关于人的自身生产、物质生产及精神生产三者之间的关系,马克思在《德意志意识形态》中从共时态上给出了回答,"此外,不应该把社会活动的这三个方面看做是三个不同的阶段,而只应该看做是三个方面,或者,为了使德国人能够明白,把它们看做是三个'因素'。"[①] 物质生产、精神生产和人自身的生产是同一社会活动三个不同的"方面"或"因素"。社会生产是一个理论抽象,它是标志人类所特有的总体性活动的范畴。在现实生产中,如果抛开具体的社会形式不谈,人的任何一种生产活动都是体力劳动和脑力劳动的统一体,只不过存在体力劳动与脑力劳动的多少的问题,其都是"人的本质力量的对象化"。因此,在现实生活中既不存在完全离开脑力劳动的物质生产,自动化生产并没有脱离人的控制,也不存在离开体力劳动的精神生产,即便是电脑编程也是在人预先设计的程序中运行,更不存在离开人自身的抽象的无"主体"的活动。另外,马克思在《政治经济学批判》导言中又对三者的关系,从历时态上也给出了论述:"因

---

① 《马克思恩格斯选集》第 1 卷,人民出版社 2012 年版,第 160 页。

此,说到生产,总是指在一定社会发展阶段上的生产——社会个人的生产。因而,好像只要一说到生产,我们或者就要把历史发展过程在它的各个阶段上一一加以研究,或者一开始就要声明,我们指的是某个一定的历史时代,例如,是现代资产阶级生产——这种生产事实上是我们研究的本题。"① 说明社会生产是现实的生产,必然要表现出一定的产品形式,是处于一定的历史发展阶段的生产。从内容上讲,它虽然也是物质生产、精神生产和人自身的生产等不同形式的生产的同一,但是由于社会发展阶段不同,社会生产的不同形式具有不同的特点和表现,所处的地位和所起的作用也不尽相同,在原始社会,人自身的生产所处的地位相当突出,而到了奴隶社会至科技革命以前,物质生产的作用就掩盖了其他的生产形式,科技革命以后,精神生产的作用就越来越凸显出来。这可以从马克思社会三大形态理论中得到佐证:"人的依赖关系(起初完全是自然发生的),是最初的社会形态,在这种形态下,人的生产能力只是在狭窄的范围内和孤立的地点上发展着。以物质的依赖性为基础的人的独立性,是第二大形态,在这种形态下,才形成普遍的物质交换,全面的关系,多方面的需求以及全面的能力的体系。建立在个人全面发展和他们共同的社会能力成为他们社会财富这一基础上的自由个性,是第三个阶段。第二阶段为第三阶段创造条件"②。这就是说,在人类社会初期,人类结成了社会性的氏族,氏族的生存在于人口的规模和领地的大小,氏族成员多,占有领地大,生存的概率就高,因而,当时对社会发展起决定作用的是受血族亲缘关系制约的人自身的生产,社会性的经济关系还处于萌芽状态。但随着人口数量的增加,自然供给已经不能满足需要,人类必须扩大生产范围和规模,从而加强社会经济关系的展开,人不再只是依赖自然,而是依靠人与人之间的关系,生产出越来越多的人造物,人类社会从"野蛮时代"进入"文明时代"。为了养活更多的人口,生

---

① 《马克思恩格斯选集》第 2 卷,人民出版社 2012 年版,第 685 页。
② 《马克思恩格斯全集》第 46 卷,人民出版社 1980 年版,第 198 页。

活得更好，人类生产的重心转向了物质生产，人自身的生产在社会中的支配地位才逐步被物质生产资料的生产所代替。物质生产代替人的自身生产成为社会发展的主导因素之后不久，随着"物质劳动和精神劳动的分离"以及精神生产的涌现，突破了传统的宗法亲缘关系的束缚，人们的认识、活动范围和界限得到拓宽，人与人之间的关系从氏族亲缘关系扩展到生硬的物质生产关系，建立了以物质交换为基础的社会关系，人与人的关系逐渐被物与物的关系所代替，为了适应这种变化，精神生产同时也获得了发展。在人类社会发展的第三大形态，随着社会生产力的高度发展，人类社会终于摆脱了数千年物质生活资料匮乏的局限，解除了旧式分工的约束，人类的超越天性使其更集中于精神生产，因为精神生产依赖更多的是人自由自觉的精神，而不是物质，人类不再为物质资料生活而耗费大部分时间，自由时间越来越多，人们可以"随自己的兴趣今天干这事，明天干那事，上午打猎，下午捕鱼，傍晚从事畜牧，晚饭后从事批判"①，人的自由个性得到极大发展，社会成为一个"每个人的自由发展是一切人的自由发展的条件"②的整体，从而不断摆脱物质对人的束缚与限制，提升人类的自身生产，使精神生产、物质生产和它自身重新融合，社会生产关系的生产也会在这种融合中得到提升发展，更能适应和促进其他形式的社会生产。所以，在这个时期，对人类社会发展起决定作用的将是以精神生产为主导的人类"自由自觉的活动"。

囿于时代发展的局限，马克思、恩格斯不可能预料到后来社会发展的一切，他们深刻地揭露了物质或资本对人的异化和压迫，但他们没有也不可能预料到地球环境恶化对人类生存造成的影响。生态社会主义是在物质生产超过了环境的承载能力的背景下诞生的，同时也是精神生产的产物，是人类向往安全环境、不断追求精神上的满足而提出来的。在此，也有研究者将第五种生产形式称为安全

---

① 《马克思恩格斯选集》第1卷，人民出版社2012年版，第165页。
② 《马克思恩格斯选集》第1卷，人民出版社2012年版，第422页。

生产①，但安全生产太宽泛抽象，而且极容易与其他生产形式相混同，任何生产都要在安全的前提下实施，否则就难以为继，单独将每种生产方式中都存在的安全内容要素列出来，作为一种并列的生产方式，缺乏学理说服力和现实可行性。生态生产实际上从人类社会形成的开始就存在，只不过像精神生产一样随着历史发展而凸显出来而已。比如，在家庭的形成过程中，人们必然要改造居住环境，而这种劳动并不带来物质财富和精神财富，它纯粹是对居住环境的再改造，但它对于人来说同样是一种不可或缺的财富资源。只不过，在工业文明对自然环境造成难以自然恢复的挤压之前，这种生态生产并不被人们关注而已。可以设想，在精神生产发展到一定阶段，人成为"全面发展的人"，那么，精神生产对于人类自己来说，也许不会像现在这么重要，因为到那时，所谓的创新已经被人们所习以为常，是人们生产生活的题中之义，倒是生态生产成为生产中的重中之重。一旦生态生产能够满足人类的需求，人类社会的最终追求可能也就是自身生产的提高，通过人自身的生产的发展，人类就能通过精神生产避免遗传性疾病，改良基因，生育出更多我们今天称为"天才"的"常人"。五种社会生产之间的关系是你中有我、我中有你的，并不是绝然割裂的，它们共同构成了有机的社会生产体系。

通过对五大生产形态关系的分析，我们可以看到马克思主义中"总体的生产"是一个开放的体系，在其研究视野中，物质生产是重点，将物质生产置于资本主义生产关系之中进行剖析和批判，社会关系生产则成为分析物质生产的方法和手段，但也开始注意到了人的自身生产和精神生产，使总体的生产理论成为创立辩证历史唯物主义的重要依托之一。我们可以说，马克思主义创始人并没有孤立地将物质生产放在资本主义时期考察，而是着眼于整个人类发展历史，在总体的社会生产理论中，指出人的自身生产、物质生产精神生产以及社会生产关系生产是辩证运动发展的，在不同的历史阶

---

① 潘春葆：《广义社会生产：五种生产的统一》，载《江西社会科学》1995 年第 1 期。

段所起的作用不同,分别是不同时期"普照的光"。我们依据此理论,同样能够得出生态生产的光芒也在不断地闪耀。社会生产的目的是为了人的全面发展,五种社会生产的划定都是围绕人的全面发展而不断发展的,"其最终目的就是要促进人的全面发展,包括改善人们的物质生活、丰富人们的精神生活、提高人们的生活质量、提高人们的思想道德素质和科学文化素质等等。"①

---

① 习近平:《之江新语》,浙江人民出版社2014年版,第95页。

第四章 精神生产创新的特征与分类

精神生产创新具有众多特性,在区分精神生产与物质生产的基础上,学界对精神生产的特征做了大量阐释,归纳出自由性、观念性、创新性、创造性、继承性、延续性、非消耗性、普遍性、超越性、无形性、自主性、个体性、信息性、扩展性、再生性、普遍性等,这里的归纳既有本质性的,也有区别性的,既有单独可以划定的,也有相近或重复的。但人们在演绎精神生产的特征时,往往将精神本身的特质视为其特征,或者把凡是与物质生产相反的特点当成其特征,以致似是而非,将非本质的特征看成本质的东西,对于本质的东西反而忽略了。论证精神生产的特征,不仅关系到精神生产内涵的确定,而且也牵涉到怎样看待精神生产价值与意义的问题,具有积极的理论和现实意义。本章尝试就精神生产的特征做一些分析,以求对深入的研究有所裨益。

一般认为精神生产最本质的特征是自由性和创新性,而区别特征则较为芜杂,众说纷纭。研究精神生产创新特性的意义在于能够确定其本质,以及区别于相似事物的表征。

一、精神生产创新的特征

1. 自由性与自觉性

精神是自由的,在《庄子·刻意》中有:"精神四达并流,无所不及,上际于天,下际于地,化育万物,不可为象。"这就是对精神自由形象的写照;在黑格尔《精神哲学》中有:"精神的实体是自由，就是说，对于他物的不依赖性、自己与自己本身相联系。精神是自为存在着的、以自己本身为对象的实现了的概念。精神的真理和自由就在于这个在它里面存在着的概念和客观性的统一"①，这则是对精神自由特质的论述。既然是自由精神的生产，这种生产当然附着了自由的性质，纵然这种生产受到客观实在的束缚，但其本质仍然是自由的。"它不用想象某种现实的东西就能现实地想象某种东西。"比如文学艺术的生产，作者可以尽情想象，恣意倾诉，尽情塑造。司马迁身陷牢狱，也可以创作出名垂千古的《史记》，对王侯将相逐一点评。曼德拉身囚斗室 27 年半，却不能扼杀他反对种族主义、为民族和解而奋斗的民主自由思想。如果说，事物的传承性是纵向的，那么精神生产的自由是多向的，即打乱了地域时空的限制。在古代，人类就已经遥想月球，思及洪荒，西晋文学家陆机说："观古今于须臾，抚四海于一瞬"，"笼天地于形内，挫万物于笔端"。近年来热播的穿越剧中，主人翁穿越不同时空，古代、现代与未来交错碰撞，这在现实世界是不可能发生的自由状态，却被人的精神生产了出来。正如培根所说，主体在进行观念创造时，可以"不受物质规律的束缚，可以随意地把自然界里分开的东西联合，联合的东西分开。这就在事物间造成不合法的配偶和离异"②。当然，"自由并不等于任性，每一时代的自由实现的程度都取决于人类实际的生存状况以及他们在生存中的相互关系。"③物质生产领域主要是复制和模仿，虽然可以有一定的自由，但这个领域永远是一个自然必然性王国，只有精神生产才是相对的自由国度。

"一个种的全部特性、种的类特性就在于生命活动的性质，而

---

① ［德］黑格尔：《精神哲学》，华中师范大学出版社 2006 年版，第 20 页。

② 古典文艺理论译丛编辑委员会：《古典文艺理论译丛》第 11 册，人民文学出版社 1966 年版，第 11 页。

③ 俞吾金：《关于哲学基本问题的再认识》，载《北京大学学报》（哲学社会科学版）1997 年第 2 期。

人的类特性恰恰就是自由的自觉的活动。"① 人是自由的，也是自觉的，但却不是完全自主的。正如马克思认为一切存在都是被感知，没有被感知的对"我"来说都是无。精神生产是人的头脑作用于主客观世界得出产物的过程，想生产什么，怎么生产，达到什么样的预期等，都是人这个主体可以觉知的。主观能动性有合目的性的牵引，在人的活动中，合目的性又必须遵循规律性，以规律性为基础，在规律性的支配下运行，单纯的合目的性只能导致幻想中的自由；同时，合规律性必须以合目的性为指引，因为规律的指向可能是多向的，合规律性中渗透着目的性，单纯的合规律性只能导致无主体的自然的、机械的必然性，同样达不到自由，人的自主性受到外在规律与内在目的的规制。马克思说"蜘蛛的活动和织工的活动相似，蜜蜂建筑蜂房的本领使人间的许多建筑师感到惭愧。但是，最蹩脚的建筑师从一开始就比最灵巧的蜜蜂高明的地方，是他在用蜂蜡建筑蜂房以前，已经在自己的头脑中把它建成了。劳动过程结束时得到的结果，在这个过程开始时就已经在劳动者的表象中存在着，即已经观念地存在着。"② 人比动物高明，因为人不是单纯地依靠本能对世界作出反应，而是能够认识、把握及构造客观世界，从而合目的地改变客观存在。"动物只是按照它所属的那个种的尺度和需要来建造，而人却懂得按照任何一个种的尺度来进行生产，并且懂得怎样处处都把内在的尺度运用到对象上去；因此，人也按照美的规律来建造。"③ 但在现实历史中，由于受外界众多因素所迫，人也可能忤逆自己的主观愿望进行文艺创作、理论演绎等，因而并不是完全的自主性的生产。精神生产的自觉性就是说生产者知道自己为什么生产、怎么生产以及要生产什么。

2. 探索性与创造性

精神生产与物质生产最根本的区别是什么，学界对此一直存在

---

① 《马克思恩格斯全集》第42卷，人民出版社1979年版，第96页。
② 《马克思恩格斯全集》第23卷，人民出版社1972年版，第202页。
③ 《马克思恩格斯全集》第42卷，人民出版社1979年版，第97页。

争议，有人主张是脑力劳动多少的区别，即精神生产中脑力劳动多一些，体力劳动少一些，物质生产则与此相反；也有人认为精神生产是意识高级形态的生产，物质生产则是低级生产形式。但如果深入剖析，仅以多少、高低来区分两者错综复杂的关系，没有一个确定的标线，难免浅显而触及不了本质。精神生产是高贵神秘的精神与低贱普通的生产的组合，实际上是主体精神通过思想、观念把握主客观世界，而后按照目标进行改造的过程。当然，这里的改造不同于物质生产重复性的外在改变，而是合规律性和合目的性的创造，造出原本不存在的新的外在物。精神生产在创造出新的外在物以后，在某种程度上也存在复制产品的问题，如书本的印刷，科技创新产权保护期内的生产，过了知识产权保护期创新则不再被保护。那么，怎样才能区别物质生产与精神生产呢？当前的哲学研究趋于赞同精神与物质是一体两维或一体两观的，故精神生产与物质生产的区分难有一个绝对的划分界线，否则就生生地割裂了两者之间的联系。人们在长期的历史发展认识中，创设了知识产权保护期这个概念，实际上无意间把精神生产与物质生产区分开了，在知识产权期内的生产是为了保护创造者劳动收益的回收，保护和刺激创新能够持续进行。过了保护期，生产则变得稀松平常，被视作普通的物质生产。其实，我们反思每一种物质生产，在历史上最初无不是精神生产的延续。即便是原始社会一件简陋的石器，当初也是原始人经过艰辛的摸索而制作出来的，而现代人对此已经不屑一顾了；弓箭也是某个时期发明的，它大大地提高了狩猎的效能，在当时来说应该是一项重大的发明，但现在没有人还会认为它是一种创新；现代的科技发明也是如此，电视、电脑、手机等一开始都被视作高科技创新，现在则成了普通的产品。几乎所有的研究者都会将创新性作为精神生产的特征，"创"是动词，表示动作，具有探索和创造的意义；"新"是名词，表示结果，由创而来。生产的目的是预期的产出，生产内涵着结果，精神生产的这个结果是什么？与物质生产相比较，不是重复的旧的产物，那么就是新的东西，也就是创新中的新，创新不是来自于别的什么，而是来自于人的精神的创造。由此可以看出，除了社会科学和人文学科外，在自然科学里，精神生产与创新意义几乎重叠，我们可以认为创新就是精神生产的俗称或简称，抑或是狭义的精神生产，因此，将创新性作为创新（精神生产）的特征就是典型的同义反复。

人类历史表明，不仅认识主客观世界需要付出艰辛的努力，而且改造主客观世界更是难上加难，都需要不断地探索，在实践中提高认识与顿悟，依据现实的生活经验，反思自身的行为，将已有的思想资料和知识，通过联想、设想、猜想、幻想、冥想、假说等思维创造形式加以抽象地改造，不断地创造出过去所没有见过的新见解、新观点、新理论、新作品、新产品，为社会提供新的有益的精神产品或物质产品。所以马克思说："财富岂不正是人对'自然'力——既是通常所谓的自然力，又是人本身的自然力——统治的充分发展吗？财富岂不正是人的创造天赋的绝对发挥吗？"① 财富包含精神的和物质的财富，是人的创造天赋的发挥，是由人创造出来的，这里当然讲的是精神生产，因为物质财富有一部分是自然赋予的，如土地、矿藏等，另一部分是由精神生产转化而来的，需要人的创新，创新隐含了探索与创造的过程。精神生产的实践更需要主体付出精神意志和主观能动性，探索的内涵正好与此契合。每一种发现乃至发明创造，都有一个艰苦探索的过程，都需要首先大量吸收前人的知识，提高自身的技能，结合人们的生活所需，制定预期的目标，在头脑里进行构思、设计，然后经过反反复复的实践检验，最后才得出有新意的产品。这个过程表现了精神生产的探索性和创造性特征。

3. 无消耗性与共享性

物质生产的主要特征之一是可消耗性和权利的独占性，即便产品是永不变质的金块，如果消费了，对其独有的权利就转让了，这也是一种消耗，更不用说那些易耗品了。精神生产则不一样，精神生产产生的主要是"政治、法律、道德、宗教、形而上学等"以

---

① 《马克思恩格斯全集》第 46 卷（上册），人民出版社 1979 年版，第 486 页。

及科学和艺术,这些都是不能被消耗的,不是一个人消费了,其他的人就不能拥有;不是一个国家利用了,其他国家就不能获益。知识、技能也是不能消耗的,不是被用过了,这种知识、技能就不存在了,反而是经过不同主体智力的叠加和实践的检验,知识、技能会变得越来越丰富和理性实用。这样我们就可以解释为什么今天人类的知识会成"爆炸式"地增长,知识经济具有纯粹物质生产经济所不具有的优势——洁净、可反复、经济效益呈叠加式地增进,所以无限的知识经济替代了有限的纯物质经济,成了各国竞争的重心。

马克思、恩格斯论述过精神生产的跨地域性和民族性:"过去那种地方的和民族的自给自足和闭关自守状态,被各民族的各方面的互相往来和各方面的互相依赖所代替了。物质生产是如此,精神的生产也是如此。各民族的精神产品成了公共的财产。民族的片面性和局限性日益成为不可能,于是由许多种民族的和地方的文学形成了一种世界的文学。"① 这就是等于说精神生产具有共享性,并不是哪个民族创造了,其他的民族就不能分享,而且,这种互相的交往和共享还能进一步促进精神生产的保存。"某一个地域创造出来的生产力,特别是发明,在往后的发展中是否会失传,完全取决于交往扩展的情况。"② 中国古代许多的民间秘技就是由于缺乏交往而失传。"只有当交往成为世界交往并且以大工业为基础的时候,只有当一切民族都卷入竞争斗争的时候,保持已创造出来的生产力才有了保障。"③ 这里的"创造出来的生产力"无疑就是精神生产力,历史上有不少发明创造由于缺少交往而销声匿迹,就是因为利用的范围很窄小,大工业则不同,它的内在驱动就是拓展世界大市场,应用的范围会随着市场的扩展而扩散,会利用的人越来越多,不会因为发明者或创造者的死去而失传,所以形成的生产力会一直保存下去。也正是因为如此,资本主义产生以后,世界由于交

---

① 《马克思恩格斯选集》第 1 卷,人民出版社 2012 年版,第 404 页。
② 《马克思恩格斯选集》第 1 卷,人民出版社 1995 年版,第 107 页。
③ 《马克思恩格斯选集》第 1 卷,人民出版社 1995 年版,第 108 页。

往的拓展，知识传播范围越来越广，社会生产才会以前所未有的速度发展。

4. 不平衡性与可超越性

1857年，马克思在《〈政治经济学批判〉导言》中，首次阐发了"物质生产与精神生产不平衡发展"的思想："物质生产的发展例如同艺术生产的不平衡关系。……这种不平衡在理解上还不是像在实际社会关系本身内部那样如此重要和如此困难。例如教育，美国同欧洲的关系。可是，这里要说明的真正困难之点是：生产关系作为法的关系怎样进入了不平衡的发展。例如罗马私法（在刑法和公法中这种情形较少）同现代生产的关系。"通观这个提法的上下文，可以看出，马克思关于物质生产与精神生产不平衡发展的思想有两层含义，第一，"国家形式和意识形式同生产关系和交往关系的关系"并不完全是同步的，而是呈现出交错的形式，在落后的经济基础（如古典古代的生产方式）上生产出来的某些精神产品（如希腊的艺术），即使在先进的生产关系（如资本主义生产关系）条件下，甚至还具有典范意义，在某种意义上或许不能被超越。第二，体现"国家形式"的某些精神产品，例如作为古代生产关系和交往关系最直接表现的罗马法，由于其具有的适应人类社会生活的普遍意义，并没有因为产生它的古代奴隶占有制经济基础的消失而消失，而是保持其精髓，不断地传承和发展，不仅适合着而且规范了现代社会的生产生活。指出艺术、法律等精神生产与物质生产发展的不平衡性，要理解这点，必须结合精神生产的自由性和自主性等其他特征来分析，一定的历史时期形成的特殊历史环境就可能成就特定的精神生产。比如创作《荷马史诗》的古希腊时期，以及作为创作者的荷马本人的个性特征不是其他哪个时期、哪个人物可以复制的，达到的高度也不是后来一些历史时期、一些人物所能企及的。马克思指出："关于艺术，大家知道，它的一定繁盛时期决不是同社会的一般发展成比例的，因而也决不是同仿佛是社会组织的骨骼的物质基础的一般发展成比例的。例如，拿希腊人或莎士比亚同现代人相比。就某些艺术形式，例如史诗来说，甚至谁都承认：当艺术生产一旦作为艺术生产出现，它们就再不能以那种在世界史上划时代的、古典的形式创造出来；因此，在艺术本身的领域内，某些有重大意义的艺术形式只有在艺术发展的不发达阶段上才是可能的。"① 精神生产的不平衡性包含了质与量的不平衡，同一时期，既可能在质的方面超出或落后于物质生产发展，在一定意义上也就是马克思所强调的上层建筑优于物质基础或落后于物质基础；也可能在量的方面超出或是达不到物质生产所能承载的限度。人们更容易关注质的不平衡，而量的不平衡却是现代经济发展更应考察的，脱离物质基础超规模发展的文化娱乐产业会造成整个国民经济的不平衡、不稳定。

不平衡性又与精神生产明显的可超越性特征紧密相连，也就是说某一主体的物质生产可能低下，但却可以创造出高等的精神产品。"……由此也就说明：为什么在某些可以进行更一般的概括的问题上，意识有时似乎可以超过同时代的经验关系，以致人们在以后某个时代的斗争中可以依靠先前时代理论家的威望。"② 这种超越性尤其被现代科技的发展无可辩驳地证明了，第二次世界大战以后，德国、日本作为战败国，物质生产几乎荒废，但由于保存了一批知识分子，又正好遇上了第三次工业革命也就是知识经济的兴起，所以在比较短的时期内从薄弱的物质基础上恢复了过来，并且超越了一大批老牌工业国家。正如马克思说的："对脑力劳动的产物——科学——的估价，总是比它的价值低得多。"③ 其中的原因表现在：首先，物质产品所有权有强烈的排他性，而精神产品权界过了专利权、版权后就变得模糊，成为公共的财产，为整个经济社会的发展奠定了基础。其次，与物质生产不同，精神生产劳动的成果，不只局限于物化于生产者本人生产的某一种产品或某一行业中，而是可以在全国乃至世界范围内运用，使财富呈几何级的递

---

① 《马克思恩格斯选集》第 2 卷，人民出版社 2012 年版，第 710 页。
② 《马克思恩格斯选集》第 1 卷，人民出版社 2012 年版，第 205 页。
③ 《马克思恩格斯全集》第 26 卷（上册），人民出版社 1972 年版，第 377 页。

增,促使国民经济超越性地发展。再次,物质生产的效益是短暂的、一次性的,而精神生产的效益是持续性的和多次性的。任何一项科技发明,都可以长久地发挥效益;还有,对科技的投资可以改变一个产业的生态,甚至创造出原本没有的产业,如比尔·盖茨开启了互联网时代,而互联网购物成就了马云的财富神话。精神生产的超越性表明精神生产虽然依赖于物质生产,但反过来却极大地推动了物质生产,可以在短期内创造出巨大的物质财富。

精神生产创新的本质特征较为明确,但区别特征则因考察角度的不同,表现出的特征也不尽相同,相对于物质生产,精神生产的特征凸显在无形性、依附性、无消耗性和共享性;从生产的方式来看,则表现为情感赋予性、智力投入性,等等。区别特征反映的是精神生产创新区别于其他相近事物的特征。

5. 传承性与依附性

精神是无形的,但不表示精神生产也是无形的,精神生产的最终结果都会表现为有形的外化产品,不管是语言符号,还是实在的科技发明及依靠肢体动作的艺术表演,都是有形的。有人认为精神生产具有无形性的特征,实际上是把精神的特征与其混淆了。也有学者认为观念性是精神生产的本质,如"观念地把握存在的历史过程"①,但这是值得分析的,观念是人们在生产生活实践当中形成的各种意识、认识的集合体,也即抽象的、集成的概念,只是主观内在的东西。精神生产不仅能改造主观世界,同样也作用于客观实在。科学技术是典型的精神生产,其功能显然不仅仅是观念性的存在,而是极大地作用于、改变着客观世界,因而也具有客观的性质。将观念性归结为精神生产的特征,割裂了精神生产与客观实在的联系,也就否定了其改造客观世界的巨大作用。当然,精神生产中不管是社会科学还是自然科学及人文学科的研究,都是借助观念、思维、意识在头脑中进行的,这点没错。"人们是自己观念、

---

① 王晓琳:《精神生产是观念地把握存在的历史过程》,载《江汉论坛》1989年第4期。

思想等等的生产者。"① 观念、思维、意识不仅反映着客观世界，而且虚构着客观世界，形成了不同于物质生产力的精神生产力。在历史长河中，精神产品越来越多，诸如从原始社会少量的图腾、神话、传说等发展到现代汗牛充栋的各类书籍、软盘等。这就在于精神生产的传承性："人们自己创造自己的历史，但是他们并不是随心所欲地创造，并不是在他们自己选定的条件下创造，而是直接碰到的、既定的、从过去承继下来的条件下创造。一切已死的先辈们的传统，像梦魇一样纠缠着活人的头脑。"② 比如，在科学史上，牛顿就是站在伽利略、开普勒的肩膀上创立经典力学的，爱因斯坦是在继承曼克尔逊、莫雷、洛伦茨等人的思想中发现相对论的，陈景润则是基于哥德巴赫、华罗庚的提问与研究解开猜想之谜的。恩格斯指出：每一个时代的哲学，"都具有由它的先驱者传给它而它便由以出发的特定的思想资料作为前提。"③ 所谓传承并不是停滞不前了，而是在传承的基础上不断竞争发展的。"当古代世界走向灭亡的时候，古代的各种宗教就被基督教战胜了。当基督教思想在18世纪被启蒙思想击败的时候，封建社会正在同当时革命的资产阶级进行殊死的斗争。信仰自由和宗教自由的思想，不过表明自由竞争在信仰领域里占统治地位罢了。"④生产力的增长，社会关系的破坏，观念的形成都是不断运动的。运动都有一个原点，所有轴心时代产生的文化都对所属地域乃至全世界有着深远的影响，并随着社会经济环境的变化而发展成丰富多彩的世界各地文明，精神生产的传承性特征在其中起到了很大的作用。"人们的观念、观点和概念，一句话，人们的意识，随着人们的生活条件、人们的社会关系、人们的社会存在的改变而改变，这难道需要经过深思才能了解吗？"在这句反问中，马克思说的改变，其实也指出了精神生产随

---

① 《马克思恩格斯选集》第1卷，人民出版社1995年版，第30页。
② 《马克思恩格斯选集》第1卷，人民出版社1995年版，第603~604页。
③ 《马克思恩格斯全集》第4卷，人民出版社1971年版，第490页。
④ 《马克思恩格斯选集》第1卷，人民出版社1995年版，第292页。

着社会存在而传承发展。

马克思、恩格斯在《德意志意识形态》中说:"人们为了能够'创造历史',必须能够生活。但是为了生活,首先就需要吃喝住穿以及其他一些东西。因此第一个历史活动就是生产满足这些需要的资料,即生产物质生活本身,而且,这是人们从几千年前直到今天单是为了维持生活就必须每日每时从事的历史活动,是一切历史的基本条件。"① 还说"劳动作为使用价值的创造者,作为有用劳动,是不以一切社会形式为转移的人类生存条件,是人和自然之间的物质变换即人类生活得以实现的永恒的自然必然性"②。精神生产也离不开这个基础条件和生存条件,精神生产更多地是人们在满足物质需要的基础上的生产,表明精神生产是依附于物质生产的。马克思在1868年7月11日致路德维希·库格曼的信中说:"任何一个民族,如果停止劳动,不用说一年,就是几个星期,也要灭亡,这是每一个小孩子都知道的。"③ 意思也就是说,劳动的对象是现象物质世界,作用的是物质,首先表现为物质生产,然后才体现出精神生产的能量,物质生产是精神生产的基础,精神生产是在物质生产的前提条件下发展起来的,附着于物质生产,大多最终表现为物质产品形式。离开了一定的物质基础,精神生产就成了白日梦想、空中楼阁,而不是实实在在的产出。"自由王国只是在由必需和外在目的规定要做的劳动终止的地方才开始;因而按照事物的本性来说,它存在于真正物质生产领域的彼岸。"④

6. 合规律性与合目的性

人类生产是在自然生产的基础上发展起来的,最初的物质生产可能是随机的,缺乏目的性,但人们在长期的生产生活中积累了经

---

① 《马克思恩格斯文集》第1卷,人民出版社2009年版,第531页。
② 《马克思恩格斯全集》第23卷,人民出版社1972年版,第56页。
③ 《马克思恩格斯文集》第10卷,人民出版社2009年版,第289页。
④ 《马克思恩格斯全集》第25卷,人民出版社1974年版,第926页。

验，找到了规律，不断使后来的生产得到改善。而在生产之前确立目标，能使生产更具效率。在这一过程中发挥最大作用的还是精神生产，比如原始森林中，黑猩猩幼子学习砸坚果，开始用木棒，尝试了好多遍，还是砸不开，后来发现用石头能轻易地把坚果砸开，于是它此后砸坚果都会首先寻找坚硬的石头，而不是去找相对轻软的木棒。这一事例说明，比黑猩猩更聪明的人类会掌握更多更深奥的自然规律进行生产生活，使人类远远地甩开了动物界，成为自然界的独一无二的骄子。精神生产创新必须遵循事物发展的规律，否则就难以进行或者是徒劳无益。诚然，其他类型的生产也要合乎自然规律，但与之不同的是，精神生产还带有生产的目的。人的行为是有目的的，精神生产创新作为一种耗费巨大精力与智力的人类劳动，其目的性更为突出。"它不用想象某种现实的东西就能现实地想象某种东西"，就是说人预先在头脑中存有了目的，然后"才能摆脱世界而去构造'纯粹的'理论、神学、哲学、道德等等"①。动物的生活也有目的性，但那是亿万年来进化的本能体现，只有人类的生产才预先设置了目的，然后按照一定的规律去进行。因而，人类能够脱离纯粹的大自然进行生产，积累了除基本吃穿住行所需之外的大量财富。恩格斯在《致瓦尔特·博尔吉乌斯》（1894年1月25日于伦敦）信中的一段话，就能很好地说明精神生产合规律性与合目的性的关系。"人们自己创造自己的历史，但是到现在为止，他们并不是按照共同的意志，根据一个共同的计划，甚至不是在一个有明确界限的既定社会内来创造自己的历史。他们的意向是相互交错的，正因为如此，在所有这样的社会里，都是那种以偶然性为其补充和表现形式的必然性占统治地位。在这里通过各种偶然性来为自己开辟道路的必然性，归根到底仍然是经济的必然性。"②在这里，必然性是规律性的体现，而偶然性则是人们主观意志的体现。

---

① 《马克思恩格斯选集》第1卷，人民出版社2012年版，第162页。
② 《马克思恩格斯选集》第4卷，人民出版社2012年版，第649页。

7. 可阻遏性与可引导性

为什么精神生产与物质生产具有不平衡性？这既是精神生产的自由自觉本性决定的，也与外界的环境条件不无关联。精神生产是自觉的，但并不是完全自主的；是自由的，但也是相对的。精神自由无形，就像自然界的水流，但流水再强大，也会受到地理条件的约束，精神生产也是一样，容易受制于外界的阻遏，而人们对此熟视无睹，以致被研究者忽略。精神生产的可阻遏性首先表现在受到物质生产条件的制约，没有精神生产资料的阶级进行精神生产必然受制于统治阶级，所以马克思说："统治阶级的思想在每一时代都是占统治地位的思想。这就是说，一个阶级是社会上占统治地位的物质力量，同时也是社会上占统治地位的精神力量。支配着物质生产资料的阶级，同时也支配着精神生产资料，因此，那些没有精神生产资料的人的思想，一般地是隶属于这个阶级的。"① 其实我们回顾中国近代史，就可以发现在清康熙时期，中国仍然有可能走上现代化的道路，但由于清朝深受"骑射乃满洲根本"的思想禁锢，康熙皇帝没有采用汉人戴梓早于欧洲人200年发明的"连火铳"，而"连火铳"被军事学家认为是机关枪的前身，极大地禁锢了中国军事火器的发展，导致了后来的落后挨打，可谓是政治思想阻遏了精神生产的典型案例。物质决定精神，精神也可以反作用于物质，这是实践可以检验的真理，前期物质的作用可能大，但后来精神的作用则显现出更大的能量。但不管怎样发展，精神生产不可能完全超越物质生产条件的制约，再高明的科技发明，如果没有物质条件作为生产的基础，也会沦为空想或幻想。比如两千年前，就有人设想在空中翱翔，但到了发动机动力足够强大的100多年前，卡特兄弟才发明了飞机。

任何事物都是辩证统一、相反相成的，精神生产的可阻遏性，也反证了其可引导性，正如流水可被阻拦也可被疏导一样。"每一个时代的哲学作为分工的一个特定的领域，都具有由它的先驱传给

---

① 《马克思恩格斯选集》第1卷，人民出版社2012年版，第178页。

它而它便由此出发的特定的思想材料作为前提。因此，经济上落后的国家在哲学上仍然能够演奏第一小提琴。"① "先验者"的引导作用在我国文化发展史上就很明显。孔子创立的儒家思想一开始并没有占据主导地位，到了汉代经过"罢黜百家，独尊儒术"，以及后来历朝历代统治者的提倡、尊崇，才引导成为两千多年里中国传统文化的正统和主流思想。精神生产对个体内在主观世界的改造也非常重要，精神生产不仅生产外在的政治法律、艺术科技等，也生产内在的理想信念等。如果受远大理想的激励和引导，一个物质生活清贫的学生发愤图强，就可能超越家境优越的学生；一个国家如果大力提倡创新、注重教育，改革阻碍创新的体制机制、法律政策，等等，那么，就可能形成开明、积极的社会氛围，将有限的财力投入科研，就可能取得巨大的科技突破，占据国际产业价值链的高端。可以说，精神生产的这种可引导性正是当前研究精神生产的价值所在。

8. 情感赋予性与智力投入性

生产是创造社会财富的活动过程，财富的内涵十分广泛，对于不同主体来说，相同的对象可能会具有不同甚至迥异的价值。比如寄予个人情感的物品，对其个人来说可能意义非凡，但对外人来说也许一文不值。这就涉及财富内涵之于主体的不同，一般认为精神生产是人给予了智力附加造就财富的，不管是自然科学、社会学科还是人文学科都是如此，离开了人的智力开发，就难以形成。同样，精神生产也离不开主体情感的投入，任何一项精神生产都需要生产者投入足够的情感，尤其是科学研究需要坚毅的意志品质和火热的激情，所有诺贝尔奖获得者的研究经历可以证明这一点。情感与理智相对应，而情感以感性为依托，理智又以智力为基础。精神生产的情感赋予性体现在两个方面，一方面是在智力赋予的基础上的叠加，即必须是探求某种必然存在的规律，需要生产者倾注大量

---

① 《马克思恩格斯选集》第 4 卷，人民出版社 1995 年版，第 703~704 页。

情感；另一方面是生产者个人或团体单纯的情感附着于外在物品或符号，使该物品富有情感内涵且具有社会价值，比如人死后的尸身，对于外人来说没有什么价值，但对于家人或朋友来说却有着十分深刻的意义。此种情感赋予的特征往往被研究者们忽视，他们大多将目光和精力倾注于精神生产中智力的赋予，可能还会被有形的物质财富所迷惑，认为物质财富才是人类拥有的真实财富。而实际上，人类之所以是人类，是因为人类的情感左右着财富的内涵，财富价值的衡量标准在不同的历史时代有着明显区别。虽然马克思科学地区分了商品使用价值和市场价值，但我们不能忽略和否认人本身的情感在价值衡量中的巨大作用。而且，随着社会的发展进步，在地球物质总量没有大的变化，物质财富只是结构、形状改变的情形下，社会财富的创造与增加实质上是人类情感的赋予与转变。典型的可以以旅游业来说明，旅游可以增加社会财富，但前提是旅游目的地具有旅游者内在情感认可的文化内涵，旅游者在名胜古迹引发各种情感的同时，也将各种内在情绪倾注于它们，而一般的地点和物品则难以做到这一点。大量具有情感意义的财富占据了人类社会财富的很大一部分，联合国确定的非物质文化遗产就属于此类。当然，情感和智力的赋予是难以完全分离的，是精神生产固有的特质。

诚然，精神生产还具有其他一些突出的表征，如科学技术已经成为"第一生产力"，极大地改变了产业架构、推动了物质生产，呈现出价值增益的巨大性；又如一些优秀的艺术作品和超前的思想等产生后潜在的价值往往被人们忽视甚至误解，反倒是一些庸俗的娱乐文化却大受欢迎，在经济上获得了极大的成功，显示出收益的不平衡及时差性，也就是不能以商品市场的价值规律来衡量，等等，但这些表象还是源于精神生产本质性的特征。总之，以上精神生产的特征是相互关联、辩证而统一的。

二、精神生产创新的分类

精神生产创新最终必然表现为外在的产品，正是种类繁多的产品形态才构成了多姿多彩的人类世界。自然产物的分类标准较为简单，如生物与非生物之分，有形物与无形物之分，以及动物、植物、微生物的区分等，都有一个显性的标尺。精神产物则不同，人作为主体可以赋予不同物品、符号等不同内涵，表现形式纷繁复杂，分类之间的界限是较为模糊隐性的，缺乏确定统一的标准。当然，既然精神生产创新最终形成外在产品，按照不同的表现形式，就一定可以进行划分。这样既可以深入认识精神生产创新本身的外在形态，也可以发现精神生产创新的内在激发机制和把握其运行过程。

1. 自然科学、社会科学和人文学科

人作为精神生产创新的主体，既与自然发生关系，也与他人及社会产生联系。知识作为人认识自然与社会的成果，因而也是精神生产的基本表现形态，人们一般将其划分为三大体系：自然科学、社会科学和人文学科。知识不是现存的，是人类社会通过与自然、他人及社会的交往不断积累而来的。人类首先要进行吃喝住穿等基本生活，必然要认识大自然，发现其中的规律，然后予以利用与改造，从而慢慢发展起自然科学。人本质是社会性的，脱离了社会，人就只是生物意义上的人，如狼孩、猴孩等。社会从类人猿群、氏族、家庭、部落等演化而来，形成了极其复杂的系统，人要生活于其中，也要认识其中的规律，然后才能按照自己的意志进行改造。这样不断积累知识就形成了社会科学。人之所以为人，是因为人有自我意识，能够关心存在的价值与意义。同样，在自我认识与升华中也产生了知识，但这种知识缺乏学科规律性，因而一般只称为人文学科，而不是人文科学。人拥有了知识，知识反过来刺激人脑，使人的智力不断得到增长。

2. 与主体分离的和与主体不分离的

精神生产既可以作用于外在世界，也可以作用于人自身这个主体，所以表现出来的产品形式也可分为脱离主体与不脱离主体两种情况。正如马克思指出，一种是"产品与生产行为不能分离，如

一切表演艺术家、演说家、演员、教员、医生、牧师等等的情况";另一种是"具有离开生产者和消费者而独立的形式"。① 前者精神作用于人体,需借助于人体肢体语言或技能才能表现出来。在现代科技能够刻录和保留这种肢体语言和技能之前,生产者现实的身体就是一个文化符号,具有特殊的意义。但随着留声机、收音机、电影、光盘等记录影像的科技产品出现,原来不能与身体分离的精神产品大多可以以各种形式录制下来,从而使精神产品内涵与身体分离开来。当然,这已经不是原本意义的创新产品,而是一种加工与复制,如果体现产品的精神性内容,那么将被看作是物质生产,如堆积如山的影碟、光盘,如果人们不用来欣赏其中的精神内涵,那就等同于一般的商品。另一种产品也是精神的产物,但已经在头脑中产生,要表现出来必须借助外在符号或物质,比如确定意义的符号、语言、书本、字画、科技产品、非物质文化遗产,等等。实际上,精神生产创新除了身体之外,都必须表示为符号,人的精神赋予一定的符号以特殊的含义。

3. 按照生产是否正在进行,可以分为文化知识资源和新增的财富

人类文化就是符号的集成,一定的符号代表一定的含义,如世界各国的语言、阿拉伯数字、音乐音符、各门科学的符号系统等,都是人类精神赋予了特定的内涵。但凡原初性的创新都是符号体系的创建,确定下来具有通用内涵的符号仅仅是过去创新的产物,是作为精神生产的资源而被利用,只有主体创造性定义的符号才是现在进行时的精神生产产品。作为人类已有的精神产品,文化知识可以涵盖一切。"文化是(拉丁语为 cultura;英语为 culture;德语为 Kultur)指人类活动的模式以及给予这些模式重要性的符号化结构。"② 知识可以表达为人类的认识成果,也就是确定了内涵的

---

① 《马克思恩格斯全集》第 26 卷,人民出版社 1979 年版,第 442~443 页。

② http：//baike.haosou.com/doc/5366095-5601798.html, 2017-07-18。

认识。科学技术也可以被文化知识包含，甚至经常通用，如科学文化、科学知识、知识技能等。当然，这里仅仅指已有的文化知识，而不是正在生产的科技以及符号体系。从马克思只将创造了新的生育价值的生产看作社会生产来推论，也只有产生新的财富的精神生产才是创新，而文化知识是前人留下来的创新成果，是宏观生产过程的环节之一，即再生产资源。而且，从马克思广义的财富定义来看，文化知识无疑也包含在社会财富之内，所以，依据生产是否正在进行，可以将精神生产创新划分为文化知识和新增财富的生产。

4. 按照产品是否自然存在，可以分为发现与发明

无疑，精神生产创新不仅是指创造出这个世界上原本没有的东西，也应该包含新发现这个世界原本就有的现象。因为，两者都要耗损大量的脑力，要经过艰苦的探索过程。我们都惊叹于爱因斯坦创立"相对论"，但理论中的规律都是原本就存在的，时空与引力的关系在宇宙诞生之时就有体现，只是前人没有发现而已，而爱因斯坦用新的符号体系表达了出来。因而，一般来讲，理论只是发现，而不是发明，但绝对是精神生产的产物。人类改造世界，也依赖原本没有存在过的方法、措施和成果，这就是发明。发明一般与科技连用，表现出实实在在的外在的物化成果，区别于理论的符号系统。其实，发现与发明很难区分，以中国古代"四大发明"来分析，其中，造纸术、印刷术是典型的发明，而指南针的原理原本就自然存在，应该是普通意义上的发现。硫黄、硝酸和木炭相互作用的原理也同样早就存在，古代的炼丹家在长期的实验过程中，发现了三者产生作用发生燃烧的现象，因而制造了火药，所以从一定意义上看，火药也是一种发现而不是发明。但如果照此思路，我们发现造纸术和印刷术同样存在争议，它们也只不过是前人发现了其中的原理或规律而研制出了新的生产方式方法而已。故而，有不少学者将发现与发明通用是有其道理的。创新与发现、发明也经常同义，尤其与发明通用，在这里，发现与发明都是精神生产的表象，用创新就可以涵盖两者。

5. 实践技术与科学理论

技术又可作技艺、技巧技能等，是人类为了实现理想目标所遵循的综合操作方法，具有实际操作性，一般与人的行为结合较为紧密，是在实践中不断认知的结果，是具体的。精神生产创新过程离不开技术，技术是达到目标必须要实际操作的技能集合，是理论转化为实际物化或外化成果的必要手段。技术具有明显的实践性，人们在实践的过程中会不断遇到问题，然后解决问题，这个过程既是技术的发现，也是技术的应用，更是技术的增长过程。理论具有抽象性，与技术正好相反，理论不要求实际操作，生产者只要把它用新的符号表达出来就算是外化的结果，不需要与人体结合就能记录与保存。当然，理论来源于实践，反过来又指导实践。也可以说理论指导技术，技术来源于理论；技术反过去又促进理论的生成。英国科学史学家梅森有一个说法叫"学者传统"与"工匠传统"，实质上，前者指的学者采取理论的方式把握世界，而后者是以工匠为代表的实际操作者，利用本身的技术改造世界。但是，科学与技术日益紧密地结合在一起，离开科学，技术就难以操作；离开技术，科学就失去了实际的意义。而且，在工业革命之后，两者相互转化的速率越来越快，结合得也越趋紧密，所以人们一般都把科学技术组成一个词汇来称呼。

6. 意识形态和非意识形态

苏联哲学界一般都将精神生产看作是意识形态的生产，"精神生产概念可以从具有历史形式的精神活动并通过它从人们的全部社会生产实践以及他们的社会存在的变化中，引出一定形式的意识的存在。"[①] 其认为精神生产是通过实践产生的社会意识，但又说"它不能替代美学、伦理学、逻辑学、心理学和其他科学学科的概念，即使在某个方面也不能代替分析精神活动的概念。在精神生产

[①] [苏] B. H. 托尔斯特赫等：《精神生产——精神活动问题的社会哲学观》，安启民译，北京师范大学出版社 1988 年版，第 137 页。

概念中，精神活动只有在那种自己特有的社会内容和作用里才能得以揭示，而这种内容和作用是它在社会生产体系中获得的"①。指出精神生产除了包含社会意识以外，还有其他的精神性生产活动概括不了，也就是与社会意识形态没有必然联系的那些精神产品，如言语学、数学、逻辑学、自然科学等，但是社会意识形态就像是一个筐，随着社会形式的不同，可以将与经济基础产生联系的东西装进去，学界一直也在争论科学技术就是社会意识形态。对于精神生产创新以是否为社会意识形态划分，一是说明精神生产只能放在整个社会生产体系中来考察，否则就会无限扩大它的范畴；二是确证精神生产不仅与意识不可分，而且与自然科学的物质世界紧密相连，"科学技术是第一生产力"在于科技对整个社会生产（当然包括物质生产）的巨大作用。

7. 物质形态的和非物质形态的

整个世界都是物质的，精神的东西只不过是物质产物，而且也要借助于物质形态表现出来，但这不妨碍人们把事物分为物质形态的、非物质形态的两类。按理说，符号也是物质，只不过它的精神内涵十分丰富，所以能够区别于一般的物质。精神生产创新正是赋予了抽象的符号以一定的内涵，使人们不是看重它的物质外在而是精神内涵，如一本书，从物质产品来说，它的价值很低，一般都被当作废纸卖掉，但如果在意书本中文字的精神内涵，它的价值就立刻显得不同了。现今具有重大历史文化意义的非物质文化遗产，就是典型的非物质形态的精神生产形式。物质生产也需要人精神的参与，如工人在生产加工时需要集中精神，否则即便是简单的复制、模仿，也容易出差错。这里的精神只是起到了辅助体力劳动的作用，本身没有明显的外化与物化。物质生产除了需要自然界原初就有的东西，如野生的果实、动物等，如果是人工制作的，最初还都需要大量的人的精神的投入，也就是说，只有精神生产创新才能生

---

① ［苏］B. H. 托尔斯特赫等：《精神生产——精神活动问题的社会哲学观》，安启民译，北京师范大学出版社 1988 年版，第 138 页。

产出物质。但当人们普遍掌握了制作的技巧和工艺，制作同一件物质不再需要过多的精神参与，生产成了复制或模仿时，那么，我们下意识地认为它已经仅仅是物质生产，没有人再称其为创新。

第五章　精神生产创新的发生机制与当代典型组织形式

一、精神生产创新的发生机制

人类已经日益认识到，创新是经济社会发展永不衰竭的动力，创新怎样发生，怎样起到如此巨大的动力作用，甚至创新的主体是什么，都还存在着理论空白地带，如熊彼特就认为创新是经济要素促成的，如"建立一种新的生产函数"，甚至到了当代有人认为更多的是通过网络互动得以实现的。不管是经济要素或者是网络，都是人力借助的工具或手段，在一定意义上可以看作是"无人主体"，但背后都隐藏着人和人的精神。正是因为精神生产可以借助的手段方式多种多样，才显示出多种不同的生产类型。精神生产创新改变了自然界，也改造了人类生活和人类自身。

1. 精神生产创新起始于社会外在需要

"追求利益是人类最一般、最基础的心理特征和行为规律，是一切创造性活动的源泉和动力。"① 从马克思、恩格斯以来，我们研究的多是物质生产的过程，《资本论》也可以说就是阐述资本主义生产关系条件下物质生产过程的专著，"社会生产过程既是人类生活的物质生存条件的生产过程，又是一个在历史上经济上独特的

---

① 张文显：《马克思主义法理学》，高等教育出版社2003年版，第129页。

生产关系中进行的过程，是生产和再生产着这些生产关系本身，因而生产和再生产着这个过程的承担者、他们的物质生存条件和他们的互相关系即他们的一定的社会经济形式的过程"①，每一个生产过程，从连续循环的角度来看，都包括生产、交换、分配、消费四个环节。精神生产创新是否也如物质生产一样具有这样的过程呢？或者说可以沿用这一范式来阐释呢？精神生产没有物质生产一样明显的物质生产资料集聚过程，其发生起始于人的头脑，衔接与终止于物质生产，时间持续性或长或短、空间广延性或大或小，不像物质生产过程比较明显而集中。比如一篇小说的创作，可能会耗时若干年，涉及的地理空间横跨几个国度，而绝大多数物质生产都不会这样。但无疑，精神生产也同样具有可以察知和划分的过程，不然就不能称其为生产，也就不能延续，它是看不见的内在精神活动过程与外在物化过程的结合，即"头脑风暴"和外在符号化的综合。

人的思维活动有很多种，根据思维的形态，可以把思维分为动作思维、形象思维、抽象思维。按照探索问题答案的方向的不同，可将思维分为复合思维、发散思维。按照思维是否具有创造性，可把思维分为再造性思维和创造性思维。但只有适应于社会需要的才能产生积极的成果，才能增进社会财富，也就是说精神生产一定要适应社会需要，社会需要是精神生产的起始条件。需要是人类与主客观世界发生关系所产生出来的客观表现，人是社会存在物，而社会又分成无数不同需要的主体，所以社会需要是非常复杂和数量众多的，而且随着社会的发展进步，又不断产生和更迭新的需要。新的需要要求人去发现与创造，这是动物办不到的，动物的需要是天生的、固定的、重复的，而人的需要是后天的、变化的、创新的，因而马克思指出："动物的生产是片面的，而人的生产是全面的；动物只是在直接的肉体需要的支配下生产，而人甚至不受肉体需要的支配也进行生产，并且只有不受这种需要的支配时才进行真正的

---

① 《马克思恩格斯全集》第 25 卷，人民出版社 2001 年版，第 925 页。

生产。"① 这就是说，人的需要与动物不同，必须要通过精神生产创新才能获得满足，只有精神生产才能提供着属于人的真正需要。单就人这个主体的需要来说，按照马斯洛的需要理论，他把需要分成生理需要、安全需要、社交需要、尊重需要和自我实现需要五类，这种分层式的需要依次由较低层次发展到较高层次。其中生理需要和安全需要从外在表现来看，更多的是物质上的需要，如吃、喝、住、穿、行等基本物质生活资料，这类需求的级别最低，人们在转向较高层次的需求之前，总是尽力满足这类需求。一个人在饥饿时不会对其他任何事物感兴趣，他的主要动力是寻到食物，当然我们也不排除在特殊情形中，人为了实现崇高的目标而能够摆脱低级需要的制约。安全需要包括对人身安全、生活稳定以及免遭痛苦、威胁或疾病等的需求，这种需要必须有物质作为保障，同时也要有精神上的支撑，和生理需求一样，在安全需求没有得到满足之前，人们其次关心的就是这种需求。其余的三种需要更多可能体现在精神生产方面，也只有通过精神生产才可能达到这三类需要的满足，尤其是自我实现的需要，更是精神生产的表现，要敢于创造和创新，精神产出越多，获得的满足越高。正是人的各种需要导致了社会生产行为，生理和安全需要引发物质生产活动，而人类自身繁衍的需要导致人自身的生产，社交、尊重与自我实现的需要激发了精神生产。需要是主观愿望与客观条件的契合，"即使是相同的需要，也可以有多种不同的满足需要的手段和方式，这就为创新留出了无止境的空间。"②

　　从社会层面来看，社会的需要比单纯人的需要复杂得多，体现在结构、范围、强度的诸多不同。"同样要发现、创造和满足由社会本身产生的新的需要。培养社会的人的一切属性，并且把他作为具有尽可能丰富的属性和联系的人，因而具有尽可能广泛需要的人生产出来——把他作为尽可能完整的和全面的社会产品生产出来

---

　　① 《马克思恩格斯全集》第42卷，人民出版社1979年版，第96～97页。
　　② 颜晓峰：《创新研究》，人民出版社2011年版，第88页。

（因为要多方面享受，他就必须有享受的能力，因此他必须是具有高度文明的人），——这同样是以资本为基础的生产的一个条件。"① 当然社会需要也是单个人的需要的综合，只是整体永远大于部分之和，社会的各种合力推动历史前进。恩格斯说："社会上一旦有技术上的需要，则这种需要会比十所大学更能把科学推向前进。"需要是由人去发现、把握、解决和满足的，并不是需要本身的能量大于十所大学，而是需要激发了社会上比十所大学更多的潜在的研究人员参与需要的解决，大学可能受某些方面的制约，不能满足社会的需要，而大学以外的人却能解决这些需要，如不少实用性发明多是民间人士做出的。爱迪生一生没有上过大学，却拥有1000多种发明专利，满足了大量的社会需要。精神生产是在社会需要的刺激下产生的，是人类社会本身对社会发展的反应，就像人的感觉对外界环境的反应一样，只不过这种反应更主动、更积极、更高级而已，这也就是人类与动物的不同之处，动物只是被动地适应外部环境，而人类在对外在世界有认识的基础上，进一步去寻求改变环境。对宇宙空间的探索，是人类千年的梦想，而动物是不可能产生这种探求的。人类需要认识外层空间，因为地球在宇宙中并不是孤立存在的，人类生存的环境受到天外物体的影响，而且还可能是毁灭性的影响，如恐龙的灭绝。正是认知和利用的需要，才激发了人类对宇宙的不懈探索。

需要对精神生产的激发是有一定限制的，并不是任何需要都能激发精神生产，只有那些能适用于社会又能满足社会各方面生产条件的精神劳动，才能产生现实实用的产品，否则就可能是空想，不能形成实际的产品。如同样是"奔月"的向往，两千年前，还只能停留在幻想之中，即便产生了大量诗词歌赋等精神作品，但只是到了物质生产条件相当发达的现代社会，才生产出"阿波罗号""嫦娥号"等科技产品。也就是说，社会需要是精神生产的前提因素，但不是精神生产必然产生的条件，精神生产还要受到许多现实

---

① 《马克思恩格斯全集》第46卷（上册），人民出版社1979年版，第392页。

因素的制约。这些因素主要是物质生产基础和人自身生产的水平，牛顿能够发现"万有引力"定律，是建立在近代物理学发展基础之上的，所以牛顿总是谦虚地表示他是站在前人的肩膀上才取得一些成就的。人的自身生产一直处于不断发展之中，首先是规模的扩大；其次，人自身的智能水平也在增长，获取精神资料的能力也在增强。

2. 精神生产创新的内在思维激发

不同于重复性的、机械性的、外在性的物质生产活动，精神生产活动首先内在于人的头脑，必须经过思维的过程。思维是人脑的功能，与动物对外界反应最大的不同在于，人脑能间接地、概括地反映客观事物，能把握事物的本质和事物之间的内在联系。人脑思维的间接性表现在，它能以直接作用于感觉器官的信息为媒介，对没有直接作用于感觉器官的客观事物，甚至是根本不能直接感知到的客观事物进行认知，也可以表现在人能依据现有的信息，对没有发生的事件做出合乎逻辑的预见和判断。思维的概括性也就是抽象思维能力，表现在它可以把一类事物的共同属性或种的属性抽取出来，形成概括性的认识。例如，从众多物品中抽取出它们的数量形成数的概念；把各类物种的共同特点抽象出来加以概括，形成种类的概念，等等。思维过程在人的头脑中看不见摸不着，但可以被脑电波仪以波纹的形式表现出来，波纹起伏跌宕，是一个非常活跃激荡的过程，有人形容它是头脑中刮起了风暴，是一个人的观察力、记忆力、计算力、想象力、控制力、判断推理等能力的综合体现。"头脑风暴"的英文是"Brain-Storming"，最早用于精神病理学，是针对精神病患者的精神错乱状态而言的。而现在则成为无限制的自由联想和讨论的代名词，就像风暴一样扫除旧的思想观念，目的在于产生新观念或激发创新设想，获得全新的精神产品。第一步是获取精神资料，表现在人对外界的观察和对现有知识的掌握。外界信息很多，关键在于精神生产者能将信息与生产目的连接起来，发现问题与需要是创新的起点，但只有经过思维活动才能察觉和把握，转化为内在的动力。在察觉问题的基础，还要获得相关的信息，也就是问题产生的相关原因、条件等。当然，并不是获得的信息越多越好，太多的信息可能会扰乱思维而不能实现解决问题、满足需要的目标，社会需要是在时空中发生的，时间和空间的因素结合成为机遇，时间与空间是不断变化的，而且时机是不可逆的，只有敏锐的观察力才能把握住这些机遇，进而能够在头脑里想象、梳理和竞合；人类积累的知识可谓是汗牛充栋，需要人不断地去学习更新，在广的基础上还要专，才能将知识化为实用的产品。知识太乱太杂，形成不了集聚效应，例如一堆杂乱的符号，如果发现不了其中的规律，就产生不了新的知识点，更实现不了创新。"广"是"专"的基础，人类知识是一个紧密相连的网络，任何一个门类都与其他门类有着直接或间接的关联，没有广博的基础，就不可能形成"专"的金字塔。任何一项重大的科技突破，无不是建立在无数知识信息之上的。我们会发现，几乎所有的发明爱好者都具有广泛的爱好、渊博的知识。他们除了熟知本研究领域的研究热点外，对其他的领域也有非同一般的了解，尤其是对社会学科和艺术都有很深的造诣。这是因为社会学科和艺术对人文精神的塑造有着自然学科不可替代的作用，强烈的社会责任感是他们不懈攀登、勇于进取、攻坚克难地获得精神生产产品的动力之一。据研究者统计，"历史上自然科学诺贝尔奖得主不具有博士学位的只有四人，这四人是 1909 年物理学奖得主意大利马可尼、1979 年生理学或医学奖得主英国豪斯费尔德、1987 年化学奖得主美国佩德森、2002 年化学奖得主日本田中耕一，在所有诺贝尔奖得主中所占比例不超过百分之一。"①

第二步是进行想象、联想、顿悟（或灵感），在头脑里将现实中还不存在的事物进行合乎逻辑的组合、推理，从而得出可以产生实际效用的"创意""设想""设计"等。想象力就是形象思维能

---

① 吕淑琴、陈洪、李雨民：《诺贝尔奖的启示》，科学出版社 2010 年版，第 182 页。

力,即在头脑中塑造未曾感知过的或不存在的事物,能使人超越既有的经验知识,摆脱逻辑判断的束缚,创造出全新的、虚拟的思维世界。"他在用蜂蜡建筑蜂房以前,已经在自己的头脑中把它建成了。"① 联想是产生精神产品的重要一环,在人脑的思维过程中,每爆发一个新的观念,都是集大量信息、知识联想的结果。各种信息、知识、观念、思路交相碰撞、相互影响、并向感染,形成思维束流,突破固有思路的束缚,不断促进一连串新观念的形成,造成多米诺骨牌式的连锁反应,形成新的观念,为创造性地解决问题、满足需要提供了更多的可能性和选择性,最终导致创新的产生。在精神生产过程中,人们往往会遇到百思不得其解的难点,但在特定的时间与信息的启示下,会突然获得解决的方法,这就是思维过程中普遍存在的顿悟或灵感现象。爱迪生认为,天才是百分之一的灵感加百分之九十九的汗水。爱因斯坦也承认自己相信直觉和灵感,说明顿悟或灵感在精神生产过程中会产生很大的作用。我们最为熟悉的一个事例是,阿基米德为了鉴别金王冠的真伪而苦思冥想,在洗澡时看到澡池边沿溢出来的水,突然顿悟,竟然光着身子跑出门外,大声叫喊"尤里卡,尤里卡"(我明白了),这就是灵感在精神生产过程中真实的写照。进行精神生产必须首先要勤于思考,勤于思考的前提是必须有强烈的好奇心。客观世界对任何人都一样存在,而不同的是不同的人对客观世界探求的欲望。同样是面对翩翩起舞的蝴蝶,2001 年诺贝尔生理学或医学奖得主之一努尔斯就表现不同,他联想到蝴蝶怎么靠翅膀停在空中,毛毛虫和蝴蝶的关系以及化学物质为何有不同颜色。"最初激起我对科学兴趣的是一种想要探索世界运行之谜的好奇心。我对自然界的奥秘充满着不可遏制的好奇……如今,我依然对自然界充满好奇,而且不断提出问题,当然所用语言较儿时复杂多了。我认为,提问对保持与提高科学兴趣至关重要,特别是以下两点——其一,始终保持对现实世界的好奇心;其二,标书对所见所闻的确定解释。缺乏好奇心,人的

---

① 《马克思恩格斯全集》第 23 卷,人民出版社 1972 年版,第 202 页。

求知欲和从事科学的激情多半难以维持太久。"①

一方面，联想并不是妄想和狂想，而是要有现实需要的指引和思维的控制力，否则就会走向极端而难以自拔。历史上不少哲学家陷入自己的思维世界，狂妄而不可自控，虽然产生了一些精神成果，但最终毁灭了自己，如尼采。联想开始于不确定性，表现于参与思维的信息、知识太多，如何筛选、确定信息是取得产出的重要因素。在尽可能占有完全的信息的前提下，朝着合乎事物逻辑和社会需要的目标路径思索是思维过程的定式，就是以事物的逻辑性和现实需要减少信息的不确定性，从而获得确定的信息并外化为精神产出。而另一方面，任何精神生产创新都是在不完全信息的条件下进行的，人类没有"上帝之眼"，不可能穷尽思考所涉事物所有的初始条件和信息，因而捕捉与筛选重要信息的能力极为重要。"由于完全信息的成本极大，人只能依赖概率形式的预见。"② 人类的大脑有850个神经元和600万亿个神经联结，极其复杂，具有无比强大的信息处理功能，大脑的复杂性使我们能够自由联想，而这种联想实质上也就是运算功能或计算力。在运算概率的基础上发现不同于过往陈旧的信息，突破思维惯性，大胆进行联想，获得新的知识，产生新的创意。这个过程是理性与非理性的结合，也是潜意识和意志的综合。第一阶段就是要求精神生产主体对每一个提出的设想进行质疑，在质疑过程中找出一些可行的新设想。这些新设想应该包括对已提出的设想无法实现的原因的论证，其中存在的限制因素，以及排除限制因素的建议。并对设想进行全面的判断，判断的重点是研究有碍设想实现的所有限制性因素以及可能的解决办法。第二阶段是对每一组或每一个设想进行评判与筛选，形成各种系统化的设想和方案。然后对这些设想和方案进行自我质疑，一直进行

---

① 阿卜杜拉·萨拉姆国际理论物理中心：《成为科学家的100个理由——庆祝阿卜杜拉·萨拉姆国际理论物理中心成立40周年》，赵乐静译，上海科学技术出版社2006年版，第237页。

② E. L. Khalil, Chaos Theory Versus Heisenberg's Uncertainty: Risk, Uncertainty and Economic Theory, *The American Economist*, 1997, Vol. 41, No. 2, p. 30.

到没有问题可以质疑为止。第三个阶段是对质疑过程中提出的评价意见进行反思和估价,思考其是否实际可行,是否能够获得预期的目的,最终形成一个实际可行的对解决所思考问题的系列方案。对于评价意见的估价,与事先进行的质疑一样重要。因为评估关系到是否能够切实可行和产生实际的效果,而对于质疑,在设想产生阶段也是放在突出地位予以考虑的,重点是研究有碍设想实施的所有限制性因素。

3. 精神生产创新的外部思想约束

为什么处于同样的历史发展阶段,自然物质条件也比较近似的国家,所取得的科学文化成果和所处的文明程度却迥然不同呢?即便是在同一个国家里,相似的企业由于管理制度等方面的差异,显示出来的创新能力和竞争力也完全迥异?这就涉及社会制度的因素,也就是现在时兴称谓的"软实力"因素。不管建立哪方面的机制,首先得有制度作为保证,制度是一个宽泛的概念,包含体制上和普通意义上的制度。"制度包括人类用来决定人们相互关系的任何形式的制约。"① 制度是一个宽泛的概念,不仅包含法律法规、乡规民约、纪律规则等显性制度,也包含宗教信仰、伦理道德等大量隐性的制约,涉及社会生活的方方面面,也就是"人生来自由,却又无往不在枷锁之中"。制度是人类社会存在的显著标志,制度保证了秩序,表达了权利义务关系,减少了人际交往的不确定性,使人类社会生活有序可循。精神生产创新机制的构建是一项复杂的系统工程,相关各项体制和制度的改革与完善不是孤立的,涉及生产过程的方方面面,但首先还是要特别重视人的因素,体制再合理,制度再健全,生产执行的人不行,机制还是到不了位。制度一旦形成,就会形成定势而变成固定的行为框架,可是社会发展却是变动不居的,一成不变的制度必然阻碍了新的事物的出现,从而造成对精神生产创新的桎梏。制度也是精神生产的产物,所以我们常

---

① [美]道格拉斯·C. 诺思:《制度、制度变迁与经济绩效》,刘守英译,三联书店1994年版,第4页。

常说制度创新，制度与思想一脉相承，有什么样的思想就有什么样的制度产生，制度实质上就是人类思想的结晶。精神生产既产生思想和制度，也创新物质世界，反过来受到社会制度的极大约束。相比较而言，思想激荡的历史时期，精神生产也相对丰富。在人类历史上的轴心时代，人类生活环境变化频繁，各方势力斗争激烈，各种思想观念层出不穷，也造就了一大批思想大家的涌现，其创造的思想体系影响至今，以致人们称之为"轴心时代"；思想制度相对保守的时代，精神生产易于陷入停滞不前的境地，社会发展也显得较为缓慢。如中国漫长的封建年代，前期由于物产相对丰富，人口众多，发展水平比同时代的欧洲要先进许多，但到了后期，由于大一统的皇权思想的压制，精神生产活动十分有限，创新更是寥若晨星，一直被西方赶超而落后挨打。可见思想创新对于国家发展、个人进步的重要意义，怎样形成思想创新呢？有学者提出了思想市场理论。

1974年，诺贝尔经济学奖获得者美国人科斯在《美国经济评论》上发表了一篇文章，题为《产品市场与思想市场》。这篇文章里面的"思想市场"就是英文"market for ideas"的翻译。科斯是最关注并支持中国经济改革的西方学者之一，他十分赞赏经济开放之初中共领导人的"顺势而为"，以及来自民间充满生命力的也就是自下而上推动的改革——"边缘革命"，也非常肯定中国改革开放30多年来在经济发展上所取得的惊人成就。同时他也看到中国社会经济存在诸多弊端和险象丛生，曾坦率指出这种现象的根源在于缺乏思想市场，他认为思想市场可以避免褊狭与自负，有助于培育宽容开放的社会。对于"思想市场"一词中的"idea"，我国学者有着不同的理解，有的选择了狭义的解释，有的则采用了广义的界定。一般翻译成观念、思想、言论，等等。前者是"thought"意义上的"高端"的思想，比如政治思想、学术思想、报刊评论，或者政府宣传等，处于制度与意识形态层面上。后者涉及一般的观念、观点、看法和言论，还有点子、创意等，处于个人意识层面上。显然两者相互制约和影响，都会与精神生产的环境产生关联。

市场最初是产品交易场所，现在被科斯用来作为思想交流的平台，有很大的合理性。其实，哪一种产品的交换，又不是一种思想的交易呢？产品市场讲究优胜劣汰，这促进了产品的更新换代，使人类在物质生活的需要方面获得了更多更好的满足。而任何一项新产品，最初都是精神生产的产物，是创新的成果。要获得优质的产品，必须有优质的精神来源。如何判断是否优质？产品需要通过市场上众多人的选择，用经济学的话语来讲就是每一个人都是"经济人"，都会发挥自己的智能判断产品的好坏，从而最终把劣质产品淘汰出市场。人类历史发展已经无可争议地证明，市场经济是迄今为止最为合理和高效的经济形态。思想是否也要如此经过市场的优胜劣汰呢？但思想市场毕竟与产品市场有所不同。在科斯看来，"思想市场"与"产品市场"有着显著的区别。这种区别体现在产品市场中，任何一个人都能向其他人出售商品；而在思想市场中，只有极小一部分人能对其他大部分人产生影响，也就是马克思眼中的统治阶级，他们掌握了物质生产资料，同时也把控着精神生产资料，他们只占到总人口中很小的一部分，但是却对整个社会非常重要。如果极小部分人垄断了思想产出，出于自身利益的考虑和事物发展的惯性，思想就会停滞不前。例如，封建王朝统治了思想，没有外力的冲击是难以做出改变的，所以其最终只有落后挨打。因此，一小部分产生影响的思想，如果缺乏自由交流的场所，形成定势以后就更难获得革新。历史上的革新时期，充满着流血牺牲，证明改革思想的困难极大。必须把各种思想放在开明的环境中进行争鸣，形成产品市场上一样的优胜劣汰机制，才能保证人类的发展变革不会重演过多的血腥事件。由此可见，科斯"思想市场"的提出，有十分积极的历史进步意义。科斯武断地认为：中国缺乏这样的思想市场，不过未来随着中产阶级的壮大也一定会出现；人们可以看到中国经济政策将会更受中产阶级的影响而有益于思想的讨论，从而激发出巨大的活力和变化。当然，科斯的话是一种笼统的说法，他不是十分了解中国的特殊情况，"缺乏"思想市场也不能理解为"没有"思想市场。在改革开放的今天，中国当然存在思想市场，而且还不是小圈子的市场，传统的社会科学院及民间多种形式的智库的崛起和蓬勃发展，不仅对国家政策产生了巨大影响，而且改变了整个社会、企业等的运行。而且，中国当前的思想市场还有一个显著的特色，就是左右派别思想的碰撞和斗争，左右了中国社会改革开放前后 30 年的发展态势，其"市场化"交流的状况并不是科斯能够体会得到的。中国思想市场甚至必然与全球市场搭接和交锋，前几年争论不休的普世价值一说就是明证。不过，很显然，中国缺乏世界级的思想大师，还没有输出足够影响全世界的思想，为人类文明作出新的重大贡献，显然这是民族复兴的主要标志，而原因肯定与思想市场还远远不够完整和开放有关。

我们在这里不去谈论所谓"思想市场"的说法是否科学，但思想能否多元，也就是能否做到"百家争鸣、百花齐放"，又与我们的制度设计有着密切的联系。制度有相对稳定性和历史延续性，已经确定的制度关系对后人来说就是一种既定的关系。人们无不生活在既定的制度关系之中，这种关系又隐性地制约或影响人们的生活方式包括思维方式。人们看似能够选择自己的生活，自主地形成自己的社会关系，但"是在一定的物质的、不受他们任意支配的界限、前提和条件下活动着的"①。在一定的物质基础决定下，精神生产活动离不开制度的制约，制度不仅是社会资源分配的向导，而且是行为的框架，无时无刻不在影响着精神生产行为。制度开明，思想就能够活跃，以《美国宪法第一修正案》为例，它是美国《权利法案》的一部分，该修正案禁止制定任何法律来"确立国教"、阻碍信仰自由、剥夺言论自由、侵犯出版自由和集会自由、干涉或禁止人民向政府和平请愿的自由。我们不能说美国能够取得大量的科技发明创新、涌现出别的国家难以企及的诺贝尔奖得主群体与此没有关联。制度闭塞，思想就陷于保守，形成不了思想竞争场，比如同样是朝鲜半岛的国家，朝鲜制度比较僵化，经济发展举步维艰，文化产业比较落后；而韩国制度设计民主开明，即便经历了经济危机的重创也能重新崛起，并且其文化创新令中国人都感到艳羡，饱含儒家文化内容的影视作品被他们传播到了全世界。

要想使社会上的每个人都参与创新、获得更多更好的精神产

---

① 《马克思恩格斯选集》第 1 卷，人民出版社 1995 年版，第 72 页。

品，必须建立完整开放的思想市场，进行良善的制度设计。要建立思想市场，科斯本人认为，相比于物质产品市场，思想市场上思想的供给者对垄断的兴趣很可能更小。这是因为经济基础决定上层建筑，"统治阶级的思想在每一时代都是占统治地位的思想。这就是说，一个阶级是社会上占统治地位的物质力量，同时也是社会上占统治地位的精神力量，同时也支配着精神生产资料，因此，那些没有精神生产资料的人的思想，一般地是隶属于这个阶级的。"[1] 统治阶级只要占有物质生产资料，就可以控制精神生产资料，所以这一判断总体上是对的。在一个思想市场发达的国家，精神生产的主体数量十分庞大，他们的主体性地位给予了他们自主的意识，在民主选举的制度体系中，任何一个私人供给者要垄断思想市场非常难，而政府依据他们的法律构架则无权垄断思想市场，如果哪个政府为了某个阶级或集团垄断了思想，他们就可能会遭到抨击，会被民主团体用投票的方式赶下执政的位置。这即是思想自由、言论自由的自由原则在制度体系中的体现。"民主是个好东西"，这是在人类漫漫几千年的历史中用血与火证明的。20世纪40年代，在中国革命即将胜利的时候，民主人士黄炎培先生向毛泽东提出了"共产党人如何摆脱国家兴衰的周期性问题"，他说我们找到了解决的办法，那就是民主。只有让人民起来监督政府，政府才不敢松懈；只有人人起来负责，才不会人亡政息。作为中华人民共和国的开创者，毛泽东对民主的认识是独到而富有远见的。纵观全球各国，思想市场开放、开明、发达的国家或地区，人们敢于思考、敢于发表言论、敢于创业、敢于追求梦想，所以激发了众多的科学技术创新和社会管理创新，国家即便遇到经济危机也能较快恢复。而在威权主义国家，私人也很难垄断思想市场上的精神生产资料，但是政府可能为了稳定或其他目的，有时会以公权力介入和垄断思想市场。垄断的方式可以多种多样，有的直白，有的隐蔽；有的直接施压，有的间接影响。这取决于这个威权政府的开明程度，当其开明时，它会强调解放思想，"百花齐放、百家争鸣"；当其不太开

---

[1] 《马克思恩格斯选集》第1卷，人民出版社2012年版，第178页。

明或时局需要时,它就会提出钳制思想,强调意识形态。这样就会使一部分群众尤其是开明学者的意见被挤压出思想市场,发展到极端情况就是当权者压制了所有反对的声音。在这种状况中,思想缺乏外在的碰撞与激发,即便能取得一些成果,但终究只是小部分的创新,难以取得全面的、重大的突破。科斯非常关注中国的发展,指出中国经济由于缺乏健全的思想市场而危机四伏,这当然有其十分中肯的道理。任何思想的交锋都离不开一定的历史文化环境和经济基础,中国还处于发展阶段,人民的主体意识还远远不够强,科斯所谓的思想市场也并不存在。

二、精神生产创新的当代典型组织形式

1. 人文科学生产典型——智库

人类文明历史几千年,产生和累积了大量的知识,尤其是工业革命以来,知识更是呈"爆炸式"的激增,知识包含着信息,知识也是信息的载体,谁拥有知识和信息,谁就可能在现代竞争中处于优势,所以当今又称"信息时代"。经济竞争离不开知识,社会、国家竞争更离不开信息,所以人们在经济领域说是"知识经济";在社会领域说是"信息战争"。随着知识经济和信息社会的发展,总知识和信息量在不断地快速膨胀,而个人所能占有利用的知识比重却在不断下降。也即是说,无论个人多么勤奋学习,所能够掌握的知识也都是有局限的;无论个人的智力有多高,也无法全面地认识自己所处的社会。就人文学科领域来说,不是一个人、一个企业或一个国家能够及时了解与掌握他们需要的知识与信息,所以,对知识和信息的各种形式的咨询应运而生,有的向专家请教,有的向专门机构咨询,大量咨询行为的发生,迅速形成了一个行业,智库就是咨询业发展的集中表现。被咨询对象实际上就是典型的精神生产创新者,他们生产思想智慧以供咨询者采纳应用。故此,智库又被称为思想库,即生产思想精神的库藏。虽然智库发端

于西方，但在中国民间早就有其独特的形式存在，夏商的家臣，东周、西周、春秋战国的"食客""养士"，以及以后历朝历代的幕客、谋士、谏官、师爷等都是当政者或统治阶级身边出谋划策的人员和团队，他们以精神生产创新为职业。同时，各个朝代的政府机关都专门设立了形式多样的咨询决策部门。它们就是智库产生的历史雏形。在当今西方，各种类型的智库，如美国的兰德公司、英国的伦敦国际战略研究所、伦敦国际战略研究所、德国系统工程与技术革新研究所等日益增多和活跃，在本国的政治、经济、文化、军事决策上发挥着非常重要的作用，成为现代国家运行链条上不可缺少的重要一环，甚至被称为"影子内阁""影子政府"，有些学者将智库视为立法、行政、司法、媒体之外的"第五种权力"。可见，专门的精神生产创新组织活动对于现代社会发展进步的重要性。

当今世界正处在大交融、大竞争、大发展、大调整的关键时期，各种社会主体都面临着难以穷尽的知识流和信息量，要在各种理论、思想、价值观念的交流、冲突和融合的洪流中寻找信息、把握出路，仅仅依靠他们自身掌握的知识去应对如此复杂的情形显然力有不逮或者是缺乏效率，寻找社会服务成为必然选择。组成智库的专家都要通过长期的学习吸收，才能在其专业领域掌握超出一般人的知识量，从而可以在该领域获得竞争优势，而他们要发挥出这种优势，又必须借助于实际执行的政府部门、企事业机构等。两者相互结合，才能达到理想的目的。

从智库的组成成员来看，智库必须是尖端的知识分子聚集之地，否则就难以提供诸如政府、企业、个人等咨询主体的需要。从知识结构上说，智库型人才应该拥有广博的知识，如张良、诸葛亮型的通才，既通晓古今中外，懂得政治、经济、社会、科技、军事、外交，甚至天文地理，又在专业领域有深厚的造诣，也就是要比咨询者知得多、懂得多；从智能结构上说，智库型人才必须是一个创新型人才，具有敏锐的洞察力，善于发现问题，能提出令人耳目一新的思路、对策和办法。也就是比咨询者看得深、把得准；从阅历结构上说，智库型人才应该有丰富的阅历，深刻了解社会，熟知社会事务和世界大势，也就是比咨询者经历多、见识广。如美国兰德公司聘用的约 600 名特约顾问和研究员，都是全美有名望的教授、各类高级专家。概而言之，智库型是专门从事精神生产创新的高级人才的聚集组织，拥有卓越的创新技能，是当代精神生产创新组织的典型表现。

智库的组织形式较为复杂，从外部主导来看，在我国一般分为两种，一是政府组织机构，二是民间智库。前者有各级社会科学院、党校、政策咨询室、高校研究机构，等等，囊括了许多层次高、有威望、人脉广、经验丰富的知名学者、前政府官员、现任政府官员以及杰出企业家等。后者则是民间力量因应社会发展而自发组织的智囊团队，凝聚了一批具有某方面特长的社会精英，他们的市场化运作更为明显，主要为政府部门、企事业单位提供有偿决策咨询。从智库内部形式来看，一般是围绕一项议题形成一个研究团队，如美国的智库一般是一个教授配十个左右的助手，教授的职责是引导与判断，组织助手去行动，这样搭配既有利于集中智慧解决议题，又便于分工负责、协同作战，将多人的精神智慧组合在一起，达到单个人难以企及的成效。国内智库起步较晚，一般都隶属于政府，在效能和影响力上都急需提高。在内部组织运行上，我们也借鉴西方智库运行的成熟经验，在某个领域设立首席专家，围绕首席专家集聚相关人才，将他们的精神智力集中在一起，对某项课题进行集中攻关。

智库，顾名思义，是智慧之库，"智慧"是精神生产的起源与结果，"库"则指大量的人才智慧的聚集。因此，智库是当代人们精神生产的集中表现形式，集中了大批专门的精神生产者，专注于某一领域的研究，主要为政府机关、企业、个人等提供决策咨询服务，具有专业性强、成效明显、影响日益扩大等特征，在现代经济社会活动中扮演着十分重要的作用。

2. 自然科学生产典型——科研机构

自然科学发展到今天，越来越"高精尖"，要想获得突破，依靠单个精神生产主体取得成效的可能性越来越小，我们甚至可以说，当今独立完成大型科研项目的现象几乎都是合作的结果，各种科研机构就是为了在自然科学领域取得突破而产生的。科研机构一般具有明确的研究领域（一般集中于自然科学研究）和短期、中期、长期任务，由一定数量、质量的研究人员组成，并且其中还要有学术带头人。这些研究人员必须拥有某个领域的专业知识，而学术带头人则掌握了某一领域的研究发展方向；科研机构还应具有一定的研究仪器设备，即有开展研究工作的基本物质条件。在当前科技研究的情况中，仪器设备的好坏甚至可以决定该机构所能取得的成果。例如，只有拥有高端的天文望远镜，才能在天文观测中获得其他研究机构不能得到的观测数据。科研机构应该是稳定的，可以长期有组织地从事自然科学研究与开发活动。相对于智库的研究领域集中在社会治理、军事理论、经济等人文学科领域，一般的科研机构则倾向于工程机械、军事武器、生产技能等自然科学领域的研究。当然，从宽泛的角度来讲，科研机构包含智库，只不过在当代，智库是专门进行出谋划策的机构的代称。相较于科研机构，智库对科研仪器设备的要求没有那么严格，现代智库的工作人员甚至只要一部电脑和较为简单的工作条件就能工作，而科研机构的科学家除了电脑，还需要很多复杂的设备和仪器。有的学者将科研机构称为学术机构，有可取之处，因为在国内不管是社会科学研究机构，还是自然科学研究机构，都统称为科学研究机构，如一般人就容易混淆中国科学院和中国社会科学院，弊病在于智库型机构也是学术型研究组织，成为学术科研机构更难以区分两者，我们平常谈到科学，一般都指自然科学，说到社会科学，则要加上"社会"两字以示区分，故此，将人文科学的研究机构称为智库，而将自然科学的研究机构称为科研机构，是有其合理性的。当然，不管什么称谓，都是一个习惯的过程。

在"科学技术是第一生产力"的当代，为了取得科研优势，发展生产力，各种组织形式的科研机构可谓数不胜数，既有国家政府组织的，也有民间力量形成的；既有出于军事目的构建的，也有为民用、民生而创立的。随着全球化进程不断发展，既带来机遇也带来挑战，谁能够占领科研制高点，谁就能取得相对的竞争优势。

几乎每一个国家都具有数以百计或千计的机构单位，都将科研机构作为经济社会发展的重要力量来建设，它们在国计民生、社会建设中扮演着十分重要的作用。科研机构说到底就是自然科学领域的精神生产创新，一个突出的职能就是能够在特定领域取得创新性、突破性成果，如果不能在一定的领域加以创新，科研机构的存在就失去了意义。正是因为创新与突破，使这一领域的知识在短期内极大地增加，增加了经济增长的函数，促进了生产力发展，从而推动了社会进步。从这层意义上看，科研机构可以说是社会经济发展的重要引擎。

第六章　精神生产创新的作用

当今时代，科技已是第一生产力，文化软实力成了各国竞争的重心，精神生产相较于物质生产，其对社会发展的地位越来越突出，影响越来越明显，大有"隐没"物质生产的趋势。如何理解和看待这一现象，我们可以依据马克思"普照的光"的思想，揭示其历史发展的必然，把握其中辩证唯物主义的意义。

一、精神生产创新成为当今时代"普照的光"

1. 马克思"普照的光"思想的提出

1857年，马克思所著的《政治经济学批判》的"政治经济学的方法"一节中，有一段这样的论述："在一切社会形式中都有一种一定的生产支配着其他一切生产的地位和影响，因而它的关系也支配着其他一切关系的地位和影响。这是一种普照的光，一切其他色彩都隐没其中，它使它们的特点变了样。这是一种特殊的以太，它决定着它里面显露出来的一切存在的比重。"[①] 这就是著名的"普照的光"思想的最初提出。其实，马克思在一系列的著作中都贯彻了这一思想，这是他考察、分析人类社会，建构唯物史观的重要理论范畴。这一思想指明了抽象而现实的社会生产是人类社会赖以存在、发展的基础，但社会生产中不同的形式在人类社会发展的不同阶段，所起的作用和所处的地位也是不同的，这就完全否定了

---

① 《马克思恩格斯全集》第12卷，人民出版社1962年版，第757页。

马克思的历史决定论是"经济决定论"或"机械决定论"的理解。在传统的马克思主义理论体系中,由于没有深刻把握"普照的光"理论的真实内涵,马克思的唯物史观被不同程度地理解为经济决定论,以致被人歪曲为"经济主义""经济史观"及"人学空场",遭到不同程度的攻击和诋毁。对"普照的光"思想中包含的人类自身生产理论和精神生产理论视而不见,没有理解到随着历史发展,人类自身生产、物质生产和精神生产在不同的历史发展阶段分别就是起支配作用的"普照的光"。

按照"普照的光"的思想,在人与人通过各种劳动形式结成的一切社会关系中,最根本的关系乃是社会生产关系,在《雇佣劳动与资本》中,马克思指出:"为了进行生产,人们相互之间便发生一定的联系和关系;只有在这些社会联系和社会关系的范围内,才会有他们对自然界的影响,才会有生产。"① 说明正是这种决定人本质的社会生产关系才使生产劳动成为可能。由此可见,"普照的光"思想是对传统的物质本体论的超越。它启示我们:重要的不是物,而是蕴藏在物背后的人与人之间的社会关系,表明马克思哲学并不仅仅是感觉层面的单纯"实践论",而是"实践论"与理性层面的抽象"社会生产关系论"的综合,其根本的意旨在于对"现实世界"与"人类世界"的关切,关注的是人实际生活的生存、人自由全面的发展和人整体的解放。旧哲学的目的和功能局限于"用不同的方式解释世界",而对马克思哲学来讲,问题则在于"改变世界"。"普照的光"思想从感觉经验的生产出发,直抵抽象理性才能把握的社会生产关系,把感觉经验层面的现象领域同与超感觉经验层面的本质领域紧密地结合起来,贯通了现象、本质两大领域,为全面地认识并阐发马克思历史辩证唯物主义哲学提供了一把钥匙。物质生产关系虽然是马克思批判资本主义的主要切入点,但他的哲学绝对没有忽略人类自身生产和精神生产在历史发展中所起的作用,三种生产在不同历史时期就是"特殊的以太",形成的社会关系决定着其他生产关系的比重。这一理论告诉我们,只有深刻

---

① 《马克思恩格斯选集》第 1 卷,人民出版社 2012 年版,第 340 页。

把握社会生产关系以及各种社会生产之间的关系，才能破解历史发展的奥秘。

2. 精神生产按照自身内在逻辑加速发展

人类社会进入 21 世纪，精神生产表现出的三个特征越来越明显，一是理论"创造"理论，而不是传统的物质奠定理论，理论按照其自身的内在逻辑矛盾推演发展，增生出新的"纯理论"。在 19 世纪 70 年代第二次工业革命（Second Industrial Revolution）之前，人类社会主要是出于对物质财富的渴求，不断刺激着技术的发展，从而使科学技术的发展突飞猛进，各种新技术、新发明层出不穷，并被迅速应用于工业生产，大大促进了社会财富的增长。而物质生产经验的积累和各个领域内技术的进步又为科学理论的形成奠定了基础和开拓了道路，如特斯拉交流电理论就是在爱迪生直流电实验基础上发展起来的，当今深刻影响人类生活的互联网发展于单个电脑的应用。科学就其总体上看，由于人类知识的不断积累，其发展的直接动力已不再单纯依赖传统的物质生产实践经验，而是越来越依赖科学理论体系内在矛盾的逻辑发展。在当今信息时代，涌现出了大量的新知识、新学说和新理论，它们的产生和发展并非人们物质生活的直接产物，而是理论体系内在矛盾逻辑发展的必然结果。从形式上看，它们往往表现为远离或超越现实，成为构成科学前沿的纯理论，如相对论、哥德巴赫猜想、宇宙爆炸理论、地壳运动板块模型，等等。逻辑推理证明是这些理论产生的主要手段，当今大量的理论就是运用已知的正确的概念和判断，通过严密的逻辑推理，从理论上推导出另一个正确的判断或推论，形成一定的符号系统，这是一种典型的精神生产活动。正因为形成了合乎逻辑的符号，所以就克服和超越了现实的物质条件和物质生产实践经验的局限，科学家和理论工作者只需要坐在办公桌前用一部电脑就能完成这一过程，减除了物质生产实践的重体力活动，成为探索真理、论证真理的主要手段。一种科学理论或符号系统一旦建立起来，它就有自己的表现形式和内在结构和逻辑，构成了一个由客观知识组成的理论世界或符号世界，这些理论体系内在的矛盾进一步吸引人们去研究，而人们的研究必然是合乎体系的逻辑发展，因循这一内在逻辑就成为推动该科学领域不断进步的内在动力，并且随着人们在相关领域的认知能力的扩大和认识能力的提高，它日益摆脱现实的物质纠缠，最终成为超脱现实世界的纯理论。展现在人们面前的是由理论到理论的过程，即理论创造理论。这一趋势使物质生产沦落为一种重复性、周期性和机械性的物质活动，而精神生产则成了创新的代名词。

二是随着人类知识的激增，知识"产生"知识，知识的重组激发了大量的精神产品，诸多交叉学科的兴起既是精神生产的结果也同时拓展了精神生产的空间。第三次科技革命使人类由工业社会进入信息社会，信息社会到来的时代称为"知识经济时代"。20世纪晚期计算机技术的迅猛发展和软件产业的兴起，是知识经济开始形成的标志。而知识的激增，是由于大量边缘学科、交叉学科和综合学科的兴起，世界的统一性决定了学科之间的联系不可能被穷尽，科学的发展是在各分支学科不断深入和分化的同时，一方面其交叉、渗透、融合的趋势也在不断发展，从而使各门学科之间的间隙得以弥补，产生出大量知识；另一方面科学在各分支学科不断深入和分化的同时，还朝着交汇融合的综合性方向发展。自然科学和社会科学之间的联系日趋紧密，不仅开始成为一个多层次、综合性的有机统一体，而且由单一学术支点发展为集群，主导研究方向也发生了深刻的变化。由于物质世界和社会生活的关联性和复杂性，随着人类认识的不断拓展深化，单一学科的发展已经不能解决实践中遇到的问题，需要有开放的角度吸纳新的学科去认知，导致各门学科之间的依赖性越来越强、联系越来越紧密。如果说前两次科技革命实现了各学科内部竞合的话，那么新科技革命则是跨学科进行综合，使自然科学和社会科学成为一个有机的统一体。这种学科间的分化组合产生了一个结果，就是增生出来的知识呈几何级地爆发，被人们形象地称为"知识爆炸"。知识的直接来源不再是人们的日常生活实践，而是知识产生了知识，精神生产表现出脱离物质纠缠的特征。

三是精神生产转化为物质生产的速度越来越快，时间越来越短，精神"生产"物质，不再是物质生产完全制约精神生产，而是精神生产开始主导物质生产。从而使当今社会实践的认识论功能实现了从依附于物质生产向精神生产的转化。精神生产将物质生产推向了纯粹意义上重复性、周期性、机械化的物质产出活动。尤其是电子网络领域，新的精神生产能够立即转化为社会物质财富，激发人们对物质的消费欲望，而物质消费很快地又推动着精神生产的产出。这种周期的迅速缩短，我们可以从三次工业革命或科技革命中的科技成果转化为生产力的周期看出："蒸汽机从研制到18世纪定型投产用了84年，电动机为65年，而第三次科技革命中的技术大多在10年内就投入应用，从发现雷达原理到制造出雷达用了10年，原子能的利用从开发到应用为6年，晶体管4年，移动电话4年，激光从发现到应用不足2年。此外，据美国国会有关报告统计，战后十多年发展起来的工业技术到今天已有40%过时了，电子领域中已有50%过时了。电子计算机问世以来的30年中已进入第五代，而微型计算机诞生后几乎每隔两年甚至半年就换代一次。"① 这种表象使人们有了一种印象，精神生产在"引导"甚至是"驱赶"物质生产，精神"生产"了物质，而不再是精神很倒霉，受到物质的"纠缠"。

3. 精神生产日益发展成为"普照的光"

精神生产"一开始就很倒霉"，然而，是否就会一直倒霉下去呢？马克思没有做出解答，但历史发展却给出了现实的回应。资本主义中后期，随着物质资料的极大丰富，从事物质生产的人数越来越少，人类总体的自由时间越来越多；从事精神生产的人从过去狭小的团体向全社会扩展，队伍越来越大；文学艺术作品数量及表现形式越来越丰富；而且，随着科学技术对物质生产的作用越来越突出，"政治、法律、道德、宗教、形而上学"以及管理艺术等起到

---

① 《第三次科技革命对世界经济产生的影响》，http：//www.Civ.ce.cn/zt/sjgc/yaowenl/200705/11/t20070511_11323670.shtml，2017-07-18。

的作用越来越明显，精神生产可谓初露峥嵘了。而到了当代，科学技术已是第一生产力，文化发展成为一大产业，文化软实力逐步成为各国竞争的重心。一直以来，农业生产和工业生产占据人类社会财富生产的重大比重，但在当今，两者已经退居次位，被高新科技和文化产业所代替，即便农业和工业有所发展，也得依靠创新的推动，需要人类精神生产的付出。也就是说，曾经倒霉的精神生产似乎迎来了出头之日，大有遮盖物质生产曾经万丈光芒的趋势。究其原因，还在于精神生产基于物质生产的不断丰富，具有物质生产所不具有的创新性本质，以及无消耗性和共享性等特征，深刻而且全面地改进了其他几种社会生产的速率和方式。在物质总量不变的前提下，不断创新物质生产的方式方法，改变物质结构的形态和状况，使物质生产种类越来越多，生产更新速率越来越快，社会物质财富越来越丰富；科技研究改进了医疗保健水平，提高了对人自身生育的认知，人类的自身生产在精神生产的促动下获得了前所未有的进步；现代通信手段使人越来越依赖科技产品，呈现出科技产品对人的整体异化，人际关系在异化中快速发展，人们之间交流的频率、距离及广度已经不是前人能够想象的，精神生产彻底地改变了社会生产关系的生产；人类精神的需求导致对环境的改造，生态生产就是在这种精神需求中逐步发展起来的，而生态生产的方式方法同样得依靠精神生产创新的推动。可以说，精神生产较之其他类型的社会生产，更能体现人之为人，是人的主动性、能动性和创造性最深刻的表现。它全面地改造了总体生产，从而深刻地改变了人类社会和社会生产力。

总之，随着人类社会物质财富的丰富，人们不再为了温饱而终日劳碌奔波，有了更多空闲时间或职业时光从事精神生产创新，人类活动的重心已经从物质生产转到精神生产上来了。精神生产全面地改造着社会生产，是推进其他生产力发展进步的必须要素，成为社会生产关系中最重要的"比重"，日益发展成为人类社会当今时代"普照的光"。

二、精神生产创新对直接生产的作用

创新是人的创新，是人精神的产物，人与动物的不同也在于人有历史文化的经验积淀，而经验会导致精神的依赖性，人总是下意识地寻求经验去解决问题，所以人必须突破经验的束缚。所以，创新在一定意义上就是求异，要突破陈规，发现前所未闻却本来就存在的规律，发明前所未用且新奇巧妙的技术，实施前所未有且别具一格的举措，创造前所未见、前所未有的事物。正是因为发现规律、发明技巧、事实举措，才会直接地推进生产力的发展。

1. 精神生产改进生产力，创新成为经济发展的引擎

在生产力结构中，精神生产对于劳动者的意义显然已经超越物质生产之于其生存的意义，不仅改造劳动者本身，而且是劳动者本质力量的外化和对象化。"政治、法律、宗教、道德、形而上学"以及科学等丰富了劳动者的知识和技能，使劳动者更具素养，文化艺术等调整劳动者的心态和体能，使劳动更有效率；科学技术创新开发了新的生产工具，自动化生产改变了原来机械化物质生产对人异化的状况，拓展了可利用生产劳动资料的范围，从而不断促进人类"自由全面的发展"；在劳动对象上，人类向上正朝宇宙边沿不断迈进，向下可深入地底、海底探测近万米。在科研对象上，小到"上帝粒子"，大到宇宙"膨胀体"，而且能够涉及的客体数量正呈几何级数倍增。当代社会正在形成科学技术密集型生产方式，创新成为经济发展的引擎，创新突破了旧有的模式，加快了经济运行速度。

2. 精神生产扩大生产规模，自动化解放物对人的压迫

机器的采用曾经把小规模的手工工场生产改造为机器大工业的生产，机器吸附了大量劳动力，劳动密集型生产成为早期资本主义生产的典型方式，这也是马克思激烈批判的机器敌视人、压

迫人的生产形式。而当代精神生产所形成的生产力正在改造机器大工业，使人对资本和机器的依附渐渐转向对自身知识、智能和创新的依赖，并且不断扩大生产规模。得益于电子计算机技术、通信技术、自动控制技术的不断发展，以及资本家对超额利润的不懈追求，生产过程的自动化程度不断提高，机器不再一味依附劳动力而是转而挤压劳动者，使人不断地从直接的生产过程中退出来，从物质生产车间转入精神生产控制室和操纵台，自动化系统形成着自动化的生产方式，使几乎重复性的物质生产理论上都可以纳入自动化掌控的视野，劳动密集型生产变成了科技密集型生产，"见不到人"的高科技企业的体量越来越大。精神生产不仅扩大了高科技企业的规模，而且拓展了生产空间。高科技企业凭借科技优势，发展成为跨国企业，形成广泛的乃至全球的联系网络，由过去局限于地域的生产扩散到全世界，从而利用全球的自然资源和人才资源，形成竞争优势，以致跨国企业成了全球生产的中流砥柱。这种跨地域的扩散看似与人的关联减弱了，实质上是与更多的人产生了关联，不但没有阻止人类生产活动的社会化，而且还进一步强化了这种社会化，人类在这种扩散中，自主选择性会更强，创新的效能会更突出，逐步减轻了物质对人的挤压，获得自由而全面的发展的机会更多。

3. 精神生产改变人类交往方式，社会联系更便捷广泛

知识经济的发展扩大了对信息、知识、技术的采用，实质是加强了对人才的需求。在知识经济中，知识、信息、技术和人才的流动加快，人类交往的客体明显增多，交往的方式出现了极大的变化。这种变化的原因主要有：一是人才的作用越来越重要，二是知识及创新取代资本成了社会经济发展最主要的推动力量。精神生产使人们突破了传统交通运输和通信工具物理性的阻隔与障碍，互联网创造了一个虚拟的精神世界，物质交换、情感交流的速度、频率、广度空前地扩大。精神文化的交流传播正加速推动人类的进步，马克思说的"民族的片面性和局限性日益成为不可能，于是

由许多种民族的和地方的文学形成了一种世界的文学"① 的现象将更加明显。人类采用电子信息卡等科技含量高的产品，以代替过去需要很多人力物力才能达成的交换，精神生产对物质的依赖程度越来越小，改变着交换的形式和手段。互联网即时性的交流方式使人们迅即跨越地区、国界、洲际的地理限制，提供了不同语种、不同国别、不同肤色、不同信仰人群交流的平台，缩短了人与人之间的时间和心理距离，人类的交往越来越便利、频繁、紧密和广泛。统一的全球交往正在深入发展，世界越来越成为一个密不可分的整体。

4. 精神生产改造产业结构和就业结构，创新成就财富

无疑，精神生产区别于物质生产的最重要特征就是创新，创新从经济角度而言，就是不断开发出新产品，发展出新的消费市场，更新原有产业的技术基础，甚至形成新产业，从而极大地激活了社会产业结构和就业结构。就社会产业结构而言，其变化表现为：一种新技术开发成功，就会生产一种新产品，形成一种新产业，新兴的技术密集型产业、高科技产业得到了迅速发展；传统服务业也加入了自动化、信息化等精神劳动含量高的科技方式，使其改造成为现代产业。产业结构的变化导致了就业结构的相应变化：自动化和产业转型使就业人数从传统制造业流出，进入高科技产业；相应地，传统的体力劳动蓝领岗位减少，高科技产业使脑力劳动型白领岗位增加；同时自动化解放了工人，使全日制就业机会减少，非全日制就业机会增多。在整体社会劳动力人数中，从事传统农业、工业生产的人越来越少，从事高科技产业、文化教育等产业的人越来越多，社会各阶层的人数比例正在由过去的金字塔形结构转变为纺锤形结构，中产阶级队伍扩大，社会变得更稳定，传统的雇佣方式受到了挑战，人们在求职上更注重工作氛围、社会评价等精神因素。

---

① 《马克思恩格斯选集》第 1 卷，人民出版社 2012 年版，第 404 页。

5. 精神生产改变社会分配方式和阶层结构，创新替代知识成为力量的象征

精神生产创新不断改变各种生产要素在生产过程中的地位和作用。知识、信息、技术替代和超越旧有的货币和实物资本，成为最重要的产业资本，传统工业资本家的地位正被"智本家"取代，马克思所处时代阶级固化的状况不断得到改变。社会阶层能够上下交流，变动显得较为频繁。表现在：一些拥有精神资本的创新者借助知识产权或版权，成为极富裕的"智本家"阶层；另一些专业性人才通过掌握知识、信息、技术等精神资源，走上经营管理岗位，形成依赖脑力劳动的较富裕阶层；还有一些人通过掌握较高的文化素质和技能，形成相对的职场优势，成为利用脑力劳动较多的相对富裕阶层。社会日益呈现出从对物质资本的依赖转向对精神资本的追求，拥有知识、技术、信息反过来成为占有物质资源的重要手段，成为社会成员从一个阶层滑向另一个阶层的重要因素，创新、创业代替就业成为社会关注的焦点。当然，拥有知识，不等于创新，只有拥有知识又能创新的人，也就是"智本家"才能改变原有产业生态，甚至创造出一个新的产业，创新正取代知识成为力量的象征。

6. 精神生产改变社会权力和组织管理结构，人的内在精神"隐没"外在物质

随着当今知识、信息、科技受众的扩大化，人们自主自立意识日渐增强，精神生产活动超出了"吃穿住行"等基本物质活动，人们更追求精神的富足与享受，对社会平等公正的期望愈高。社会权力结构由传统的金字塔形向扁平化、网格化推移，任何独占知识、控制信息的企图都将越来越难以实现。尤其是互联网的发展，为人们获取信息、表达意愿提供了条件，为参与社会组织管理活动提供了便利，社会管理从垂直型向扁平化推进，促进了人们的民主意识，加强了民主观念，激活了民主要求，也实际地开辟了民主活动的新形式、新领域。在当今世界各国，参与式民主活动、直接式

民主活动频繁涌现，预示着人类文明的新飞跃。从一定意义上讲，组织活动的信息和指令不再是单向的传递，而是双向、多向的传递和反馈，使过去"压迫人"的权力趋向相互保障的平等权利，社会运转从权力型走向权利型，也就是向马克思所设想的"自由平等人的联合体"发展。以往，社会权力分配更多地倚重对物质资料占有的状况，人们参与选举，更多的是着眼于物质性利益，而现在，人们的理念、思想、价值取向及宗教信仰等精神因素更多地参与了权力诉求。在一定程度上，相同价值理念的人们更易于结成同盟，甚至在选举过程中，还受到被选举人的精神气质左右。精神的东西更多地影响着我们的社会，内在精神超出了外在物质。正是因为如此，在当前及以后，我们甚至可以在某种程度上，将马克思描述资本主义工业生产时期的名句反过来说："一个阶级是社会占统治地位的精神力量，同时也是社会上占统治地位的物质力量。"①

三、精神生产创新是科技进步的根本因素

1. 科学技术是第一生产力

我们知道而且确信"科学技术是第一生产力"，但如果追根究底是什么使得科学技术成为第一生产力，科学技术怎样才成为第一生产力，我们却还难以完全知晓，里面的缘由还有待深入思索和解析。科学技术极大地促进了人类劳动生产力的提高，全面而且深刻地改变了生产力的各个要素，极大地提高了人们认识自然、改造自然和保护自然的能力。在这种现象背后，科学技术产生还有其原因，科学技术不是自然而生的，而是要经过人的发现与发明，故此，有人认为"科学是发现的，技术是发明的"，但都是人经过一定的脑力劳动而获得的精神产物。这种脑力劳动不是一般的情绪、心理或意识反应活动，而是高级的精神产出活动。并且，高端的科

---

① 《马克思恩格斯全集》第 3 卷，人民出版社 1960 年版，第 52 页。

技也不是对已有科学技术的简单复制和模仿，而是在原有成果基础上的创新。人类社会当今习以为常的生活方式或用品，在最初发现或发明的时期却可能是了不起的科学技术进步。如火的使用，对现代人的生活来说是再平常普通不过的现象，但在约 50 万至 100 万年前，却是人类生活的转折点，火不仅被用来取暖和驱赶野兽，而且提供了一种简便的能源，具有极其深远的影响。火的使用有利于加工和保存食物，改善了人类的体质，并且扩展到了天然材料的加工上，如木炭、陶器、砖、瓦和石灰等，铜器铁器的冶炼也离不开火。但我们现代人再也不会将火的一般使用看作是科学技术，也谈不上创新，所以，我们平常所说的科学技术其实就是创新的科学技术或科学技术的创新，也就是说，精神生产创新是科学技术进步的根本性因素。

2. 精神生产创新决定生产生活方式

在人类历史上，每个阶段都会有决定性的生产生活方式，原始社会是狩猎和采集，直接从自然界获取食物来源，原始人"他不知道怎样耕种或使用机械生产；他也不知道土地的私有权，不懂得劳动分工；对于金属与陶器，他是一无所知"[①]。奴隶社会和封建社会是农业生产方式，从大自然的馈赠转向利用大自然改造大自然；到了资本主义社会则是机器工业生产，不仅改造了大自然，而且创造出了人造自然即"第二自然"，而近现代，人们一般认为是"知识经济时代"，人类几乎远离了原始自然；发展到当今，我们可以说是信息互联网生产方式在起决定性的作用，用人自己特有的思维创造了一个"虚拟的空间"，也即数据的世界。马克思考察了这种历史现象并且提出了著名的"普照的光"的理论："在一切社会形式中都有一种一定的生产支配着其他一切生产的地位和影响，因而它的关系也支配着其他一切关系的地位和影响。这是一种普照的光，一切其他色彩都隐没其中，它使它们的特点变了样。这是一

---

① S. K. Das, *The Economic History of Ancient India*. Allahabad: Vobra Publishers & Distributors, 1987, p. 1.

种特殊的以太,它决定着它里面显露出来的一切存在的比重。"①每一种生产生活方式的改变或演进,都是生产力不断发展的结果,背后都有科学技术的身影,从历史发展来看,劳动生产力是随着科学技术的不断进步而发展的,而且这种趋势越来越明显。而实质上,最终的推动力量还是人,是人的精神,是人的精神的创新,是人类社会的精神生产。动物的生产生活方式依赖的是本能,即便有进化,也是极其缓慢和微小的。而人猿辑别,人类进化出动物所望尘莫及的大脑,具有非常复杂的结构,一共大约有 850 亿个神经元和 600 万亿个联结,"在每一个年轻的成年人大脑中,这些'微型电缆'如果头尾相连,总长度达 165000 公里,足够绕地球 4 圈了。人类大脑复杂性是令人震惊的。"② 正是由于人类大脑如此特殊,才拥有无比强大的信息处理功能,"但一个神经元在一秒钟(而不是一个小时)内就能发射 10 次,而且能发送其他 7000 个(而不是 100 个)神经元。所以每一秒钟我们的大脑都在令人眩晕地、复杂无比地运作,不计其数的信息都在为凸显自己而进行一场疯狂的、混乱的竞争。"③ 正是由于人脑拥有如此复杂的结构,才构成比一般动物高级的意识反应系统,不仅能对外界的刺激进行反应,而且还能意识到自己。人脑也是在复杂意识系统的基础上进化出了更高级的精神。精神的作用是为了更好地适应与改变生存环境,意识只是反映,而精神就是要产出,所以马克思没有用"意识生产",而是说的"精神生产"。人类不断地进行认知、改造,再认知、再改造,永无止境地提升自己的生产。最初突出表现的是物质生产,而精神生产从人类出现以来一刻也没有停止过,两者也是相互促进的。当狩猎和采集满足不了需要,而人类发现自己种植谷物比采集的收成更多、更为保险时,栽种、犁耕、灌溉等创新就出现

---

① 《马克思恩格斯选集》第 12 卷,人民出版社 1962 年版,第 757 页。
② [英] 丹尼尔·博尔:《贪婪的大脑——为何人类会无止境地寻求意义》,林旭文译,机械工业出版社 2013 年版,第 21 页。
③ [英] 丹尼尔·博尔:《贪婪的大脑——为何人类会无止境地寻求意义》,林旭文译,机械工业出版社 2013 年版,第 22 页。

了。农业生产方式的出现,不是单个工具的发明,而是一系列的生产创新,是人类推动历史发展的一个重要时期。农业社会是自然经济形式,主要是人与自然的物质交换,生产活动局限在狭小的地域范围内,人的思维方式也受到极大的影响。"我们不应该忘记,这些田园风味的农村公社不管看起来怎样祥和无害,却始终是东方专制制度的牢固基础,它们使人的头脑局限在极小的范围内,成为迷信的驯服工具,成为传统规则的奴隶,表现不出任何伟大的作为和历史首创精神。"① 相对于后来的资本主义生产方式,农业社会的科学技术发展速度缓慢、水平很低,创新稀少而不足。马克思在交往与发明的关系上有过一段十分经典的论述:"某一个地域创造出来的生产力,特别是发明,在往后的发展中是否会失传,完全取决于交往扩展的情况。当交往只限于毗邻地区的时候,每一种发明在每一个地域都必须单独进行;一些纯粹偶然的事件,例如蛮族的入侵,甚至是通常的战争,都足以使一个具有发达生产力和有高度需求的国家陷入一切都必须从头开始的境地。在历史发展的最初阶段,每天都在重新发明,而且每个地域都是独立进行的。"② 随着分工和交往的发展,一系列科学技术的出现促成了工业经济的兴起,"自然力的征服,机器的采用,化学在工业和农业中的应用,轮船的行驶,铁路的通行,电报的使用,整个整个大陆的开垦,河川的通航……"③ 使人们惊讶地认识到科学技术创新在经济发展中的巨大力量。马克思就指出"只有在现实的世界中并使用现实的手段才能实现真正的解放;没有蒸汽机和珍妮走锭精纺机就不能消灭奴隶制;没有改良的农业就不能消灭农奴制;当人们还不能使自己的吃喝住穿在质和量方面得到充分保证的时候,人们就根本不能获得解放"④。

---

① 《马克思恩格斯选集》第 1 卷,人民出版社 1995 年版,第 765 页。
② 《马克思恩格斯选集》第 1 卷,人民出版社 2012 年版,第 188 页。
③ 《马克思恩格斯选集》第 1 卷,人民出版社 1995 年版,第 277 页。
④ 《马克思恩格斯选集》第 1 卷,人民出版社 2012 年版,第 154 页。

3. 精神生产创新改造生产力要素

科学技术改造了生产力的要素，不管是生产者，还是劳动对象和劳动工具，都是人的精神生产才能改变的，生产者要提高认知能力和创新水平，必须要学习前人留下来的知识，发挥主观能动性，对前人的生产方式和技能加以改进与完善，甚至是质的改变，这个过程也就是精神生产的过程；劳动对象除了自然物是现存的，大多需要去发现与发明，尤其到了工业社会以后，劳动对象更是发现发明得多、自然存在得少，也就是人工合成得多、深加工得多，如人造纤维、合成橡胶，大量原材料的再加工、再利用等。生产工具更是不用说，每一种新的生产工具的出现，无不是精神生产创新的结果。动物可以利用自然存在的工具，甚至还能制作简单的工具，也能依赖一万年进化的本能制造出精巧无比的蜂房等，但只有人才能利用和制造出精密的工具，先是在头脑里进行概念的构建，然后依据概念把它生产出来。精神生产不能仅仅停留于概念上的把握世界，必须现实地去改造世界。就拿有着广泛应用前景的纳米技术来说，超精密加工技术是先进装备制造的关键性瓶颈技术，其中纳米精度被誉为超精密加工技术"皇冠上的明珠"。过去，由于我国光学零件加工技术落后，无法进行大口径、高精度、复杂面形的光学零件加工，严重制约了相关领域的技术进步。20世纪80年代以来，我国的精密工程创新团队经过30多年的顽强拼搏与自主创新，先后突破了高精度机床精密运动机构设计、高效磁流变抛光液配制、离子束稳定控制、光学元件亚纳米全频段误差控制等核心关键技术，研制出一系列具有自主知识产权的磁流变、离子束抛光设备，打破了发达国家对超精密加工设备的技术封锁，使我国成为继美、德之后全面掌握磁流变和离子束抛光装备两种高精度光学零件加工技术的国家。①

---

① http：//news.qq.com/a/20150123/011592.htm？pgv_ref=aio2015&ptlang=2052，2017-07-18。

四、精神生产创新是综合国力竞争的核心

1. 综合国力的基础是科技创新

当今世界，国家之间的竞争不再是单纯某一方面的比拼。俄罗斯的国土面积世界第一，资源也十分丰富，但并不能保证它是超强的国家；昔日的"日不落大英帝国"在当时拥有的资本总量无与伦比，坚船利炮所向披靡，可是由于多方面因素现已逐渐没落；印度虽然人口众多，版图也相当可观，而且可耕地面积广大，却还是发展中国家之一。相反，以色列建国历史很短（1948年成立），仅有2.5万平方公里的领土，土地非常贫瘠，总共800万的人口，相当于中国某些城市的规模，可谓"蕞尔小国"，而且其短期内经历了五次"中东战争"，生存环境可谓比世界上绝大多数国家都险恶。然而，就是这样一个国家，却取得了举世瞩目的成就，成为世界科技强国之一。在农业、医疗器械、生物技术工程、通信、电子、计算机软件、航空等领域，以色列都具有世界先进的技术水平；尤其是军事领域的电子监控系统和无人飞机领先全球，吸引世界各国竞相购买；它占据了欧洲40%的瓜果、蔬菜市场，享有"欧洲果篮"之称，还成为世界花卉出口大国。根据国际货币基金组织统计，2013年以色列国民生产总值为2915亿美元，全球排名第37位。如果按人均国民生产总值计算，以色列高达37035美元，2014年人类发展指数位居世界第19名。[①]

以此来看，以色列的综合国力甚至超过周边所有阿拉伯国家的总和，其原因是什么呢？我们只能说是人，是以色列人，而以色列人又有什么不同呢？因为"以色列人的字典里没有'no'，只有'why'"。犹太人从小就爱提问，以致课堂上老师很难控制学生，

---

① 杨佩昌：《从身边的小事做起的以色列创新》，《羊场晚报》2014年12月25日。

工厂里的经理很难管理员工。上级想要下级服从，必须要证明他（她）的话是正确的。"几乎每个犹太人每天都在琢磨新的点子，他们还经常在一起分享各自的点子。"800万人不多，但人人拥有一颗独立的大脑，独立进行思考，就可以聚合成惊人的头脑风暴，所以以色列产生了不少的诺贝尔奖获得者。以色列人之所以能取得如此骄人的成绩，秘诀在于精神生产创新。他们既不拥有宽广的疆土，也不拥有丰富的自然物产，他们只拥有爱思考的头脑和强大的精神。据以色列理工学院调查，以色列人均研发费用全球最高，2013年研发经费就达25亿美元。目前，以色列共有近4000家新兴科技型企业（start-up），密度为全球最高（每2000名以色列人就拥有一家新兴科技型企业）。2013年，在纳斯达克上市公司中，以色列公司的数目超过中国、印度、日本、韩国和整个欧洲所有公司的总和（笔者为此多次问过以色列教授），创业、创新型公司卖价为63.5亿美元，前100家创业公司的年收入达36亿美元。对以色列人而言，创新并不仅仅局限于现代化的工厂和实验室，而更多地蕴含于普通人点点滴滴的生活之中。可以说，在以色列这个国家，创新无处不在，其创新思维已经深深植根于每个人的头脑之中。如果有人对以色列人说"no"，他们马上想到的是"why"；当遇到问题的时候，他们不是绕道而行，而是把问题视为机遇。问题激发了以色列人思考，导致了精神生产创新，创新成就了以色列。

从单独一个国家的发展来看，精神生产创新造就国家强大是如此，从历时性来看，全世界一系列大国的兴衰也是如此。延续两千多年的中国封建帝国，经济总量在大部分时间里都位居世界第一，但由于明清以来实行闭关锁国政策，因循守旧，钳制思想，"万马齐喑究可哀"，一定程度上导致科技创新十分缓慢落后。而近代以来，英、法、德、美四大帝国的先后崛起，没有哪一个不是从对人的解放做起的，没有哪一个不是从精神生产创新着手的。英国1689年颁布了《人权法案》。法国1789年颁布了《人权宣言》。普鲁士则在1807年发布了废除农奴制的《十月敕令》。美国1776年发布了《独立宣言》，1787年制定了《美国宪法》。这些法案都赋予了人们权利与自由，去除了笼罩在人们精神上的枷锁，使人获得了前所未有的解放，人们就能更自由地思考、更积极地生产，极大地激发了精神生产创新，极大地促进了劳动生产力，也使人类社会所拥有的财富极速递增，使国家的综合国力获得快速增长。这说明，任何一个国家取得进步，都与其精神生产创新的力度和持续的时间有关。创新兴国，这一历史经验已经获得世界各国的共识。人类进入21世纪以来，世界各国竞相将创新作为国家战略并提出切实的举措。例如，美国于2004年12月发布了《创新美国：在竞争与变化的世界中繁荣》，2005年10月发布了《迎接风暴：振兴美国经济，创造就业机会，建设美国未来》，2007年颁布了《美国竞争法》，2009年推出了"美国复兴与再投资计划"和《美国创新战略：推动可持续增长和高质量就业》，2011年又接着制定了《美国创新战略：确保我们的经济增长与繁荣》，由此可以看出，美国政府尤其重视创新，始终将创新作为刺激经济增长、提升国家竞争力的核心。欧洲于2006年1月发布了《创新型欧洲》，欧盟委员会推出了"欧洲2020战略"，建议方案提出了构建"创新型联盟"的设想，这一战略不仅把"创新型联盟"列为实现欧盟未来10年发展目标的7大计划之首，而且其他6大计划均与创新有关——日本2007年2月发布了《日本创新战略2025》，该战略认为，当今世界是全球大竞争时代，创新成为不可或缺的，只有通过科技和服务创新，才能创造新价值，促进生产力和经济的持续增长；只有创新才能应对环保、节能和人口老龄化等诸方面的挑战，建设能够充分发挥个人能力的社会，利用科技和新服务消除疾病、语言和信息等障碍。该战略还特别指出，创新不仅能够为改善本国人民生活和推动经济发展提供支撑，还可以为世界作出贡献，以此可以看出日本的科技野心。2010年以来，印度政府从国家层面强化科技创新战略规划，提出了"从世界办公室迈向创新型国家"的国家战略。印度政府推出的第四套科学技术和创新政策《2013科学、技术与创新政策》，致力于将科学、技术与创新协同起来，通过创建印度创新委员会，践行印度政府"创新十年"的主张。如此等等，可见世界各国或共同体都争先恐后地将创新作为发展战略，创新在增强综合国力中的作用已经毋庸置疑。

2. 精神生产创新造就国家软实力

综合国力除了科技硬实力，还有文化软实力、巧实力，创新在科技进步中的作用非常显著，同样在文化进步上的作用也不遑多让。文化就是文化，是人类生活留存的历史痕迹或符号，是人类改造客观世界和主观世界的活动及其成果的总和，包括物质文化和精神文化。尽管世界各国对文化产业定义的角度有所不同，但文化产品的内在精神性这一基本特征不变，因此，文化产业是具有精神性内涵产品的生产、流通、消费活动。物质文化以物的形式留存；精神文化大多以符号的形式留存（当然，符号也是以物的形式出现的）。文化在交流的过程中传播，在继承的基础上发展，传播与继承都包含创新的因素，否则就难以传播和继承，所以文化发展的实质，就在于文化创新。纵观世界各国，哪里的创新活跃，哪里的文化发展就繁荣；哪里的创新停滞，哪里的文化就似一潭死水。如果从一国发展的历史阶段来看，如果一个时期的创新层出不穷，那么这个时期的文化就发展得相当快速；如果一个时期趋于保守，那么此阶段的文化氛围肯定相对沉闷。就拿中国来说，春秋战国时期，各方势力激烈竞争，文化创新异常活跃，涌现了儒家、道家、法家、墨家等影响至今的学术流派，出现了一批如老子、孔子、孟子、荀子、韩非子等灿若星辰的学术大家，为中华文明奠定了雄厚的基础。文化创新，是社会实践发展的必然要求，是文化自身逻辑发展的内在动力。

在知识经济时代，创新作用于社会生活的方方面面，其功能得到空前强化，并升华成一个时代的主题，也就是时代精神。文化是人的文化，人是消费文化的主体，社会越是发展，人对文化的需求越大，也越高级，现代人的需要更多体现在对精神文化的追求上。正是这种对精神文化的旺盛需求，文化在近代以来的发展速率越来越快，极有可能发展成为一个可以与纯粹物质生产等量齐观的产业。文化产业创造了大量的就业机会，拉动了国民经济增长，在整个国民经济的比重中越来越重要。文化本身是精神生产的产物，有着强烈的精神属性，而文化的本质也在于创新，如果人类几千年的活动一成不变，在这个星球上生活的痕迹就像动物一样遵循着固有模式，也就根本谈不上什么文化了。文化之所以是文化，就是因为人的生产生活变动不居，在历史长河里留下足以探究、继承、发展的印迹，如古埃及人筑造的金字塔、人面狮身像，古欧洲人在岩壁上留下的壁画，玛雅人留下来的石碑和天文历法，等等，因而也有一种说法叫文化痕迹和文化遗产。文化是一种财富，精神生产是因研究财富递增而出现的，可见，文化不仅是精神生产的产物，而且本身能说明精神生产创新在综合国力竞争中的重要作用。

文化的每一步发展，都有科学技术创新的贡献。尤其是近现代以来，文化创新基本是实现文化与科技融合的结果。收音机、录像机、电影、电视、立体影院的出现等无不是科技创新成果的利用；半导体、集成电路、光盘、计算机、互联网技术的广泛运用，推动了文化样式的创新；绚丽夺目的舞台演出、精彩纷呈的广播影视节目、丰富多样的电子文化产品，无一不是文化与科技结合的产物。美国的大片、韩国的电视剧、日本的动画、印度的歌舞等在全世界有影响的文化形式，无不是将高科技与文化表现形式相结合，无不饱含创新的因子，都有很高的科技含量。信息数字技术和网络技术创新为文化的传播搭载了新的强大平台，使传统文化表现形式呈现出日新月异的局面，动漫游戏、数字影视、网络书店、移动互联网、有声读物等方兴未艾，都拥有广大的经济增长空间，每一次创新都可能激发新的文化产业增长点，创新使新兴文化产业展现出巨大的发展潜力。文化的繁荣发展最根本的是创新，创新也就是文化的本质特征。无论是适应国家宏观层面的发展需要，还是满足人类不断增长的多层次、多方面、多样性的精神文化需求；无论是在激烈的国际软实力竞争中赢得主动，还是为人类文明进步作出自己的贡献，都需要推进文化创新。

3. 精神生产创新成就国家军事硬实力

军事是一个国家综合国力的集成表现，军事技术更是创新的代名词，人类历史的科技革新，大多首先应用于军事战争。军事战争的逻辑在本质上就是矛盾运动的逻辑。"有矛必有盾"，矛越锐，盾越坚；盾越坚，矛更锐。军事技术的发展史已经证明，目前可能是高精尖的武器，如果不加以创新就可能马上沦为二三流武器，"几年不用就变成难以处理的垃圾"。恩格斯说过："两个阵营都在准备决战，准备一场世界上从未见过的战争……只有两个情况至今阻碍着这场可怕的战争爆发：第一，军事技术空前迅速地发展，在这种情况下每一种新发明的武器甚至还没有来得及在一支军队中使用，就被另外的新发明所超过；第二，绝对没有可能预料胜负，完全不知道究竟谁将在这场大战中获得最后胜利。"① 可见，军事的竞争就是创新的竞争，谁的创新速率快，谁就可能赢得优势。因此，科学技术的重大创新首先都是应用在军事上，军事技术成为科学技术创新的先导，当今高端的航空航天技术、激光技术、原子能技术等最初都是为了军事而研发的。军事技术创新除了应用在战争中外，还能转化为民用，对经济社会的发展有着极大的推动作用。众所周知，长期以来正是不断的军事创新成就了美国"唯一超级大国"和全球军事霸主的地位。目前已经普遍使用的互联网，最初是美国为了国防研究而建立的一个实验网，经过20年的发展后应用到商业领域，互联技术渗透到社会生产的各个领域，特别是改变了美国的金融业，促进了相关企业的体制改革，提供了工作效能，使美国在20世纪90年代出现了历史上罕见的经济增长时期。军事工业则是以色列富国强兵的法宝，军民两用体系先进发达，在国防体系下建立了众多民用企业，高精尖的军事技术支撑着整个国民经济的快速发展。

当前，"信息技术、生物技术、新能源技术、新材料技术等交叉融合正在引发新一轮科技革命和产业变革。这将给人类社会发展带来新的机遇"。战争从传统的陆、海、空战场进入到空天及虚拟网络，为科技创新提供了全新而广阔的空间，各国竞相开发宇宙、掌控网络，不仅是财力、物力的大量投入，而且是人才培养和对创新的激励。可以说，精神生产创新毫无疑问地成了国家综合国力的

---

① 冯昭奎：《"中日必有一战"将是"创新之战"》，http：//www.world.people.com.cn/n/2015/0122/c1002-2643053.html，2017-10-17。

原点和基础，依靠创新才能提出与时俱进的军事战略，构思超越传统的作战思想，做出灵活机动的军事指挥和管理体制，才能掌握最先进的高精尖武器的核心技术，打造日新月异的武器系统，从而推出"敌有我有、敌无我有"的武器技术乃至武器新概念。但武器在当今时代只是起到吓阻的作用。两次世界大战以来，人们就开始质疑战争是否是解决世界问题的最好手段，人类是理性动物，他们知道战争将加速资源消耗并破坏已经脆弱不堪的自然环境，最终毁灭自身。工业革命以来人类活动所造成的生态灾难，已经使地球环境不堪重负。战争造成的灾难将是更具毁灭性的，那时，地球将不再适合人类居住，人类最终将毁灭自己。所以"战争并不能定义人类的生活"，而是创新将决定每个国家或种族的生存空间，战争定义将变换为创新之争。

五、精神生产创新是改革开放的基础条件

1. 改革开放实质上就是宏观意义上的精神生产创新

改革一般有两重意思，一是变更、革新，《梁书·武帝纪下》中有"百官俸禄，本有定数，前代以来，皆多评准，顷者因循，未遑改革"，其中的改革就是这层意义；二是割除恶习劣行，《南齐书·刘祥传》中有"上别遣敕祥曰：'卿素无行检，朝野所悉……我当原卿性命，令卿万里思愆。卿若能改革，当令卿得还。'"这里的改革则是革除恶习劣行。从社会政治学的意义来理解，改革是指各种政治、社会、文化、经济、宗教组织做出的改良革新，相较于以暴力方式推翻原有政权以达到改变现状目的的社会革命，改革是指在现有的政治体制之内主动实行变革，实质也是政治层面的创新。开放，是指解除封锁、禁令、限制等，也有敞开、允许入内，思想开通、解放的意味。两者结合使用，以改革促进开放，创造思想前提和制度基础；以开放为改革提供动力，睁大眼睛看世界，追赶世界。实质就是以思想革新为前提，达到解放生产

力、社会进步的目的,也即政策层面上的精神生产创新,是精神生产在宏观政策、路线和具体措施上的体现。改革开放作为我国的基本国策,是中国共产党在1978年召开的中国共产党十一届三中全会上提出来的,当时的决策是"对内改革、对外开放",但对内对外两者相互依存,不能分开,对内改革也是一种开放,没有思想的开放,就不可能是新改革;对外开放也必须实行内在政策上的改革,否则开放就是一句空话,对外开放刺激对内改革,对内改革又为对外改革提供条件。说到底,首先还是思想的解放,然后才能在政策制度层面上实行创新。中国在封建帝国时期一直以世界中心自居,明清实行闭关锁国政策,到了近代走入了落后挨打的局面。民主革命胜利后,由于国际国内的特殊历史情况,我国仍然处于与世界隔绝的境地,"二战"以后新技术革命在西方蓬勃发展,而中国大陆还在实行"以阶级斗争为纲"的错误理论和实践,导致国民经济基础异常脆弱,"两个凡是"等保守思想势力仍然十分强大。要突破思想束缚,也必须从思想解放做起,正是当时的"真理标准"的大讨论为思想创新开闭了道路,为改革开放政策的推出奠定了强大的民意基础。《实践是检验真理的唯一标准》这篇文章的形成,不是某一个人的思想结晶,而是一大批人努力的结果,是当时中国先进知识分子精神的产物,是冲破层层思想禁锢得出的创新成果。改革开放的实质也就是一种精神生产创新。

  改革是从国家宏观层面上来讲的创新,是一项系统工程,涉及社会生产生活的方方面面,"牵一发而动全身",包括体制、制度、政策、法律、具体措施的制定;牵涉价格、财税、金融等领域的改革,还要深化收入分配、完善产权保护;更要注重政府和市场的分工、完善行政绩效考核制度等。改革是全社会权力和利益的重新调整与分配,其深层意义在于给更多人权益,激发更多人的创新活力。在社会利益主体层级增多、个体增强的今天,传统的社会单向性、高压性的管理方式难以解决社会发展带来的问题,必须由各个主体参与的、多向性的社会治理形式才能应对复杂的局面,任何独断社会权益的集团是难以独存的,各个政党必须与广大人民群众紧密联系才能竞争和确保政权,必须采取民主而集中的讨论方式,经过慎重、周密、科学的思考，获得具有整体性、全局性、长远性和系统性的"顶层设计"。改革既需要顶层设计，也离不开具体的政策措施，不是一个部门、某个利益集团或执政党就能承担的。改革能否获得成功，在于是否能获得大多数人的拥护，使大多数人愿意参与。人类历史上许多著名改革的成败就证明了这一点。中国改革开放的实践历程，实际上是一个不断释放个人、企业创新活力的过程，就是全社会创造活力不断增强的历史旅程。最初是安徽小岗村的18户农民，思考着怎样才能吃饱，他们冒着被抓去坐牢的风险，按下了18个手印，搞起了生产责任制，揭开了中国农村改革的序幕，他们取得了巨大的成功后生产责任制被推向了全国。其后就是国企改革，数以百万计的下岗工人重新就业，为经济重振活力作出了牺牲。可以说，没有18户农民的分田，也就可能没有后来的国家层面联产承包责任制政策的产生。没有国有企业大规模的改革，就没有后来蓬勃向上的民营经济发展。亿万人参与的改革具有不可阻挡的强大能量，中国30多年来的改革开放取得了举世瞩目的成就。

2. 精神生产创新为开放奠定制度基础

创新为开放奠定制度基础。改革开放是一系列制度的集成，而制度的制订出台往往都是历经曲折，经过各方势力的多番博弈，才能破茧成蝶的。创新贯穿制度制订的全过程，首先，草案的提出就要经过发现问题、慎重思考，然后提出初步方案。草案提出之后，就要集合众人智慧，广泛征求相关各方的看法和意见，还要经过充分的讨论和研究，激发思想火花，发现其中不切合实际之处，以新的措施弥补疏漏，再调整与其他制度的矛盾与重复之处，使制度草案进一步完善。制度草案的审批也是一个精神运作的过程，要耗费大量脑力进行判断和抉择。纵观改革开放几十年，无不是制度创新不断地艰难跋涉的过程。1982年确认了个体经济的合法地位，而在此之前，个体经济是"资本主义尾巴"，在一定意义上就是承认了个人作为创新主体的地位。1999年明确非公有制经济是我国社会经济的重要组成部分，突破了国有经济大一统的局面，使创新主体得到更大范围的确认。2004年颁布的《国务院关于推进资本市场改革开放和稳定发展的若干意见》，将市场经济最大主体——个人的权益作为重点提了出来，明确规定"公民的合法的私有制财产不受侵犯"和"国家尊重和保护人权"等，即在物质基础和人格上保障了市场主体创新的条件和积极性。2005年通过的《关于废止中华人民共和国农业税条例的决定》，使广大的农村和农民减轻了负担，为他们的精神生产活动提供了条件。这在中国历史上前所未有，也是不可想象的，交皇粮国税曾被认为是天经地义的。此举极大地激发了广大农村地区人民群众生活和创新的激情。2007年发布的《中华人民共和国物权法》，使人们的个人权益得到进一步的保证，创新发展有了明确的物权保障，而在此之前，我们的头脑里充斥的是公有、集体和单位之类的概念，个人主体得不到确认，主观能动性受到压制。反之，这些法律制度出台的背后，都有千千万万改革者的努力，他们为推出新的制度呕心沥血，耗尽了脑力和精神。

3. 精神生产创新使改革开放立于不败之地

创新使开放立于不败之地。开放既是要学习、接纳全世界的先进技术和思想观念，迎头赶上，使自己与世界同步，也是要找准坐标系，实行"弯道超车"，发展经济，重振文化，实现中国梦。只有开放，才能使人获得解放，人们的生产才能在全球市场上参与竞争，创新才能激发。"每一个单个人的解放程度是与历史完全转变为世界历史的程度一致的，……单个人才能摆脱种种民族局限和地域局限而同整个世界的生产（也同精神的生产）发生实际联系，才能获得利用全球的这种全面的生产（人们的创造）的能力。"① 改革开放之初，面对西方先进的技术、文明的生活方式，中国人一度自卑失落，甚至出现了大量崇洋媚外的现象，觉得"月亮都是国外的圆"。经过几十年的积累，中国现在的经济规模已经达到了

---

① 《马克思恩格斯文集》第1卷，人民出版社2009年版，第541~542页。

世界第二，但重投入、轻研发的发展模式让我们付出了极大的代价，环境承载能力不堪重负，雾霾成为国人心头的痛，人们渴望清新的空气、优质的水源、安全的食品。经济增长方式到了必须要转型升级的阶段，也就是要以创新为依托，从产业链的低端跃入中高端。从"中国制造"走向"中国智造"，从人口红利迈入人才红利，要使中国成为大几十倍的"东方以色列"。中国与以色列有许多相似之处，在历史上也有不少交集：国际周边环境比较复杂；中国与以色列一样历史久远，文化源远流长；中国人与以色列人一样勤劳勇敢、聪明智慧。但中国的创新发明从整体上看不如以色列，为什么呢？是因为我们还没有形成敢于疑问、敢于挑战、敢于突破制度藩篱的大环境，没有创造出有利于创新的体制机制。但任何改革不可能一步到位，欲速则不达，我们必须结合自身国情、民情、社情世情，在"摸着石头过河"的同时，加强顶层设计，而这都需要创新。只有创新，才能立于不败之地，靠模仿引进、借鉴复制永远得不到先进技术，永远处于追赶者的地位。中国军事技术近年来获得了井喷式的发展，取得了大量世界领先水平的成果，就是无数科研工作者勇于创新、敢于超越的结果。

六、精神生产创新是解决生态问题的重要手段

1. 生态危机的危害

"自然界，就它自身不是人的身体而言，是人的无机的身体。人靠自然界生活。这就是说，自然界是人为了不致死亡而必须与之处于持续不断的交互作用过程的、人的身体。所谓人的肉体生活和精神生活同自然界相联系，不外是说自然界同自身相联系，因为人是自然界的一部分。"① 人类总是自然生态系统中的一环，而且越来越成为决定性的一环，因为人类能够改变自然生态的循环，而社

---

① 《马克思恩格斯文集》第 1 卷，人民出版社 2009 年版，第 161 页。

会生产就是改变中最重要的方式。正是这种改变和社会生产成了一把双刃剑，既给人类带来利好，也给人类造成难以挽回的厄运。生态危机是一个漫长的过程，其深远的后果比人类战争更危险，甚至是毁灭性的，对象是地球上所有的生命。如果说恐龙毁于天灾，而人类则可能毁于人祸，即人为造成的生态危机。历史可以说明，一个国家能够从战争的创伤中恢复过来，如第二次世界大战后的德国和日本；但是没有一个国家或文明可以从被破坏的自然环境中迅速崛起。历史上，古文明总是出现在生态环境较为优越的地区，而也是毁灭于环境恶化的生态灾难，如中国古楼兰。当前，没有一个国家能够在全球生态危机面前独善其身，因为生态是一个大气层内的整体系统，地球是人类唯一的家园。全球变暖、海平面上升；水土流失、人均淡水和耕地面积不断减少；森林资源遭到破坏，臭氧层变薄；生物物种加速灭绝，动植物资源急剧减少；人口增长迅速，等等，人类居住的地球已然难堪重负。

我国目前的生态环境问题尤为突出，从卫星拍摄的图像中看，我国大部分区域呈一片混黄色，几十年高投入、低产出的粗放型生产模式，造成了大量的资源破坏和浪费，造成的生态环境问题已经达到相当严峻的程度，必将成为制约经济社会可持续发展的一个瓶颈。世界银行的相关专家历经多年的跟踪研究作出的权威分析报告指出，尽管我国在经济增长上取得了领先世界各国数十年的经济增长率，但国内生产总值的3%~8%就被每年的空气污染和水污染两项所造成的经济损失抵消，这个数字还没有将其他环境破坏和生态灾害所造成的损失计算在内，而且这个比例还逐年呈扩大趋势。① 也就意味着全国人民一年的辛勤劳动所创造的财富几乎被生态环境的破坏抵消了，等于白干了。如此下去，我们怎么可能实现伟大中国梦，实现富国强民，全面进入小康社会呢？

2. 精神生产推进生态生产

面对生态环境问题的日益涌现，如何解决？前人几无可资借鉴

---

① http：//www.xzbu.com/1/view-3902022.htm，2017-07-21。

的经验。因此，人们分为两派，一派是悲观主义者，认为我们束手无策，只能等生态自然恢复，这个过程缓慢而漫长，显然与人类当前的心理需求相差甚远；另一派是乐观主义者，认为我们可以借助科学技术解决当前出现的一切问题，而且简捷迅速。其实，我们既不必悲观，也不可盲目乐观，自然有自然的运行规律，科学技术不是万能的，但精神生产创新可以应对人类本身造成的一些灾难。科学技术要遵循自然的规律，在创新中求解决、求发展，精神生产创新合目的性与合规律性决定了会使社会生产不断纠正偏差甚至错误，回到造福人类自身的轨道上来。

科学技术作为精神生产创新的产物，本身就是一把双刃剑。工业革命以来，科学技术极大地提高了劳动生产力，快速地增长了人类可利用的财富，但同时造成了酸雨、雾霾、废水、废气、废渣、噪声、咸潮、赤潮、温室效应等现象，这些并不是完全依赖自然恢复就可以消除的，一是自然恢复的过程非常漫长，渴望白云蓝天、美好生活的人们肯定等不及，二是有些环境污染（如噪声、无机农药等）大自然根本就难以修复。还是必须要人类主动地去干预，即以科技创新应对科技本身带来的恶果，深层次里也是人类要去消除自己造成的恶。对于万物来说，"实质上，每种生物都有它的'自然'（nature）、它的存在方式，它插入到生态系统多样化中的特点，它独特的斗战方式"①。但人可以为万物量度，可以主动地去改造万物、适应环境，这是精神生产的真谛。如有一种化学物质可能被另一种物质中和，产生有利于人健康的东西，噪音可以采用技术手段减小甚至消除，废水、废气、废渣可以进行废物利用，咸潮、赤潮可以利用技术手段加以改善，说到底，人类可以解决问题，而解决问题必须要创造性地提出解决的措施。先是要在理论上提出创新性的理念和观点，制定创新性的制度，然后要采取切实可行的创新性措施。

近年来，生态社会主义的研究形成一股袭展全球的热潮，就是

---

① Joel Kovel, *Enemy of Nature*: *The End of Capitalism or the End of the World*? London, New York: Zed Books, 2007, p.106.

人类为了解决生态问题而涌现的理论尝试和实践。生态危机作为人类全体必须面对的难题，必然会导致社会运动或思潮的产生。正是在生态危机的压迫下，20 世纪下半叶生态运动蓬勃兴起，并形成了生态社会主义（eco-socialism）新思潮、新学派。生态社会主义思想家采取了创新的态度，对环境问题的思索超越了生态学范围，他们综合研究了环境主义、生态主义、生态伦理、后现代主义等理论，批判地吸收了其中的生态理念营养，最终把生态危机产生的根源归结到资本主义制度本身，为改造资本主义增添了理论依据，他们试图用马克思主义来指导全世界的生态运动，反过来又以生态主义引领社会主义继续发展前进，使生态运动成为集环保、和平、女权为一体的全球性政治运动，核心思想就是生态中心平等主义，"生物圈中所有事物都拥有生存和繁荣的平等权利，都拥有在较宽广的大我的范围内使自己的个体存在得到展现和自我实现的权利。"① 正是他们的创新，使人们看到了马克思主义重新焕发巨大生机的契机，马克思主义不再仅仅停留于人际关系或阶级斗争，而是转向或深入到人类赖以生存的自然生态环境，从而拓展了生态生产理论的空间。

在国内，党和政府提出科学发展观、可持续发展、环境友好型社会、和谐社会等理论，都是为解决人类长远发展而具有创新性的宏观思想理念。再就是推出改变经济发展方式的具体举措，着力加快建设资源节约型社会，政府部门推进资源节约工作，在全社会开展资源节约活动，目的就是突破资源瓶颈的制约，实现国民经济持续快速协调健康发展。建设资源节约型社会，一方面表现在产业的转型升级，工业生产环节要走新型工业化道路；另一方面表现在公众的环保意识上，形成资源节约型的公众生活方式，贯彻到居民生活、公共建筑交通设施等领域。具体来看，建设资源节约型社会，主要是资源综合利用、发展循环经济，具体包括节能、节水、节地、节材等内容。而要建立节约型社会，不管是政府、社会，还是

---

① Devall B, Sessions G. *Deep Ecology*: *Living as Nature Mattered*. Salt Lake City: Gibbs M. Smith. Inc, 1985, p. 67.

企业、个人，都必须剔除原有的条条框框，针对每一个具体问题的解决，提出创新性的方法和措施。再就是方法与措施的创新，都必须具有可行的技术作支撑，这又回到科学技术创新的论题。总之，解决生态环境问题不是被动地等待，要积极地作为，以人类自己的创新应对人类自身造下的孽债。

七、精神生产创新是实现中国梦的不竭动力

创新继中国梦之后，成为当前我们党和政府宣讲的一个高频词汇。人类历史已经证明，科技创新是社会经济发展的引擎，只有创新才能为实现中国梦打下坚实的物质基础；思想文化创新推动传统文化的继承与发展，增强文化软实力，推进一个民族的思想高度，为实现中国梦提供精神动力。"我们生活在一个飞速变革的时代，变革呼唤创新，创新推动进步。中国政府所采取的一系列政策，都贯穿着改革创新的理念和精神。创新是我们永远高扬的旗帜。"毫无疑问，继"中国梦"之后，创新已是我们党和政府当前宣讲的一个高频词汇，成了我们这个时代的精神。新一届党的领导集体高举改革创新的旗帜，在不同时间、不同场合，可谓不遗余力地提倡创新、呼唤创新、助力创新、促成创新，指出创新不仅是科学技术创新，更是思想制度创新、体制机制创新、模式路径创新；不仅是国家发展战略、政府治理职能，更是社会创新、企业创新、人人创新。为什么要创新呢？一是创新是社会发展的引擎，是动力之源。李克强总理在参观瑞士爱因斯坦博物馆时题词："创新是人类活力的源泉"；二是我们确实欠缺创新，综观历年全球各大创新企业排行榜，中国企业能够上榜的少之又少，整体仍然处于国际产业链的中下端。习近平总书记说："幸福不会从天而降，梦想不会自动成真。实现我们的奋斗目标，开创我们的美好未来，——必须依靠辛勤劳动、诚实劳动、创造性劳动。"劳动创造了人，创造是人的特质，实现梦想需要创造性劳动，创新劳动是为了实现梦想，创新是为了实现中国梦。

1. 中国梦的提出本身就是一次思想创新

以往，我们的理论都很宏大，在某种程度上可以说是社会精英们在领悟、在倡导、在实践，但"这个前提是：人们为了能够'创造历史'，必须能够生活。但是为了生活，首先就需要吃喝住穿以及其他一些东西"①。因而普通老百姓更关心现实的生活，也就是当前流行的政治名词"民生"。当代的民生与民主不可分，民生应该是人民自主的日常生活，缺乏最广大人民的参与，与人民的日常生活搭不上多少关系，理论即便再宏大、再诱人，最终人民的热情也会逐渐冷却，理论的武器就不可能完全转化为实践的武器，不能转化为物质的力量，理论只有被亿万人民掌握才会产生出铸造历史的合力。可以说，马克思、恩格斯主要是从资本主义发展的宏观背景，批判资本主义制度而揭示全人类历史发展的；列宁、斯大林是出于解放被压迫民族国家，创立新的国家制度而领导革命的；毛泽东则主要是为了国家民族解放、救亡图存而引领第三世界的；改革开放的总设计师邓小平是站在国家民族发展的立场上，探索什么是社会主义而出发的；"三个代表"着重围绕建设怎样的党，高举特色社会主义旗帜而展开的；科学发展观则为实现什么样的发展谋划一条国家长期持续发展的方针路线。这些理论着眼高远、叙事宏大、逻辑严谨，是一种主体式的指点江山，某种程度上是自上而下的理论灌输，还欠缺受体从下至上的理论自发。现实使我们不得不思考：在当今的中国，如何使我们的主导思想落实成为社会生活的主流思维？理论宣传如何避免空、虚、浮、假？做到实、在、朴、真，与大众心理贴近。如何才能跟得上社会发展的形势和世界发展的趋势？既坚持中国特色又符合世界潮流。综观国际国内形势，是到了把理论灌输转变为梦想自觉的时候了。

中国梦把宏大的国家梦、民族梦与每个个人联系了起来，将"阳春白雪"与"下里巴人"紧密连接，把社会精英的梦与平民百姓的梦糅合起来，使高高在上的理论最大地接上了亿万民众的

---

① 《马克思恩格斯选集》第1卷，人民出版社2012年版，第158页。

"地气",既宏观也入微,既抽象还具体,内涵的能量也许只有历史实践能够说明与证明。"中国梦"把实践的权利给了做梦人,给每个人插上了自由梦想的翅膀,让每个人能够自由地梦想、激情地创造、理性地行动、合法地收益,发挥出个人最大的主动性和创造性,以创新立国,以改革创新求发展。每个人都有梦,每个人都做梦,所以梦能吸引每个人、激发每个人,与每个人的生活息息相关。但"梦"又是如此虚无缥缈的,好像与"高、大、上"的政治理论难以搭上边,要把"梦"作为一个国家和政党的指导思想,一改主义、思想、理论的叙事范式,这不仅需要深邃的历史洞见、高超的政治智慧和卓越的现实胆略,更需要巨大的理论创新勇气。新一届的领导人敏锐地抓住了世情、国情、党情、民情的变化,开创性地将通俗的"中国梦"作为理论提了出来,不可不谓是一种创举,其本身就是"因势而谋,应势而动,顺势而为"。

梦的色彩斑斓、多姿多彩,单一的色彩难以成为梦,正是不同的色彩成就了人们各种各样的梦。同样,创新需要不同的思想互相激荡碰撞,才能产生出各色的、新的精神之花。在知识经济时代,许多新技术、新创意往往出自那些富有激情、敢于梦想的人。梦想有时是荒诞的,甚至是难以实现的,但我们不能因此而指责富有梦想的人,创新需要梦想,创新也需要宽容失败。因而李克强总理指出:"创新驱动根本要靠人才。要进一步破除阻碍人才成长和施展才华的各种障碍,弘扬探索未知、追求真理的科学精神,营造宽容失败、鼓励创新的良好氛围,充分激发人才特别是青年人才的创新活力。"[①] 中国梦的提出,就是要激发人民活力,就是要最大限度地释放人才红利。只有每个人都能梦想、敢于梦想,为经济社会注入活力,整个社会才能欣欣向荣。"只要大力破除对个体和企业创新的种种束缚,形成'人人创新'、'万众创新'的新局面,中国发展就能再上新水平。""中国梦"事关国家、民族、个人,给了每个中国人一个与伟大事业融为一体的目标。从而也使"每个人

[①] 李克强:《创新驱动根本要靠人才》,http://www.news.xinhua.com/Politics/2014-06110/c_1111077430.htm,2017-07-21。

的自由发展是一切人的自由发展的条件"① 这一命题的真实内涵得到了最好的诠释。只有人人有梦想，人人具有活力，社会才能不断地发展进步。创新性地提出中国梦，正是把脉了民情、社情、世情，既承接了优秀传统文化，又坚持了马克思主义基本原理，紧密结合具体实际，一改宏大叙事范式和自上至下的途径，可谓继续向"时代化、中国化、大众化"之路不断推进创新。

2. 科技创新为国家富强、人民幸福打下坚实的基础

历史已经告诉我们，科学技术的进步促进了经济的发展，尤其是资本主义诞生以后，每一次经济的飞跃无不是科学技术的创新促成的。"自然力的征服，机器的采用，化学在工业和农业中的应用，轮船的行驶，铁路的通行，电报的使用，整个大陆的开垦，河川的通航，仿佛用法术从地底下呼唤出来的大量人口——过去哪一个世纪料想到在社会劳动里蕴藏有这样的生产力呢？"② 当前，以原子能、电子计算机、空间技术和生物工程的发明和应用为标志的第三次工业革命方兴未艾，更是以前所未有的广度、深度和速度推动着人类社会的发展进步。所以，习近平总书记不无感慨地说："一项工程科技创新，可以催生一个产业，可以影响乃至改变世界。"③

中国改革开放30多年来，从积贫积弱的状态一跃成了"世界工厂"，积累了巨大的物质财富，国民生产总值排在了世界第二。但在国际产业价值链中我们还处于中低端，走的是投资拉动出口的产业经济模式，高投资、高污染、低产出，资源利用率低，生态环境压力尤为严重；内需拉动不足，贫富差距畸大，民众并没有分享到足够的发展红利，社会公平正义问题日益凸显。"中国经济走到

---

① 《马克思恩格斯选集》第1卷，人民出版社2012年版，第422页。
② 《马克思恩格斯列宁历史理论经典著作导读》，人民出版社2012年版，第31页。
③ 习近平：《让工程科技造福人类、创造未来——在2014年国际工程科技大会上的主旨演讲》，http://www.news.xinhuanet.com/politics/2014-06/03/c_1110968875.htm，2017-07-21。

今天，不能再仅仅依靠速度，更要提升质量和效益。"[1] 必须秉持科学发展观，走可持续发展的道路，那么，怎么样才能走科学发展道路呢？"改革有风险，不改革只有死路一条。"[2] 要突出重围，那就是只有"创新、创新、再创新"，依靠科技创新、体制机制创新，加快经济转型升级，从国际产业链的中低端跃向中高端，只有这样，才能节约资源、降低能耗，抢占产业高地，掌握发展主动权。

当今世界一体化的趋势不可逆转，全球市场正加速深化，国家之间的经济是你中有我、我中有你的，贸易竞争与协作日趋激烈，可以说"没有硝烟"的贸易战争正取代传统的战争，成为时代发展的大势，而贸易竞争的背后实质上是产业价值链的竞争，谁占据了价值链的高端，谁就可能取得相对的竞争优势。"我们动脑，他们流汗；我们出思想，他们卖体力"。苹果手机产业价值链分布于中国、韩国、德国、美国本土等地，中国处于链条的最低端，在整个价值之中所占比重不足2%。在苹果公司高利润的背后，一方面是其代工企业的工作条件过于严酷、压力巨大，直接损害了员工权益和心理健康；另一方面是缺乏监督，导致代工厂家的废水、废物排放对环境造成难以弥补的伤害。而对于这些"代价"，苹果的代工企业都以"利润太薄"来搪塞。

不能仍然把"设计和利润留在欧美日，GDP和能源消耗留在中国"。与苹果相比，"中国制造"真的需要向"中国设计""中国智造"转型，提升中国制造的智力成本。必须认识到，头脑的竞争正在取代肢体和肌肉的竞争。到了今天，必须认识到国家赢得未来的方法已不能停留在仿造追赶和出卖苦力，而是要靠创新超越及转让技术。只有涌现出像华为、联想、小米这样以创新为原动力的千百万中国企业，才能使我们的经济转型升级，才能继续保持中

---

[1] http：//politics.people.com.cn/n/2014/0718/c1001_25301243.html，2017-07-21。

[2] 《改革有风险，但不改革党就会有危险》，《人民日报》2012年2月23日。

高速发展并向中高端水平迈进。李克强总理说："在这个关键阶段，更要依靠13亿人的创造潜能和无穷智慧，通过深化改革挖掘人才资源富矿，使改革红利与人才红利叠加，推动中国经济在发展中提质增效升级，跃上新台阶。"① 这个过程就在于创新，只有人人投身建设创新型国家的伟大事业，创新创造才能成为中国发展故事新乐章的强音。科技创新决定企业出路，也决定国家未来。只有国家富强起来，人民才能安家乐业，只有人民幸福生活，国家才能永葆昌盛，中国梦的实现才有坚实的基础。

3. 文化创新凝聚民族精神，助推民族振兴

科技是国家强盛之基，文化创新是民族进步之魂。文以载道，文以化人。文化是民族传承的血脉，是人民赖以寄托的精神家园。综观人类社会发展的历史，文化的作用是双面的，既表现在对社会发展的导向上，也表现在对社会进步的阻碍上；既起到对社会的规范、调控，也会使社会运转陷于固化；但不管怎样，文化对社会的凝聚作用是物质财富不能替代的。经过30多年的改革开放，我国的经济社会发展都取得了巨大进步，尤其是物质生产极大地丰富了。但与此同时，我国社会尤其是精神文化层面透露出一些严重的问题：物欲膨胀，享乐主义盛行；集体主义在人身依附中蹒跚而行，自主人格与个人主义纠缠不清；传统的官本位思想、人治观念根深蒂固，一大批优秀的创新型人才局限其中而难以自拔；现代性商业文化远远落后西方，欺诈丛生、诚信缺失；文化虚无主义流行，传统信仰沉沦，新的信仰远未树立；古今、中西、城乡文化之间的冲突仍然尖锐；伦理道德、价值观念等都还处于调整转型之中；社会群体性事件时有涌现，遇事求人不求法，法律意识还极待加强；受国外极端势力渗透，暴恐事件时有发生；而且在全球化浪潮中，国家认同感、民族凝聚力、党的感召力都受到了前所未有的挑战。这些难题源于文化，也必须寻求文化途径予以解决。现代世

---

① http://sn.people.com.cn/n/2014/0823/c190216_22081707.html，2017-07-21。

界发展表明，经济社会出现问题，最根本的还是文化出现了问题，文化没有发挥应有功能，也就是文化创新没有跟上现实实践的步伐。近代以来，由于被西方赶超，传统文化一度被割裂甚至抛弃，而现实文化在现实问题面前又有些勉为其难，怎么办？答案是唯有文化创新。但严峻的现实是，我国的文化创新满足不了时代发展的需要，文化软实力远不能与我国的国际地位相称，文化贸易逆差十分巨大。有国人就曾感叹：我们有功夫，有熊猫，却没有《功夫熊猫》（美国动画电影）。人们不禁要问，为什么我们曾经辉煌的文化会沦落至此？

在五千多年的文明发展历程中，中华民族创造出源远流长、博大精深的华夏文化，说明了这种文化不仅"悟觉早"而且"可持续"。但自从清王朝被西方列强用枪炮撬开国门之后，我们一直夸大了文化对社会的阻碍作用，认为它是我们落后挨打的罪魁祸首，而没有看到同样的文化使我们在人类文明史中一直领先了2000余年。近100多年来，我们一再为向何处去而争吵，长期陷入"主义"与"理论"之争的泥沼。历经千年流传下来的儒教文化、民间信仰和优良传统，都被当成封建糟粕和落后的象征扔得差不多了。传统文化固然有其糟粕，却也是中华民族立于这个世界的根基，文化根基不稳，犹如在黑夜中奔跑，创新也就失去了活水源头。习近平总书记在纪念孔子诞辰2565周年大会上讲："不忘历史才能开辟未来，善于继承才能善于创新。优秀传统文化是一个国家、一个民族传承和发展的根本，如果丢掉了，就割断了精神命脉。我们要善于把弘扬优秀传统文化和发展现实文化有机统一起来，紧密结合起来，在继承中发展，在发展中继承。"我们不能抛弃我们的文化基因，否则我们就不再是我们自己。中国近200多年的近代历史也证明，全盘西化肯定是行不通的。马克思主义揭示了人类社会的一般规律和发展趋势，提出了关于未来社会的美好理想，但马克思主义的创立者们生活的年代跟我们现时代有着巨大的差别，他们不可能完全预知我们现时代发生的一切。所以，马克思主义基本原理必须同中国优秀的传统文化相结合，结合社会实践不断进行创新，才能适应中国的发展需要。

文化创新不是空穴来风，而是基于优秀传统文化和马克思主义基本原理，针对所有存在的现实问题，紧跟时代发展脉搏而进行的创新。创新出有说服力的、贴近民众的方式，将社会主义核心价值观潜移默化地植入民众的心田，发挥出先进文化凝聚民心民意、润滑社会肌体、整合阶层势力、融合社会矛盾的巨大作用。文化的不可消耗性具有倍增效应，为经济的可持续发展提供了前提。面对全球自然环境恶化，生态社会主义是西方学者最先提出来的，是当前学术界的显学，但其最基本的思想却可以在中国传统的"天人合一""厚德载物"等文化基因中寻找到根源，我们完全可以以此创新性地提出中国特色的生态社会主义理论，为全球的可持续发展作出应有的贡献。民族复兴的未来，最终取决于这个民族思想的高度，而这一切将以传统文化思想的挖掘、传承与发展为基石，中华民族伟大复兴离不开文化创新的支撑，没有文化产业创新的参与，经济指标翻番是不可能实现的，经济的强盛是暂时的，而文化强国则可以长盛不衰。只有精神文化和经济、政治、社会、生态环境等各方面协同创新，整个社会才能激发出活力、创造力，才能扭转不利的发展趋势，实现健康、有序、和谐和可持续的发展，才能真正实现繁荣强盛。

第七章　精神生产创新对建立创新型国家的指导意义

从世界各国历史来看，漫漫几千年里，中国的发展一直处于世界的最前列，在最近约三个世纪内中国之所以落后，首先是缺失了现代意义上的思想启蒙，其次是错失了源于西方的科技革命和工业革命，说白了就是没有在思想和手段上予以创新。在改革开放40年之后，中国已经跃居成为紧追美国的全球第二大经济体。但事实告诉我们，我们创造的奇迹过多地依靠了亿万廉价劳动力的"人口红利"和以高能耗为代价的低成本制造，甚至国际上一些不怀好意的人将"假冒伪劣"等同于"made in China"。即便一些领域通过"集成创新和引进消化吸收再创新"，取得了显著的突破，但一些关键经济门类仍受制于高新科技瓶颈。深刻的历史与现实教训让我们懂得，创新决定国家命运、民族未来，在从低收入国家向中等收入国家，即实现全面建成小康社会目标迈进的关键阶段，需要牢牢把握住创新这个关系国家前途命运的"命门"。美国的罗伯特·库恩指出，中国已经到了解决好"制造"和"创新"二者关系的关键时刻。

一、创新型国家战略的提出与发展

1. 创新型国家战略的提出

从鸦片战争以来，中国睁眼看世界的第一批人林则徐、魏源、龚自珍、容闳、黄遵宪、宋育仁等，他们惊醒地看到海外国家蓬勃发展、科技突飞猛进、国力日益强盛，而清朝政府腐败无能、思想僵化、内外交困。魏源提出"师夷长技以制夷"的意图就是以洋为师，实现超越以"制洋"。由于历史欠账太多，洋务运动并没能保住清朝的腐败统治，中华民族还是陷入了被人宰割的境地。一代又一代的仁人志士抛头颅洒热血，追求国家的富强、民族的振兴，期间经历了不少曲折、走过了不少弯路。后来邓小平同志拨乱反正，将国家从"以阶级斗争为纲"引入了"以经济建设为中心"，让中国这么一个大国"摸着石头过河"，是需要非凡的理论勇气和历史胆识的。改革开放激发了人民的创新活力，经济建设的初步成功，使人们更加坚信科学技术和改革创新的力量。1988年9月，邓小平同志根据当代科学技术发展的趋势和现状，在国内首先提出了"科学技术是第一生产力"的论断。邓小平同志的这一论断，继承和发展了马克思主义的生产力理论和科学观，为"建立创新型国家"战略的提出奠定了理论和历史实践基础。

　　20世纪90年代，面对全球新科技革命和知识经济的兴盛以及国内窘迫态势，当时的中国共产党领导集体，继承并发扬了"科学技术是第一生产力"的思想，提出了创新、科教兴国和可持续发展等一系列相关的国家发展战略。1992年10月，"创新"问题在中国共产党第十四次代表大会的报告中被提出。尔后，江泽民在中国科学院第十次院士大会和中国工程院第五次院士大会的讲话中指出：创新是一个民族的灵魂，是一个国家兴旺发达的不竭动力。科学的本质就是创新，要不断有所发现，有所发明。并且进一步判断有没有创新能力，能不能进行创新，是当今世界范围内经济和科技竞争的决定性因素。历史上的科学发现和技术突破，无一不是创新的结果。就此，以党的领导人身份将创新作为科学技术的本质，也将创新认定为决定国家前途命运的根本。在这之后，怎样才能从国家层面实现创新，成为理论探索、政策形成的必然逻辑。1995年5月，江泽民又在当年的全国科学技术大会上，首次把实施"科教兴国"作为战略提了出来。紧接着，在中国共产党第十五代表大会上，为了应对新世纪的挑战，江泽民提出把"科教兴国"和"可持续发展"作为跨世纪的国家发展战略。他指出：我们要充分估量到,在未来对综合国力、社会经济结构和人民生活方面,科学技术特别是高技术发展将起到巨大影响,要把加速科技进步放在经济社会发展的关键地位,使经济建设真正转到依靠科技创新和提高劳动者素质的轨道上来。大力发展高新技术产业、加速科技成果向现实生产力的转化,目的是发展经济、提升人民生活水平、增强综合国力,而最终的依靠是作为创新主体的劳动者和劳动者创造的科学技术。1999 年 8 月,江泽民在中共中央、国务院召开的全国技术创新大会上进一步指出:科技创新是当今社会生产力解放和发展和重要基础与标志,决定着一个国家、一个民族的发展进程。如果不能创新,一个民族就难以兴盛,难以屹立于世界民族之林。因此,必须把以科技创新为先导促进生产力发展的质的飞跃,摆在经济建设的首要地位。在这次大会上,确立了"加强技术创新、发展高科技、实现产业化"的战略目标。2001 年 7 月 1 日,在庆祝中国共产党成立八十周年纪念大会上的讲话中,江泽民再一次指出科学技术是第一生产力,而且是先进生产力的集中体现和主要标志。

继江泽民之后,胡锦涛一如既往地将创新作为国家发展的重要战略方针。2006 年 1 月,在当年的全国科技大会上,胡锦涛宣布了中国未来 15 年科技发展即 2020 年建成创新型国家的目标。明确提出把推动自主创新摆在全部科技工作的突出位置,把提高自主创新能力作为调整经济结构、转变增长方式的中心环节,使科技发展成为经济社会发展的有力支撑。这既是邓小平"科技是第一生产力"理论、江泽民有关创新和科教兴国思想的传承和延伸,又是我党创新理论的时代化和具体化发展。在这次大会上,为了实现进入创新型国家行列的奋斗目标,胡锦涛还明确地做了"自主创新、提高国家竞争力、建设创新体系、培养创新人才、培育创新精神"五个方面的部署和具体目标。提出要用 15 年的时间,通过不懈努力,进入创新型国家行列,为在本世纪中叶成为世界科技强国奠定基础。

至此,在我国,建立创新型国家的战略正式提了出来。这不仅是中国共产党几代领导人集体智慧和理论探索的结晶,更是中国特色社会主义伟大历史实践的必然逻辑。不管是清朝后期的"洋务运动",还是中华人民共和国成立后的全面向苏联学习,尤其是改革开放40年来的建设实践证明,向他国学习永远只能跟在别人后面仰人鼻息,既学不到最先进的技术,也买不到关键的核心技术。"洋务运动"最终失败了,中日甲午战争说明,买来的洋枪、洋炮和大船不能抗击日本帝国;20世纪60年代,苏联撕毁合同、撤走专家,留下的烂摊子我们必须自己承担。中华人民共和国成立后,我们立足于自主创新,即使节衣缩食也要完成"两弹一星",就是要依靠自己的力量实现科学技术创新。改革开放40年来,我国国防科技工业基本实现了由单一军品型向军民结合型、由主要为国防现代化建设服务向为建设现代化强国服务的转变,形成了军民融合式国防科技工业体系,在艰难中逐步形成了较为完善的自主创新体制机制,军工科技不断缩短了与西方发达国家的距离,有些领域甚至已经赶超,为全面建立创新型国家打下了一定的基础。

2. 创新型国家战略的发展

进入21世纪,云计算、大数据、高端服务器、水处理、纳米材料、生物芯片、农作物精准生物育种、量子通信等新技术层出不穷。同时,各国政府的改革措施使不少发达国家很快就从经济危机的泥沼中走了出来,即便是在马克思、恩格斯眼中垂死的资本主义也还在焕发勃勃生机,仍然有较大的发展空间。西方一些政治家甚至提出了"第三条道路"的发展模式。这说明技术创新与制度创新对人类社会发展的意义举足轻重。2001年诺贝尔经济学奖获得者美国人斯蒂格利茨曾预言:影响当今世界的两件大事,一是中国的城镇化,二是美国的高科技。中国正处于从传统农业社会向工业社会快速转型的阶段,在短短几十年间将有几亿人从农村涌入城镇,虽然社会交往会更紧密、更便捷,但也会给城镇资源环境带来前所未有的压力,如果不对旧式的城镇化加以创新,城镇式的聚居方式将不是人们所希望的生产生活。所以,美国人斯蒂格利茨低看了中国城镇发展创新机遇与中国人的创新能力，只把高科技作为美国发展的标签和美国人的专利，中国的城镇化只是钢筋水泥等物的堆砌，而不是精神的创新。中国新一届的党和国家领导人在创新型国家战略基础上，不断提出深化创新战略的举措和观点，习近平早在担任浙江省委书记时就提出过"科学技术是第一生产力，自主创新是第一竞争力"①的观点，任上海市委书记时又指出："要把党的创新理论变成广大干部群众的思想武器，成为推动工作的思想源泉。"②李克强也指出创新仅仅是技术创新，还应包括社会管理创新、发展模式创新和体制机制创新，中国40年来的改革开放本身就是规模宏大的创新行动，今后国民经济转型升级、社会制度变革都将依赖创新的力度与程度，而创新发展的巨大潜能仍然蕴藏在制度变革之中。创新不仅是科学技术创新，更是思想制度创新、体制机制创新、模式路径创新；不仅是国家发展战略、政府治理职能，更是社会创新、企业创新、人人创新。具体可以归纳为三个层面：一是进一步从理论层面系统论述创新；二是从政策法律等方法层面激励创新、落实创新；三是从创新人才角度着力推进创新、呼唤创新。

从理论层面来看，第一，对创新本质的论述。习近平认为，创新驱动实质上是人才驱动。论证了创新来源于人才。"创新是人类活力的源泉"③，这是李克强在瑞士参观爱因斯坦博物馆时的留言。一是表明创新是一种力量源泉，二是限定了创新是人类独有的活动。李克强曾说："创新是人类社会的永恒话题，也是经济社会发展的不熄引擎"，④指明创新是人类经济社会发展的内在动力。第

---

① http：//cpc.people.com.cn/GB/64093/64102/64396/4705291.html，2017-07-21。

② http：//leaders.people.com.cn/GB/70110/70111/5677407.html，2017-07-26。

③ http：//epaper.gmw.cn/gmrb/html/2013-05/26/nw.D110000gmrb_20130526_3-03.htm?div-1，2017-07-21。

④ http：//chinanews.com/gn/2014/09-10/6578895.shtml，2017-07-26。

二，对创新主体的拓展与确认。从传统地把企业作为创新的主体，拓展到社会人人都是创新主体，"人民是创新的主体"① 倡导"人人创新""万众创新""大众创业""草根创业"。第三，对创新意义的阐释。习近平指出："唯改革者进，唯创新者强"②，创新驱动社会发展，工程科技与人类生存息息相关。改革创新社会体制，促进社会公平正义，增进人民福祉。并且工程科技创新为人类文明进步提供了不竭动力。创新应对发展难题，发展科学技术是人类应对全球挑战、实现可持续发展的战略选择。社会治理创新才能改善民生。李克强则强调：创新是国家经济结构调整优化的原动力，创新支撑和引领经济结构优化升级，用改革创新提升企业创造力和竞争力，推动我国产业向全球价值链高端跃升。③ 走创新之路是我们国家、也是每个企业发展的必由之路。第四，创新特征的论述。习近平提出理论创新具有六个特征的论述：问题意识、战略思维、辩证分析、人民立场、求真务实和大众话语。第五，对创新范畴的拓展。从单纯的科技创新，不断拓展到思想理论创新、体制机制创新、管理模式创新、方式方法创新，具体到党的建设创新、人民政协理论创新、社会治理创新、反腐倡廉理论创新、外交理论和实践创新、国防军事创新、教育和宣传创新以及经济领域各方面的创新，等等。第六，创新与改革的关系。明确改革就是创新，改革与创新密不可分。改革就是调动千千万万人的创造性。第七，创新与体制机制的关系。体制机制是创新的题中应有之义，旧的体制机制束缚创新，改革就是破除束缚。

从方法层面来看，第一，在继承中创新。习近平指出："不忘

---

① http：//money.163.com/15/0110/12/AFJLNMOL00253B0H.html，2017-07-17。

② http：//china.huanqiu.com/article/2014-11/5196146.html，2017-07-17。

③ http：//www.gov./guowuyuan/2014-03/14/content_2638989.htm，2017-07-21。

历史才能开辟未来,善于继承才能善于创新"①。优秀传统文化是一个国家、一个民族传承和发展的根本,如果丢掉了,就割断了精神命脉。第二,处理好政府与市场的关系,以改革释放创新活力。李克强认为,简政放权是先手棋,简政放权的目的是为了激活创新,而实施创新驱动发展战略是一个系统工程,涉及政府工作和社会生活的方方面面。首先必须破除一切制约科技创新的思想障碍和制度藩篱,深化科技体制改革,推动科技和经济社会发展深度融合,释放科技创新活力,只有科技强,才能做到产业强和经济强,最终实现国家强的目的。不仅如此,也要改革各方面的社会制度,加快建立健全国家创新体系,让一切创新源泉充分涌流。第三,自主创新是必由之路。习近平指出自力更生是中华民族自立于世界民族之林的奋斗基点,自主创新是我们攀登世界科技高峰的必由之路。历史经验告诉我们,吸收引进一是靠不住,二是难以获得最先进的技术,不能实现赶超。只有准确把握重点领域科技发展的战略机遇,确立战略必争领域和优先方向,依靠自身力量和人才,才能深入推进协同创新和开放创新。第四,加快制定创新驱动发展战略的顶层设计。顶层设计事关全局,必须改革国家科技创新战略规划和资源配置体制机制,深化"产学研"合作,加强科技创新统筹协调,加快建立健全各主体、各方面、各环节有机互动、协同高效的国家创新体系。要占领国际产业链高端,聚焦国家战略目标,集中资源、形成合力,突破关系国计民生和经济命脉的重大关键科技问题。第五,实施开放式创新,借鉴国际经验。习近平指出:"我们应该维护各国各民族文明多样性,加强相互交流、相互学习、相互借鉴,而不应该相互隔膜、相互排斥、相互取代,这样世界文明之园才能万紫千红、生机盎然。"② 要实现开放式创新,墨守成规

---

① http://www.xinhuanet.com/politics/2014-09/24/c_1112612018_2.htm,2017-07-21。

② 习近平:《在纪念孔子诞辰2565周年国际学术研讨会暨国际儒学联合会第五届会员大会开幕会上的讲话》(2014年9月24日),http://news.xinhuanet.com/politics/2014-09/24/c_1112612018_2.htm,2017-07-21。

是不行的，单打独斗也是不行的，需要开放、合作与分享。要以全球视野谋划和推动创新，改善人才发展环境，努力实现优势领域、关键技术的重大突破，尽快形成一批带动产业发展的核心技术。第六，确认重点突破科技领域，下好科技创新先手棋，就能占领先机赢得优势。习近平指出："科技发展的方向就是创新、创新、再创新"①，应以科技创新带动社会创新和制度创新，占领科技制高点，赢得发展机会，推动国家整体进步。第七，以点带面，先试点创新措施，然后推广经验。推进上海自贸区建设，加强和创新特大城市社会治理。第八，以知识产权制度保护创新。习近平表示：保护投资者合法权益，加强知识产权保护，为各国企业提供良好服务。②加强知识产权的创造、运用和保护，大力营造保护知识产权的法制、市场和文化氛围。李克强认为，应保护知识产权，让创新者有激情并得到应有回报。保护知识产权就是保护创新火种。第九，加快构建以市场为导向、企业为主体、"产学研"相结合的技术创新体系。既要原始创新、集成创新，也要引进消化吸收再创新，力求掌握更多重要关键技术、力求获得更多自主知识产权。第十，加大政府创新投入力度。增加对教育和科技开发的财政预算，引导企业和社会增加研发投入，鼓励企业设立研发机构。完善推动企业技术创新的税收政策，加大资本市场对科技型企业的支持力度。

从人才层面来看，第一，人才是创新的基础和关键。建设创新型国家，实施创新驱动发展战略的关键是要靠创新型人才，要大力培养和优待科技创新、创业人才。树立"科技是第一生产力、人才是第一资源"的理念，实施人才强国战略，建设一支能够站在世界科技前沿、勇于开拓创新的高素质人才队伍。第二，青年创新

---

① 习近平：《破除制约科技创新的思想障碍和制度藩篱》（在中国科学院第十七次院士大会、中国工程院第十二次院士大会开幕会上发表重要讲话），http://cpc.people.com.cn/n/2014/0610/c64094-25125594.html，2017-07-21。

② 习近平：《加强知识产权保护为各国企业提供良好服务》（2013成都《财富》全球论坛开幕贺信），http://www.gov.cn/ldhd/2013-06/07/content_2421522.htm，2017-08-11。

创业人才是人才建设中的关键。建设有利于人才成长的教育培养体系，形成完整的人才培养成长链，建立人才培养的社会整体协调机制，造就大批占领科技发展一线的青年人才；要加大力度吸引全世界的青年科技创新创业人才，进一步创新政策、完善体制，坚持用宏伟事业感召人才，用良好环境凝聚人才，用优质服务吸引人才，用合理待遇激励人才，充分调动青年科技人才创新创业的积极性；要大气魄地使用青年科技创新创业人才，破除论资排辈、求全责备等观念，放开视野选人才，不拘一格用人才，为青年科技人才大胆创新创业提供更多机会，使他们人尽其才、才尽其用。第三，为人才造就良好环境。要深化科技体制改革，突出企业的技术创新主体地位，变"要我创新"为"我要创新"，促进创新链、产业链、市场需求的有机衔接。要加强科技人才队伍建设，为人才发挥作用、施展才华提供更加广阔的天地。第四，创新性人才是实现伟大中国梦的根本支撑。习近平特别重视人才，包括国内人才和国外人才，实现伟大中国梦不仅需要全体中华儿女努力为之奋斗，也需要广泛引进国外人才，尤其是高层次创新型人才。第五，破除束缚人才的体制机制，注重教育公平。习近平指示要加快发展职业教育，让每个人都有出彩的机会。李克强也指出：要创新体制机制，加大对青年优秀人才的扶持，不搞论资排辈，摒弃门户之见。① 要打破束缚人才的制度羁绊，不让他们被不必要的审批、评比所累，充分调动人才的创新性、创造性。要让创新血液在全社会自由流动，让创造活动拥有更广阔空间。以深化改革释放人才红利，激发全社会创新创造创业活力教育是民生改善的来源，传承文明的载体。推动科技创新为经济社会发展提供战略支撑打造中国经济升级版，要靠掌握知识和技能的人才大军。第六，完善人才发展机制。要用好用活人才，建立更为灵活的人才管理机制，打通人才流动、使用、发挥作用中的体制机制障碍，最大限度地支持和帮助科技人员创新创业。要深化教育改革，推进素质教育，创新教育方法，提高人才培养质

---

① http：//www.news.xinhuanet.com/politics/2014-08/22/c_1112196034.htm，2017-07-21。

量，努力形成有利于创新人才成长的育人环境。

创新型国家不能仅仅局限在以技术创新为经济社会发展核心驱动力方面，而应该将创新扩展到国计民生的所有方面。只有在科学技术、文化、政治体质、社会制度等各方面，也就是精神生产所能涉及的各领域都能创新的国家才能称为创新国家。在创新型国家中，整个社会对创新活动的投入较高，科技创新对国民经济贡献大，国家发展对外国科技的依存度低，科学技术创新的产出高，在重要产业的国际技术竞争中占领了相对的优势，同时投入产出的绩效较高，科技创新推进了产业发展，使国家的财富增长较为明显。我国作为发展中大国，人口多、底子薄、历史文化负债重，意识形态从秦始皇以来就重视稳定与大一统，思想市场正如科斯所认为的远未形成，创新明显不足，在代表全球创新最高领奖台的诺贝尔奖方面，中国的获奖人数还不多。要立于世界民族之林，我们必须知耻而后勇，奋起直追。将建立创新国家作为国家战略提出来只是停留在政策层面，重要的是落实，要形成健全的体制机制，制定良善的政策法律，采取切实可行的具体举措。在全面建设小康社会步入关键阶段、改革进入"深水区"之际，我们将"自主创新、重点跨越、支撑发展、引领未来"作为建设创新型国家的指导方针，把科技创新作为经济社会发展的首要推动力量，把加强自主创新能力作为调整经济结构、转变增长方式、提高国家综合竞争力的中心环节，把建设创新型国家作为应对挑战、面向未来的关键战略。

二、必须"以人为本"，为创新确立主体意识

1. 人是精神生产创新的唯一主体

精神生产是人的生产，离开了人就根本谈不上生产。动物也进行有限的物质生产，那是对大自然的完全依赖，它们没有进化到拥有发达的头脑和高级的精神，只有人类的头脑才可以在意识的基础

上对主客观世界做出能动的反应和改造。创新是精神生产的本质，精神性资料的复制看似是精神生产的必要充分的组成条件，但只是与物质生产资料一样为精神生产提供条件，人类的生产是一个大的循环，有了人的自身生产，才有了物质生产和精神生产，物质生产为精神生产提供物质基础，精神生产为物质生产开辟道路和指引方向。如果离开人，那只是自然生产，自然也许还处于几千万前的状态。人不是宇宙的中心，也不是"万物的尺度"和大自然的中心，只是自然界的参与者之一，"一个存在物如果在自身之外没有自己的自然界，就不是自然存在物，就不能参加自然界的生活。"① 但人却是社会的中心和社会生产的中心，马克思就说过"社会也是人生产的"②，精神生产创新的主体是人，是"以一定的方式进行生产活动的一定的个人……社会结构和国家总是从一定的个人的生活过程中产生的。但是，这里所说的个人不是他们自己或别人想象中的那种个人，而是现实中的个人，也就是说，这些个人是从事活动的，进行物质生产的，因而是在一定的物质的、不受他们任意支配的界限、前提和条件下活动着的。"③ 人是生产实践的主体，从事物质生产和精神生产，马克思所指的人，是有意识的类存在物，"有意识的生命活动把人同动物的生命活动直接区别开来。正是由于这一点，人才是类存在物。或者说，正因为人是类存在物，他才是有意识的存在物"④。这种意识又是自由自觉的意识，"一个种的全部特性、种的类特性就在于生命活动的性质，而人的类特性恰恰就在于自由自觉的活动。"

只有人才是创新的主体，熊彼得经济学创新理论认为是经济要素才促动创新，熊彼得只看到了表象而没有抓住本质，经济要素的重新组合固然重要，但没有人去发现、去把握、去实施，经济要素重组就不会自然发生。"创"是人精神作用的创造，不是世界万物

---

① 《马克思恩格斯全集》第42卷，人民出版社1979年版，第168页。
② 《马克思恩格斯全集》第3卷，人民出版社2002年版，第304页。
③ 《马克思恩格斯选集》第1卷，人民出版社2012年版，第151页。
④ 《马克思恩格斯选集》第1卷，人民出版社1995年版，第46页。

之间矛盾的斗争和演化，所以创新的"新"也只是在人的精神力量下产生的"新"，不是自然更迭的"新"和事物自发产生的"新"。精神生产创新的主体只能是人，"以人为本"理论重要的一点就是解决了"依靠谁发展"的问题，从理论上给出了回答，而精神生产创新作为一种社会生产形式，也以实际生产的方式回应了同一个问题，这就是发展的力量是"人"，创新的主体是"人"。要推动创新必须以人为本，使人人都成为创新的主体，最大限度地激发每一个人的创新潜能，使14亿人形成14亿股"头脑风暴"，那么比起以色列800万人的创新规模形成的力量，完全不可等量齐观。

要刮起亿万创新"头脑风暴"，就需要培养亿万创新型人才。"创新型国家"一个重要的内涵就是国民的"创新素质"如何。如果国民缺乏创新意识、创新人格、创新思维和创新技能等基本素质，就不可能达到整体的创新实效，获得创新性的科技成果以及创新型的社会体制机制等。"以人为本"不仅从战略决策上将尊重人的创新主体地位、维护创新者的权益提了出来，更重要的是要激发人的创新人格、创新意识。缺乏主动意识，就只能被动接受新生事物，而世界的发展是日新月异的，不主动迎接新生事物就会被动落后；创新人格不足，体现在不敢突破陈规、不敢冒险、不愿超越；欠缺创新环境，整个社会因循守旧，阶层结构固化；创新技能不足，缺少学习创新的大环境，无法满足创造的需要；创新运用实效不佳，知识产权保护不力，企业及个人拥有的发明专利与发达国家相差太大、创造力产业的实力不显等。这样的国民"创新素质"是无法达到"创新型国家"的基本要求的。因此，要想完成"创新型国家"的建设，就必须想办法提升国民的"创新素质"以满足"创新型国家"对国民"创新素质"的要求。所以说，全面提升国民的"创造力素质"是建设"创新型国家"的基础。

2. 精神生产创新必须"以人为本"

自由自觉活动的人才是精神生产创新的主体，但这个主体在历史上受到了太多分割、压迫、误解甚至污蔑、抛弃。在奴隶社会，只有奴隶主才是真正的人，奴隶是如牲畜一样的工具；封建社会帝王统治阶级把控了所有社会权益，广大人民群众是被统治的对象；发展到资产阶级社会，资产阶级是打着解放人类、自由平等的旗号登上历史舞台的，但没有财产权利的无产阶级也谈不上成为真正的人、大写的人，充其量是资产阶级点缀自己的工具。历史终究是广大人民创造的，历史总是朝着解放最大多数人的方向前进的。

在中国历史文化传统里，儒家学说强调"君为臣纲""父为子纲""夫为妻纲"，个人在社会中是没有地位的，"普天之下，莫非王土；率土之滨，莫非王臣"。社会整体权益被封建帝王为首的统治阶级垄断，所谓国家实质上就是"家天下"，所以，中国人的传统是既要为了生存而向统治者靠拢甚至乞求，极端情况中为了"鲤鱼跃龙门"地进入统治阶层而无所不用其极，以致现实主义盛行，集体主义文化中潜藏着强大的家族利益、个人利益主义。这就解释了为什么中国传统文化强调的是统治阶级推崇的集体主义，却在现实中总是呈现出"一个中国人是一条龙，三个中国人是一条虫"的现象。中国人的个人利益观念强，而主体意识淡薄，从众心理根深蒂固。汉字中以"羊"为美、以"羊"为善、以"羊"为样，而羊是最为从众的一种动物。在中华民族起源之初，羊可能作为食物的主要来源，被推上了"图腾"地位，但中国人的骨子里绝对不是"羊"性的，那种文化与潜在心理的分裂是长达两千年封建统治造成的结果。但中华文化里缺乏人的主体意识是不争的事实。人类历史上关于从众现象最值得深思的两件事，就发生在中国人身上，一是"大跃进"，二是"文化大革命"，整个偌大的中国几亿中国人似乎变成了一个人。历史证明，人再多，如果缺乏主体意识，就不是完整的人，完整的人就是马克思、恩格斯倡导的"全面自由发展的人"，而一个"全面自由发展的人"才是精神生产创新的主体。关于怎样形成人的主体意识，不管是欧洲，还是美洲，都经过了激烈的思想启蒙、流血冲突和社会革命。中国的情况更复杂，从五四运动以来，中国的思想启蒙运动始终都在进行，集体主义与个人主义的争论也一直在博弈，宪政思潮与权威主义仍旧在对冲，但什么是最适合中国发展阶段的？这还是要在实践中检验的。改革开放 40 年来的经济建设证明，激发更大多数人的主动性、创造性是经济建设成功的关键。改革不是没有目的的摸索，而是要适应人天生的超越本性，不断满足人民群众日益增长的物质文化需要，切实保障人民群众各方面的权益，让发展的成果惠及全体人民，显示出社会的公平公正。可是，"理想很丰满，现实却很骨感"。GDP 大幅快速增长，社会物质财富翻了几番，但"见物不见人"，物是增长了，但人格缺失、道德滑坡、信仰沉沦，经济增长靠的是人口红利、大投入和粗加工获得的，而不是人才红利、精投入、深加工赢来的，精神生产创新对国民经济增长的贡献率还远远不足。改革的成果并没有被大多数人分享，贫富差距基尼系数步入危险的境地。有鉴于此，中国共产党十六届三中全会提出"以人为本"，"坚持以人为本，树立全面、协调、可持续的发展观，促进经济社会和人的全面发展"。把人作为可持续发展的根本，既是对世界"人本主义"思想的吸收与发展，也是基于改革开放社会实践和中国现实提出的战略决策和指导思想，是对马克思主义人的自由全面发展理论的继承、丰富和发展。

人与物相对应，物质决定精神，物质基础决定上层建筑，但物是为人服务的。失去了人，所谓的物就是一堆自然物或废物。物质也是人生产的，当解决了基本的"吃、喝、住、穿"，资本推动了物质生产，但深层次里还是"智本"创造了价值，所以我们必须转向精神，转向创新，转向精神生产创新的主体——人。在西方，人与神相对，人本是针对神本提出来的，主张用人性反对神性，用人权反对神权，强调把人的价值放到首位；在中国，祭神被皇帝垄断，只有帝王才能祭天、拜神，神与人被统治阶级隔离。所以，中国共产党提出的"以人为本"的"人"，是针对统治者、官本位亦或是当前的"干部"、公务员、官员、利益集团、特权群体提出来的。这里的人不仅是个人的"我"，也不仅是群体里面的某一个人；不是抽象的人，而是具体的人，是吃喝拉撒"现实的人"；是社会中拥有"自由自觉活动类特性"的每一个人，是拥有精神力量的每一个人。坚持以人为本，同中国共产党全心全意为人民服务的根本宗旨和代表中国最广大人民的根本利益的理念一脉相承。科学发展观把以人为本作为发展的最高价值取向，就是要解放旧有社会制度对人的束缚，使社会制度日益朝着尊重基本人格、保障基本人权、注重基本民生发展，就是要把不断满足人的全面需求、促进人的全面自由发展，作为特色社会主义发展的根本出发点。

三、树立社会主义自由价值观，为创新提供思想前提

"生命诚可贵，爱情价更高，若为自由故，两者皆可抛！"裴多菲·山陀尔（1823—1849）是匈牙利著名的爱国主义战士和诗人，他创作的这首脍炙人口的诗篇之所以能引起全世界的共鸣，是因为它道出了自由的价值和真谛，自由是人的本质与最高价值所在。人之所以为人，从社会生产来说，在于人能进行精神生产，精神是人独有的，而自由是精神的本质特征，自由的精神可以穿越千年，可以纵横宇宙，既可以在实体世界驰骋，也可以在虚拟空间中往来。

1. 自由的由来与层次

"自由"二字，中国古已有之。但自由在中国传统文化里却是被人误解和鄙视的贬义词。《东周列国志》记载："急弃朕命，行止自繇，如此不忠之臣，要他何用！"顾名思义，自由的意思就是"由着自己""信马由缰"，为所欲为，不受拘束，想做什么就做什么。要么"儒家和法家都把自由贬低为人欲，一个要灭除，一个要利用"①。要么被道家视为脱离社会的"独与天地精神往来"（《庄子·天下》）的自然层面的自由，没能上升到理性的层面。自由思想与维护皇权专制相违背，其不受重视或尤其缺乏是有其历史文化传统因素的。所以，到了近代，严复在翻译《自由论》（*On the Liberty*）时遇到了难题，他明知"自由"在这里是一个法律概

---

① 邓晓芒：《什么是自由》，载《哲学研究》2012年第7期。

念,不是"为所欲为"的意思,但就是找不到一个对等的中国词来翻译,为了不引起误解,只好将书名改译作《群己权界论》。在西方历史上,自由意识更是早在古希腊时期就有了萌芽,那时地中海地区商品经济发达,形成了主体人格较为独立的私有制,自由意识与独立主义意识一起得到启蒙。马克思讲古希腊人是"正常的儿童"①,指的是古希腊人的自由主体意识有较完整的发育,这体现在古希腊神话中就是诸神完全是拟人化的,诸神作为自由的象征。发展到中世纪,基督教将上帝拟人化,上帝代表自由意志,创造了自然界,但是只有上帝超出了自然界,而人类就要受到自然的束缚,上帝代表人类对精神上的自由、正义的追求。上帝通过摩西颁布法律,实施对人间自由的调节。人人可以信仰上帝,与上帝沟通。这一点与中国古代截然相反,夏、商、周时期人们也信仰神,但后来只有"天子"(皇帝)才能祭拜神,信仰神成了皇帝的特权与专利,人民大众只能听从皇帝的发号施令。而西方人人可以追求自由,产生了诸如斯宾诺莎、霍布斯、洛克、孟德斯鸠、卢梭等一批近代自由主义的奠基人。他们每个人的自由思想,又使人们的自由意识得到加强,从而掀起了风起云涌的革命运动,几经失败而又绵延不竭,自由思想由成熟到逐步完善,西方在近代建立起了一套保护自由的法权哲学。自由不是没有约束,而是要有制衡,所以权力制衡理论标志西方自由意识进入了成熟期,能够在社会运行中实际运用。相比在中国历朝历代是"人(皇帝)赋人权",西方最重要的一种思想是"天赋人权",一层意思是人人生来自由,另一层意思就是人人生来平等,平等是自由前提,而自由是平等的保障,有自由才能争取到平等。文艺复兴、启蒙运动以来,西方人提出了"自由、平等、博爱"的口号,经过长期的社会运动,已经深深地化育为他们的内在精神。正是在长期追求自由的社会运动中,经过曲折反复的试验,西方逐渐形成了一套行之有效的社会政治法律制度,这些制度保障自由得以存在而不致泛滥,使法律成为自由的尺

---

① 《马克思恩格斯全集》第 46 卷上册,人民出版社 2003 年版,第 49 页。

度，自由也得到了法律的确认与保护。如"法律面前人人平等""法无明文规定不违法"等。到了现代，自由在西方社会生活中，被法律理论演绎得更精细，变得更加切实可行。比如，罗尔斯从"社会正义"来定义自由，认为社会要保障弱势群体的基本权益，使每个人的自由大致相当的平等，使每个人拥有大致相同的竞争起点；哈耶克则从"程序正义"规范自由，通过程序正义来建立人的自由权利。

在中国文化传统中，儒家强调社会等级，在人际交往中提出"己所不欲，勿施于人"（《论语·颜渊篇》），实质是"仁者爱人"的推演，被后人封为儒家的精华，也被人看作是儒家将自由上升到社会理论的证据。但儒家的自由只是"欲"的意志，被紧紧套在社会等级之中，被限制在二人之间的"仁"中，不是主体意义上的个性自由。而真正意义上的自由应该是休谟所说的："所谓自由只是指可以照意志的决定来行为或不行为的一种能力。"[①]道家的自由则完完全全属于自然状态的自由，认为自由就是脱离社会，与社会无涉。"中国人从来没有把自由放在政治的层面上考虑过，它顶多被看作个人的一种心情或境界。政治自由为其他自由奠定了基础，包括宗教信仰的自由、学术研究的自由、拥有财产的自由、贸易自由、迁徙自由，还有言论自由、出版自由，等等。这些自由没有一种是儒家或道家关心过的。"[②]皇权、家天下、大一统，中国缺乏自由的传统与理论土壤，只是到了五四运动点燃思想启蒙，"德先生"与"赛先生"（Democracy and Science）才姗姗来迟。西方思想启蒙运动历经两个世纪，诞生了诸如伏尔泰、卢梭、孟德斯鸠、狄德罗、霍布斯等人类思想史上公认的大家。因此，中国的思想启蒙即便延续至今，从时间上来讲还比较短，不到100年；从产生的思想大家来讲，虽然有陈独秀、李大钊、鲁迅、胡适等，但"拿来主义"的多，结合中国思想传统加以创新、产生世界影响、获得全球公认的并不多，以至于陷入了一个怪圈，要么

---

① 《太虚大师环游记》，大东书局1930年版，第210页。
② 邓晓芒：《什么是自由》，载《哲学研究》2012年第7期。

"言必希腊"，要么跳不出压制自由的传统。中国在各种主义之争中前行，最后才历经曲折地选择了共产主义，而不管怎么说，马克思、恩格斯创立的共产主义学，其最终宗旨还是指向了"自由人的联合体"，也就是说"自由"是共产主义的题中之义。

一般来说，自由分为三个层次，即自然的自由、精神的自由和社会的自由。飞禽走兽，"独与天地相往来"，可谓自由自在，这是一种受自然规律限定的自由；人生下来都是人，不是神，都是一样的生物有机体，人人相互交往，构成了生产关系和社会关系，社会是一张无形的网，"人生来自由，却无往不在枷锁之中"，每个人在社会之中都有带着"枷锁"行动的自由；只有精神的自由才是真正的自由，也就是只有自由的精神才是真正的精神存在状态，一旦精神失去了自由，精神就可能不再是真正的精神，或者说不能再表现出精神的效能，精神生产的效果肯定大打折扣或惨遭扼杀。这在人类现实与历史中完全可以举出无数例证。欧洲历史上有许多人因为追求精神上的创造自由，或被起诉或遭处死，其中最著名的莫过于苏格拉底的死，公元前 399 年三位雅典公民美利图斯（Me-le-tus）、阿尼图斯（Anytus）和莱孔（Lycon），指控苏格拉底不敬神灵和毒害青年，按照雅典的法律对他提出公诉。一个由 501 名雅典公民组成的陪审团在听取了双方的辩护和证词以后，以 281 票赞成、220 票反对的结果判定苏格拉底有罪，判处死刑。苏格拉底为了精神自由，拒绝乞求和逃跑，最后服毒而死，这是人类历史的悲剧，作为古希腊伟大的思想家、哲学家、教育家以及西方哲学的奠基人，苏格拉底一生追求思想自由，学生无数，追从者甚众，影响极大，但他不是死在某个人或独裁者手中，而是死在所谓的雅典社会公民手中。社会自由从古至今都与约束相伴相随，但一代又一代的仁人志士仍然怀抱自由精神，一次又一次地冲击制度枷锁，不惜舍生取义。如布鲁诺因赞成哥白尼的学说被处以死刑；塞尔维特因血液循环理论，被宗教改革家加尔文活活烤死；康帕内拉因发表反宗教著作 3 次被捕，先后坐牢 6 年，一生共被监禁了 33 年；就连米开朗基罗也因为在创作中有"异端"的倾向，险些被教会起诉。中国历史上历朝历代都存在着的"文字狱"，不知压制了多少文人墨客的创作欲望。秦始皇"焚书坑儒",虽然加强了统治,但钳制了思想;"万马齐喑究可哀",清末少数精英钻进故纸堆做考据,多数则迷陷于八股制艺,精神萎靡,统治阶级腐败无能,极大程度上丧失了对西方强势入侵的反应能力。从这些举不胜举的压制思想自由的反面事例可以看出,精神自由对于思想传播、科技创新、宗教进步、艺术发展、体制改革、国家富强、民族振兴的重要性。而且也反证,精神自由脱离不了社会自由甚至自然自由,人的精神本真是自由的,但不可能摆脱社会的约束而任意生产;人类可以改造自然却不能征服自然,必须按自然规律办事,否则就会受到自然的惩罚。但也正是自由的精神,才使人类不断克服社会的桎梏和自然的限制,一步一步地走向更自由。

2. 自由是社会主义核心价值观的内核

社会是由人组成的社会,依照马克思的观点,而且社会决定人的本质,国家是在社会之上建成的,随着社会的发展,国家也会消亡,社会最终组成"自由人的联合体"。实质上,所谓"自由人的联合体"就表明了马克思对社会组成之后人类如何运行好社会的问题。社会由众人组成,有人就有矛盾,有矛盾就会造成了阻碍,致使社会运行出现问题。奴隶社会是少部分奴隶主控制社会,把奴隶当作牲畜看待,所以造成了激烈的反抗而最终瓦解;有了奴隶主留下的历史教训,封建社会中封建地主不再把农民当牲畜看,农民的自由程度有所提升,但对"自由,平等"的渴望是人之本性,只要社会中存在不自由、不平等的状况,肯定就会引起不满和争斗。资产阶级就是打着"自由、平等、博爱、人权"等旗号登上历史舞台的,而且在社会生产力迅速提升、财富大幅增长的背景中,人类社会在资本主义社会阶段的自由水平确实得到了极大提高。在一定程度上,人们拥有言论自由、选举自由、信仰自由、迁徙自由,如此等等,社会对人的束缚大大减少,人的创造潜能也得到了极大激发,所以马克思赞叹资本主义社会"仿佛用法术从地下呼唤出来的大量人口,——过去哪一个世纪料想到在社会劳动里蕴藏有这样的生产力呢？"① 当然，马克思在赞叹的同时，更多的是揭露与批判资本主义社会的罪恶，"资产阶级的生产关系和交换关系，资产阶级的所有制关系，这个曾经仿佛用法术创造了如此庞大的生产资料和交换手段的现代资产阶级社会，现在像一个魔法师一样不能再支配自己用法术呼唤出来的魔鬼了。"② 资本压迫人、异化人，使人没有享受到真正的自由平等，所以，马克思提出了共产主义社会理想，"在那里，每个人的自由发展是一切人的自由发展的条件。"③ 人类迈向共产主义的征程无疑是曲折艰险而漫长的，社会主义是资本主义社会向其转变的过渡型社会形态。所谓社会主义，顾名思义，即是社会为主体运行社会的社会形态，社会主体只能是构成社会的人，社会越进步，参与运行的主体越多，"人是最名副其实的政治动物，不仅是一种合群的动物，而且是只有在社会中才能独立的动物。"④ 只有独立的人人参与、人人分享、人人和谐的社会形态，才能称得上是真正的社会主义社会。社会主义和谐社会的提出就是在社会主义理论的基础上提出来的，具有重要的历史理论意义，不仅继承了中国传统文化"和为贵""中庸"的思想内核，而且在社会主体主导社会事务的理念上发展了马克思主义。

社会由个人组成，在社会之上形成国家，社会连接个人与国家。当民族历史日益发展成为世界历史，在"全球村"的今天，国家的界限越来越模糊，"地球村"村民已经在"用脚投票"地寻找自由，哪里的社会自由程度高，就可能吸引更多人去生活与定居，哪里的社会钳制多，就可能失去国家凝聚力。所以，国家之间的竞争不仅是国家硬实力的竞争，也是软实力的竞争，而软实力的核心之一就是自由的程度。当前，中国国力日盛，开放程度越高，对创新的激励越来越大，政府改革的力度越来越大，简政放权成为

---

① 《马克思恩格斯选集》第1卷，人民出版社1995年版，第277页。
② 《马克思恩格斯选集》第1卷，人民出版社2012年版，第405～406页。
③ 《马克思恩格斯选集》第1卷，人民出版社2012年版，第422页。
④ 《马克思恩格斯选集》第2卷，人民出版社2012年版，第684页。

社会精英的共识，实质上就是对自由的社会主义核心价值观的贯彻落实。

社会主义核心价值观把自由作为社会层面的内核提了出来，不仅是对西方历史、人类发展事实的借鉴，也是中国历史本身经验教训的总结，没有自由，社会发展就会受到阻碍，唯有自由，才会造就平等，而平等不是绝对的平等，而是要与历史发展的程度相一致，这就需要公正来守卫，"天地之间有杆秤，那秤砣就是老百姓"，公正自在人心，公正是抽象的，脱离历史实际的公正就是不公正。法治作为人类历史已经证明的最可靠的社会治理制度，其意义在于保证了公正和平等，也在相应的程度上保证了自由的行使。

"自由、平等、公正、法治"是从社会层面对社会主义核心价值观基本理念的凝练，是社会主义社会人们乃至整个人类对美好社会的生动表述。自由是平等之基，是公正之核，是法治之魂，四者一起构成了中国特色社会主义的基本属性。自由是指人的意志自由、存在和发展的自由，作为人类社会的美好向往而被人们坚持不懈地提倡，这是因为现实生活中存在诸多不自由，而不自由制约了创新的发展，所以马克思提出未来社会是"一个人自由发展是一切人自由发展的条件"的命题。平等保障自由，历史经验证明只有平等才能争取到自由，现实的平等指的是公民在法律面前的一律平等，其价值取向是不断实现实质平等。它要求尊重和保障人权，人人依法享有平等参与、平等发展的权利。自由是公正的核心价值所在，古代社会之所以欠缺公正，是因为大多数人不自由，实现不了社会公平和正义。公正以人的解放、人的自由平等权利的获得为前提，是国家、社会应然的根本价值理念。法治并不是要限制自由，而是要确立自由的领地，自由才是法治的灵魂，法治则是自由的尺度。法治是治国理政的基本方式，依法治国是社会主义民主政治的基本要求。它通过法制建设来维护和保障公民的根本利益，是实现自由平等、公平正义的制度保证。

3. 自由与精神生产创新的关联

精神生产创新与财富增长有关，自由只是与精神状态相连，自由与生产、财富似乎难以发生关联。但"科技是第一生产力"已经证明，科技是财富增长的最主要来源，而科技的产生离不开自由思想的个人。正是西方的思想启蒙运动，才开启了工业革命的新时代，使人民的创造活力得到了空前的激发。历史证明，如果一个社会能够最大限度地保证人们的自由，那么，这个社会里民众就会敢于突破陈规陋俗，思想就会被激活，智慧被释放，精神面貌会变得高昂，创新也会不断被提出，财富作为智力的副产品也会像火山爆发般喷涌而出。而且，现实进一步证明，在知识经济时代，社会财富急速增长，不过是由于自由价值观日益深入人们的头脑，人们的自由交流更为便捷，不同人群不同理念的思想碰撞成为常态，创新发展成为人们新的需求，财富被作为思想生产的副产品被生产出来。有人也许会说，这是因为现代化的管理，使人们的生产效率得到提高，从而使财富大大增加。当然，管理作为精神的产物，也在很大程度上激发了人们的创造激情，实质上也是在解放对人们的束缚，使每个人更自由，更能发挥创造力而已。如果管理没有自由思想的激发，一味套用原有的模式，可能就会越管越死，生产力就会停滞不前。我们震惊于科技与财富的花红叶茂，却忽略了它赖以生存的自由沃土，甚至视自由为洪水猛兽，必欲规制而后快，不相信人民群众的创造活力，这是不少国家的统治集团由于各种各样的原因而屡犯屡败的通病。

在社会生产领域，人往往都是不自由的。在生产力还不特别发达的条件下，绝大多数人一生只做一件工作，而且随着社会分工的进展，这种趋势变得更加明显。但分工的细化并不妨碍人的精神自由，纵然总是忙于生存斗争，被现代生活压得喘不过气来。分工提高了生产力，促进了物质财富的积累，人拥有了更多的空闲时间，而空闲时间赋予了人更多的精神自由。精神自由必然促进精神生产，创新才能蓬勃发展。这就是为什么发达国家科技创新尤为显著，越来越发达，落后国家的人们忙于基本物质生活，而欠缺自由时间进行精神生产创新，显得越来越落后的缘由。人只有不断摆脱生存生活的压迫，人的精神创造力才会迸发，才会发展成为"全面的人"，精神生产才不会像在奴隶社会中一样成为少数人的专利。才能够实现马克思所设想的"在共产主义社会里,任何人都没有特殊的活动范围,而是都可以在任何部门内发展,社会调节着整个生产,因而使我有可能随自己的兴趣今天干这事,明天干那事,上午打猎,下午捕鱼,傍晚从事畜牧,晚饭后从事批判,这样就不会使我老是一个猎人、渔夫、牧人或批判者。"① 粗略看起来,这种生活状况是不可思议的,简直是浪漫虚幻的设想,但正是如此,才显示出共产主义的崇高与实现的艰难,需要人类社会永远为之奋斗。前提条件是在极其丰富的物质财富基础之上,不断发展精神生产,使有限的现存地球物质环境条件变为无限的精神自由创新,拓展人类的生存视野与空间,将人从基本的生存斗争中摆脱出来,进行自由的精神生产。这样不仅会大大加快人类的进步,而且会释放出千百倍的生产力来。生产力的发展又增加了人的自由时间,自由时间又为精神生产提供了条件,这就是一个不断旋螺式上升的过程。

四、建设特色社会主义教育体制与智库,为创新造就人才基础

精神生产创新需要人才,如果缺乏人才,创新就是一句空话。而人才的培养需要优质完善的教育,我国的教育在历史上可谓一骑绝尘,不仅有发达的私塾,也有完善的官学。但到了近代,已经落后于时代发展,被西方远远赶超。教育不是为了培育统治者需要的奴才,而是要培养"全面发展的人"。英国科学家李约瑟1944年在其著作《中国科学技术史》中提到了一个问题:为什么直到中世纪中国还比欧洲先进,而后来却被欧洲远远地赶超了呢?为什么近代科学和科学革命产生在欧洲而不是先进了两千年的中国呢?这就是后来学者认为的"李约瑟之谜"。李约瑟提出问题之后,也对此作出了自己的解答,他认为中国古代帝王家族官僚体制维护的

---

① 《马克思恩格斯选集》第1卷,人民出版社2012年版,第165页。

"重农抑商"制度和中国人"重实用轻分析"的思维方式，是造成中国近代科技落后的两大主要原因，可谓颇有见地。对于"李约瑟之谜"，也有人提出了多种见解，如杨振宁认为儒家思想重综合分析，轻归纳推理，是导致中国落后的主要原因。但归结为一点就是"重实用"，官僚"重农抑商"是为了便于维护"家天下"统治，使人束缚在"一亩三分田"里。而根深蒂固的实用主义思想体现在教育理念中，更是危害极大。封建时代的科举迎合了大批人升官发财、光宗耀祖的实用心理，现在盛行难绝的应试教育也体现了学校、家长追求升学率、让孩子找到好工作等短期效用的理念。科举和应试教育最大的弊端就是造就了大批"工蚁"式的"庸才"，而不是适应时代发展需要的创新型人才。多年的应试教育已经使我们吃尽了苦头，必须坚决执行素质教育方针，不仅要培养出亿万有益于社会的人才，而且要发掘和吸纳大量创新型人才。

1. 反思"钱学森之问"

令人惊奇的是，五四运动之际，中国国内思想界较为活跃，那一代人，不仅涌现了诸如胡适、鲁迅、林语堂、钱锺书等一批世界级的文化巨匠，还出现了一大批杰出的自然科学家，例如华罗庚、周培源、陈省身、钱学森、李四光、严济慈、苏步青等，他们在各自的领域中都是全球科学界的翘楚和领军人物。从中华人民共和国成立至改革开放，虽然我们也取得了巨大的经济成就，在科研领域也有十分瞩目的成果，"两弹一星"、神舟飞船、超级计算机、"嫦娥登月"计划的实施、量子反常霍尔效应等一批具有历史意义的科研成果，但还都处于追赶西方发达国家的地步，真正意义上的原初意义的创新并不突出。改革开放40年里，我们培养出了多少世界一流的科学家和具有全球影响的思想家呢？这就引出了著名的"钱学森之问"——"为什么我们的学校总是培养不出杰出人才？"这是对中国前途命运的紧迫之问，也是对中国教育的忧虑之问，是对我国学校之问，也是对中国社会之问，可谓是当今知识分子"先天下之忧而忧"的最高表现。事情是这样产生的，2005年，时任总理温家宝在看望著名物理学家钱学森时，钱老发出了这样的感慨:"回过头来看,这么多年培养的学生,还没有哪一个的学术成就能跟民国时期相比。中国没有完全发展起来,一个重要原因是中国还没有一所大学能够按照科学技术发明创造人才培养模式去办学,都是一些人云亦云、一般化的,没有自己独特的创新东西,老是冒不出杰出人才。""钱学森之问"在有些人看来,只是一个"伪命题",因为我国在"历史负担重、底子薄"的基础上也取得了非常巨大的建设成就,涌现了不少思想大家和科技专家,虽然一直还在苦苦追赶西方发达国家,但不少领域不仅追赶上了而且大有超越之势,不能因为没有培养出大量世界一流的科技人才就否定一切。当然,我们应该反思,钱老的意思不是否定我们所取得的成就,而是认为我们的教育模式存在问题,没能培养出大量创新型人才。各个领域的创新不足应该是我们的共识,因而"钱学森之问"才获得了越来越多人的正视,值得我们反思,其直指教育体制的弊端。应试教育模式化、标准化,强化了记忆能力却否定了思维的多样性与差异性,扼杀了人的创造性。根源在于我们强调统一、强调服从、强调灌输,孩子从小就被灌输了一种标准化的思维方式,缺乏自己想象的空间,没有独立人格,谈何创新。学生成了物质生产形式的产品,是流水线作业复制出来的,都是擅长考试的能手,几乎快成为呆板、机械的代名词,而不是自由、灵活与创新的象征。当然,近些年,我们的教育体制改革取得了很大的进步,去行政化也深入开展。

我国具有全世界规模最大的学者群体,产生了全球数量第二的学术论文,从概率上讲,我们应该拥有全球一流的学术和科研水平,但总部位于瑞士日内瓦的世界经济论坛历年发布的《全球竞争力报告》中,我国的科技竞争力至今仍处于比较低的位置。虽然从每年世界权威刊物发表的科技论文总篇数来看,我国创新发展势头迅猛,但科学技术的人均投入还处于较低水平,总体的科技竞争力现在仍然没有什么可喜的优势,与我国的经济总量不相符。划时代的创新性成果并不多,涌现出的世界级学者如诺贝尔奖获得者也很少。分析其中的原因,有人说是因为我国科研底子薄、起点低,这是事实,这个理由放在刚刚改革开放的年代,几乎无懈可击。但经过了改革开放40年的积累，我国经济实力大大增强，若还以底子薄、起点低作为托词，显然是不合时宜的自我安慰。而今全球同步、信息互享，甚至人才都是跨国界的，创新落后就是人的素质落后，是培养人的创新能力的教育机制体制出现了问题。人才是精神生产创新的主体，如何培养人才是关键中的关键。我国的素质教育提倡了十多年，但实际进展还是相当缓慢，高考指挥棒左右着教育，不管是学校与教师，还是家庭与父母，都是以分数作为学生的评价标准，也是他们心中的第一追求。我国学生的天性在繁重的课程和作业重压下消失殆尽，为各种各样的考试耗尽了天生的兴趣。创新需要自由的环境，但他们的课余时间被各种补习班挤占，每天的睡眠基本不足。虽然托福、GER等考试显示中国学生的应试能力世界第一，但实际操作能力却很一般。高分低能已经成为一种现象，高考状元一般只是成了高级白领，并没有成为创新性的杰出人才，倒是诸如阿里巴巴创始人的马云高考落榜两次，第三次参加考试才被杭州师范学院破格录取，却一手缔造了电商帝国，开创了世界第二规模的网络公司。从投入上说，大多数中国家庭对于孩子的教育几乎是尽其所能，国家对于教育的投入也逐年增加，造就了全球第一的大学生群体，但却没有取得相应的学术成果。

2. 改革教育体制，培养创新型人才

从未来着眼，中国作为一个大国，需要建立自己完整的科学研究队伍，但人口众多的基本国情，决定了我们不太可能大规模地吸引或引进国外尖端的科技人才，与此相对应的是我们自己国内的人才却流失得相当厉害，每年逾20万人，人才回归近年虽有所增加，但也不超过一半。我国的人口基数大，通过多年的努力，已从当初人才资源相对匮乏的国家，发展成为第一人力资源大国，从恢复高考至今40年里，高校入学人数从不到30万人激增到600万人左右。令人叹息的是，我们不仅没能吸引世界一流的人才进入，目前流失的顶尖人才数量居世界首位，其中尤以科学和工程领域的国外留学生的滞留率惊人，达到近90%。近几年国内一些顶尖大学的毕业生出国人数基本保持了占本科毕业生总数的15%左右。人才是科技的基础，美国的科技之所以遥遥领先，是因为美国吸纳了全球的人才。美国、英国只需在中国设置"中国教育成果收割器"——托福、GRE 和雅思，就很容易地把中国目前教育模式中培养出来的尖子以他们的考试方式给"收割"走了。中国教育任重而道远，既要培养人才也要留住人才并且吸纳全球人才。

从当前世界人才流动的格局来看，我们必须依靠自己培养一流的科学人才，改革创新教育体制机制成为当务之急，去官僚化和行政化，让校园成为民主的试验田。一切都要从培养创新型人才出发，让真正的人才脱颖而出，这既是出于科技兴国、提升民生的必要，更是出于民族大义、国家复兴的必要，凡是违反这一宗旨的人或事，都应该受到谴责和批判。而目前最重要的是切实落实素质教育，太多的事实告诉我们，创新型人才并不一定是在应试教育中占优势的考试机器和记忆高手，世界诺贝尔奖获得者在校时，大多学习成绩并不非常突出，但他们都拥有求异思维，敢于突破成见，善于敏锐观察，善于另辟蹊径，在前人的基础上提出独到见解，或从新的角度切入来探讨问题。我们来看三位华裔诺贝尔物理学奖获得者对我国当前教育的思考，在他们直白或隐含的谈话中都不约而同地指出，当前的教育模式压制了创新思维。杨振宁谈到中国大学教育时指出：建设一流的大学，首先得有一流的人才。目前世界上公认中国的青年非常优秀、聪明，但是，怎样才能使聪明的年轻人变成世界一流的人才，这就要靠培养人才的良好环境。当然，这样优良的环境不是短期内就能造就的。和世界一流大学相比，中国的大学还有很大的差距。华人诺贝尔物理学奖得主的朱棣文也认为：对科学研究来说，创新精神是最重要的。中国的学校过多强调学生的书本知识，过于频繁地进行书面考试，而激励学生的创新精神不足。他进一步指出创新一定要敢于发挥想象、突破思维惯势，用新的方法思考问题。不能局限于现成的、课堂里学到的知识，而要从新的领域重新开始探索学习。另一位华人诺贝尔奖得主崔琦在访问祖籍地河南时说过，中国历史上就存在束缚人们思想的制度模式，尤其以从汉代以来就遵循的八股模式影响最深，导致人们因循守旧、不敢创新。他又说，十年树木，百年树人，高质量的教育不是短期内就能发展起来的，需要一个长期的规划和预期。崔琦也谈到了人的主体性问题，他说从个人来讲，一个人内在的力量最为强大，只有由心而发的热爱，才能激发自己的想象力和创造力。如果内心没有愿望，那么无论外界的刺激有多大，都很难取得成就，不要迎合社会，要摒弃功名利禄，遵从自己内心的想法。而现在的中国教育仍然是"填鸭式"的记忆性教育，各级学校为了应付各种考试、排名而压力重重，高考指挥棒每年无声地操纵着几百万教师、学生、家长。教师以分数看待学生的好坏，注重灌输知识而不愿意去开发智力，毕竟灌输知识能使学生在考试中取得理想的分数。家长以分数衡量孩子的成长，而忽视孩子的天性与兴趣，因为考上一本、二本大学，不仅家长脸上有光，而且孩子将来会拥有更好的工作，能更好地养家糊口、传宗接代，父母把孩子看作自己的私产而不是国家未来的接班人。这种压迫式的教育模式，导致学用脱节、脑手脱节，中国学生"考试一流，动手能力末流"，这在国际上都是出了名的，显然这与建设"创新型国家"的愿景背道而驰。"创新型国家"需要的是创新型人才，所谓创新型人才首先要有独立的人格、自主的意识和独特的个性，才能为"思想市场"贡献自己独有的创意；其次要具有深厚的人文功底，要有以天下为己任的担当，也要有"先天下之忧而忧，后天下之乐而乐"的情怀，才能攻坚克难、锐意进取，从而有所作为；最后应具有强烈的创新意识和能力，敢想敢干，敢于挑战权威，敢为天下先，而且社会生存能力要强，要能独立应付和解决许多新问题。素质教育在现实推行中并不十分顺利，既有传统文化的影响，也更在于我们现行的政治体制、教育制度设计上存在欠缺。当然，十年树木，百年树人，良好的教育体制不是短期内能够形成的，需要几代人的努力。

一流的人才需要一流的高等教育，我国创新型人才短缺呼唤着我国教育模式的改革创新。核心是要尽快转变教育观念，纠正偏重灌输知识教育的传统教育模式，转变为智能教育体系。所谓的知识经济实际上已经转化为创新经济，仅仅拥有知识是难以应对信息社会的挑战的，只有创新才能取得竞争优势。有一项权威调查显示：美国培养 CEO 人才数量最多的大学，既不是培养 MBA 人才出名的哈佛大学，也不是耶鲁大学、普林斯顿大学等常青藤大学，而是以培养军事人才出名的西点军校。① 这印证了当今社会所用的往往是非所学的现象，说明许多成功人士并不在于他们拥有多少专业知识，而主要在于他们有卓越超群的智能。传统应试教育模式使我们过分追求高分数，因为高分数意味着可能找到好工作，取得好的生活待遇，这与建立创新型国家的发展战略是背道而驰的。目前高校毕业生找工作存在的一个现象更是加剧了这种情况，很多企事业单位招聘设置的一道门槛就是，限制第一学历必须是"211""985"高校毕业的才行。显然，这是不合理的，因为应试教育将不少具有创新能力的青年学子挡在了所谓的一流高校之外。

3. 打造中国特色社会主义智库，提升综合国力

当前，在国内经济形势面临下行和国际方面美国战略向亚洲调整的双重压力的严峻形势下，我国特色智库的建设具有更为重要的现实意义。打造高水平智库为推进社会、经济、政治、文化、生态"五位一体"建设建言献策，为实现习近平总书记"全面建成小康社会、全面深化改革、全面推进依法治国、全面从严治党"的"四个全面"战略布局提供顶尖的智力支持，以打造一流的智库带动整个社会全面建设，引领科学技术进步，提升综合国力，为实现中国梦奠定智力基础。新一届党和国家领导人高度重视智库的作用，习近平总书记上任不久，很快就智库建设问题作了长篇批示，这在我国历史上尚属首次。

"智库"的提法来自西方，也称思想库，从当前情况来看，世界范围内智库建设的模式也以西方为标准，但中国作为社会主义大国，既有传承几千年的儒家文化传统，也有中国共产党领导的多党协商等独特政治体制，智库的建设也应具有自己的特色和独到之处，在吸取西方智库建设的有益经验的同时，还要实施超越以适应中国的国情。首先，在智库的定位问题上，要秉承邓小平理论，坚

---

① http://it.people.com.cn/n.2015/0907/c1009_27549668.html，2017-07-21。

持不懈地解放思想，为中国特色社会主义思想市场提供源源不断的养料，只有丰富、开放、自由、活跃的思想市场，才能为一流的智库建设提供思想资源、人才储备和适格的消费主体。智库应该是为国家发展、企业竞争等主题提供战略、政策、人才的储备库，智库的精神产品内涵创新性，而且应该具备前瞻性、战略性和可行性，为政府提供公共决策和社会治理策略服务，为解决民生问题出谋划策。智库作为一个国家最高端的精神生产阵地，不仅要生产，而且要推动产品流动，也即精神产品的消费，没有消费就没有增长。智库应该在引导社会大众，启发大众理性思考，在主导网络声音中发挥正能量、传递正能量。要共享人类智慧，加强国际交流与合作，争取国际话语权，为特色社会主义建设发声，扭转我国国际话语权与经济规模不相匹配的局面。

智库作为国家精神生产创新最顶尖的人才聚集地，既为权力提供知识服务，更要在掌握知识的基础上不断进行创新，引导权力的运行，提高社会治理的效能。一个智库如果不能创新，显然就不能为解决复杂多变的国际国内问题提出建设性的意见，久而久之就失去了存在的必要。当前，我国的智库大多处于体制内，如各种层级的社会科学院、党校、政策研究室等，但它们大多沦为给领导写讲话稿的写作机器和推行既定政策的吹鼓手，吃的是共产党的饭，做的是共产党的事，说的也是共产党的话，对党和国家"忠诚度"十分高。这是官方智库的可取之处，为维护意识形态安全作出了努力和贡献，但正因为如此，体制内的智库欠缺客观性和公信力，存在自身固有的缺陷，和国外同行相比，其近年来在危机预测与处理中的表现差强人意，高质量的精神产品和具有突破性的创新成果与智库的体量很难相称，存在着大量低水平复制现象，人云亦云，缺少创新，能够解决实际问题的见解很少，能够引起世界关注的观点更是微乎其微。

如何打造具有中国特色的世界一流智库群体，首先必须认识我国现有智库的优势和缺陷。中国智库目前的优势在于：大多处在体制内，体系较为完整，能够及时与政府权力相衔接，具有便利的沟通渠道。缺陷则在于行政化、官僚化严重；独立性不强，民间智库数量偏少，官办智库公信力不高；推出高端产品的动力不足、内部运行机制不畅。只有发挥优势、回避缺陷，才能不断推进特色智库的建设，达到一流智库的目标，为创新型国家战略的实现提供更好的智力支撑。一是应该大力发展民间智库和官方智库，推动确立官办智库独立的法人主体地位，使智库真正成为独立于政府部门之外的机构，智库不能既是出谋人又是决策者，这样会失去公信力和科学性；二是要建立一套科学的评估机制和激励机制，多方拓展智库的资金来源，为智库创造一个良好的竞争环境和包容环境；三是拓展与加强智库与政府、企业等的沟通渠道，缩短智库的精神产品至政府、企业采用的滞留时间，加快智库知识的传递与转化，政府既要开明纳谏，智库也要积极提出有效建议，提高智库生产效率；四是要面向全世界，招聘与吸纳全球人才为我服务、为我所用，建立丰富完备的人才资源储备；五是一定要紧盯全球的政治经济发展态势和科研的最新进展，确立既能立即解决国计民生紧迫问题的研究项目，又能紧抓放眼未来的战略议题；六是要开放新闻自由、言论自由，只要不触犯基本宪法条文，就是言者无罪，法无明文规定不为罪，不以言定罪，让精神生产者自由发声，让不同的思想观念涌流，形成活跃的思想市场，为智库提供活水源头；七是必须将智库运行纳入市场化运作，强化竞争，在竞争中提高智库质量，提高智库品牌效应，加强与国际智库的交流合作，提升影响力和认可度，争夺国际话语权，为特色社会主义建设营造良好的国际环境。

参考文献

一、著作类

[1] 马克思恩格斯选集（1-4卷）[M]. 北京：人民出版社，2012.
[2] 马克思恩格斯文集 [M]. 北京：人民出版社，2009.
[3] 十七大报告辅导读本 [M]. 北京：人民出版社，2007.
[4] 十八大报告辅导读本 [M]. 北京：人民出版社，2012.
[5] 习近平. 之江新语 [M]. 杭州：浙江人民出版社，2014.
[6] 李文成. 精神的让度 [M]. 郑州：河南大学出版社，2000.
[7] 张华荣. 精神劳动与精神生产论 [M]. 北京：经济科学出版社，2002.
[8] 温恕. 精神生产与社会生产 [M]. 成都：四川出版集团、巴蜀书社，2008.
[9] 郝明工. 经济全球化时代的精神生产 [M]. 北京：中国社会科学出版社，2012.
[10] 陈奇佳. 马克思精神生产理论的当代诠释 [M]. 北京：人民出版社，2011.
[11] 李文成. 追寻精神的家园——人类精神生产活动研究 [M]. 北京：北京师范大学出版社，2007.
[12] 景中强. 马克思精神生产理论研究 [M]. 北京：中国社会科学出版社，2004.
[13] 宋成剑. 精神生产视野中的思想政治教育 [M]. 北京：光明日报出版社，2011.
[14] 郭正红. 现代精神生产论纲 [M]. 北京：中央文献出版社，2004.

[15] 马哲民. 精神科学概论——马克思主义的精神生活及精神生产过程之研究 [M]. 上海：新生命书局, 1930.

[16] 刘贵访. 论精神生产力 [M]. 南宁：广西人民出版社, 1994.

[17] 董立人. 精神产品社会价值及其生产导向研究 [M]. 北京：清华大学出版社, 2007.

[18] 相晓冬. 智本论——精神生产方式批判 [M]. 北京：团结出版社, 2010.

[19] 夏赞忠. 精神生产概论 [M]. 长沙：湖南出版社, 1991.

[20] 刘云章. 马克思主义精神生产研究 [M]. 北京：学苑出版社, 2011.

[21] 李文成. 论精神生产——对人类精神生产奥秘的反思 [M]. 郑州：河南人民出版社, 1988.

[22] 张开诚. 物质生产 精神生产 人类自身生产 [M]. 青岛：青岛海洋大学出版社, 1991.

[23] 陈仲华, 杨镜江. 精神生产概论 [M]. 北京：北京燕山出版社, 1992.

[24] 许柏林. 现代精神生产方式与管理导论 [M]. 北京：文化艺术出版社, 1991.

[25] 文辉璧等. 精神生产力经济学导论 [M]. 昆明：云南人民出版社, 1993.

[26] 魏小萍. 历史主客体导论——从宏观向微观的深化 [M]. 北京：北京出版社, 1999.

[27] 魏发辰. 创新实践论 [M]. 清华大学出版社、北京：北京交通大学出版社, 2010.

[28] 周辅成编. 西方伦理学名著选辑下卷 [M]. 北京：商务印书馆, 1996.

[29] 阎光才. 精神的放牧与规训 [M]. 北京：教育科学出版社, 2011

[30] 曾仕强. 说不尽的中国人 [M]. 北京：中国工人出版社, 2013.

[31] 杜维明．现代精神与儒家传统［M］．上海：生活·读书·新知三联书店，2013．

[32] 凌玉建．论艺术生产的产业化转向——在《资本论》的视野下［M］．北京：中国社会科学出版社，2012．

[33] 钟茂森．找寻中国精神［M］．北京：中国华侨出版社，2010．

[34] 陈鼓应．道家的人文精神［M］．中华书局，2012．

[35] 蓝吉富，刘增贵．中国人的精神生活与礼俗［M］．合肥：黄山书社，2012．

[36] 郎咸平，杨瑞辉．资本主义精神合社会主义改革［M］．北京：东方出版社，2012．

[37] 周志强．这些年我们的精神裂变——看懂你自己的时代［M］．北京：社会科学文献出版社，2013．

二、外文译著类

[1]［苏］B. H. 托尔斯特赫，等．精神生产——精神活动的社会哲学观［M］．北京：北京师范大学出版社，1988．

[2]［德］黑格尔．法哲学原理［M］．范扬，张企泰，译．北京：商务印书馆，1961．

[3]［德］伽达默尔．真理与方法［M］．王才勇，译．北京：南京大学出版社，2002．

[4]［美］约瑟夫·熊彼特．经济发展理论［M］．何畏，等，译．北京：商务印书馆，1990．

[5]［英］迈克尔·史蒂文斯．如何成为更好的问题解决者［M］．徐海鸥，译．北京：经济管理出版社，2004．

[6]［英］戈登·柴尔德．人类创造了自身［M］．安家瑗、余敬东，译．上海：上海三联书店，2012．

[7]［德］瓦尔特·比梅尔．当代艺术的哲学分析［M］．北京：商务印书馆，2012．

[8]［美］乔治·阿克洛夫，罗伯特·希勒．动物精神［M］．北京：中信出版社，2012．

三、论文类

[1] 胡潇．马克思恩格斯关于意识形态的多视角解释［J］．中国社会科学，2010（7）．

[2] 田鹏颖．社会工程视域下"社会关系生产"的新形态［J］．中国社会科学，2012（10）．

[3] 唐一得．深入全面的发掘思精虑远的构想［J］．中国社会科学，1989（8）．

[4] 卢嘉瑞．空间资源的开发与利用［J］．中国社会科学，1992（9）．

[5] 潘家森．马克思的《1844年经济学哲学手稿》对美学的启示［J］．中国社会科学，1983（3）．

[6] 李文成．略论精神生产的概念和历史形式［J］．哲学研究，1985（6）．

[7] 俞吾金．作为全面生产理论的马克思哲学［J］．哲学研究，2003（8）．

[8] 敏泽．市场经济与文化建设［J］．哲学研究，1994（2）．

[9] 庄思晦．文化能否市场化［J］．哲学研究，1994（4）．

[10] 夏甄陶．关于认识的思维中介［J］．哲学研究，1993（5）．

[11] 赵剑英．论人类实践形态的当代发展［J］．哲学研究，2002（11）．

[12] 江丹林．论交往实践观与唯物史观的内在联系［J］．哲学研究，1992（1）．

[13] 严昭柱．谈文化艺术"市场"与"市场化"［J］．哲学研究，1994（6）．

[14] 辛望旦．王金福．论社会主义精神文明的现实基础［J］．哲学研究，1996（11）．

[15] 张曙光．马克思的哲学价值观与劳动价值论探略［J］．哲学研究，1993（11）．

[16] 吴元梁．论精神文明和物质文明的协调发展［J］．哲学研究，

1982（12）.

[17] 姜建成. 试论 21 世纪马克思主义发展的实践取向［J］. 马克思主义研究，2002（9）.

[18] 张涵. 关于马克思著作中涉及"文化产业"的思想研究［J］. 马克思主义研究，2009（3）.

[19] 王荫庭. 精神生产三题［J］. 马克思主义研究，1988（12）.

[20] 刘国涛. "环境生产"的马克思主义理论解读及其法学意义［J］. 马克思主义研究，2009（10）.

[21] 胡潇. "从地上升到天上"的文化学理式——马克思文化唯物论思想探赜［J］. 马克思主义研究，2009（4）.

[22] 李春华. 文化生产力：丰富和发展马克思生产力理论的新视角［J］. 马克思主义研究，2002（9）.

[23] 赵剑英. 论中国特色社会主义文化发展观［J］. 马克思主义研究，2008（5）.

[24] 方世南. 马克思社会发展理论的深刻意蕴与当代价值——试论全面、协调、可持续的发展观［J］. 马克思主义研究，2004（6）.

[25] 霍福广. 毛泽东对马克思主义实践观的继承和发展［J］. 马克思主义研究，1996（9）.

[26] 李鸿烈. 精神生产力及其发展规律体系论要［J］. 马克思主义研究，1986（12）.

[27] 葛洪泽. "西方马克思主义"实践范畴商兑［J］. 马克思主义研究，1989（12）.

[28] 崔玉香. 近年来精神生产问题的研究［J］. 哲学动态，1998（5）.

[29] 姚休. 精神生产研究新进展［J］. 哲学动态，1990（3）.

[30] 卢曲元. 论现代社会的三种生产及其特［J］. 哲学动态，1993（11）.

[31] 马俊峰. 当前需要转变的几个重要观念［J］. 哲学动态，2004（9）.

[32] 张曙光. 理论的真诚与自觉——论马克思主义研究与创新的一个前提性问题 [J]. 哲学研究, 2007 (8).

[33] 孙来斌. 再论精神文明也是生产力——与张金根同志商榷 [M]. 求索, 1999 (3).

[34] 邬焜. 社会科学是不是生产力 [J]. 哲学动态, 1993 (3).

[35] 魏名国. 关于社会科学和生产力关系研究综述 [J]. 哲学动态, 1993 (7).

[36] 王晓琳. 精神生产是观念地把握存在的历史过程 [J]. 江汉论坛, 1989 (4).

[37] 李寿德, 万威武. 精神生产的特征及其产品的存在形态和价值评价标准 [J]. 中国软科学, 2000 (2).

[38] 左亚文. 论精神文明与物质文明和政治文明的辩证互动 [J]. 马克思主义研究, 2003 (12).

[39] 郝登峰. 试论精神动力的地位和作用 [J]. 社会科学, 2001 (6).

[40] 侯建. 马克思恩格斯言论自由观初探 [J]. 社会科学, 2001 (11).

[41] 徐奉臻. 生活的生产:《德意志意识形态》中被遮蔽的现代性维度 [J]. 马克思主义研究, 2011 (1).

[42] 田薇. 精神产品研究概述 [J]. 哲学动态, 1987 (5).

[43] S. K. Das, The Economic History of Ancient India [M]. Allahabad: Vobra Publishers & Distributors, 1987.

[44] P. F. Druker, Innovation and Enterpreneuship: Practice and Principles [M]. New York: Harper & Row, Publishers, 1985.

[45] Joel Kovel. Enemy of Nature: The End of Capitalism or the End of the World? [M]. London, New York: Zed Books, 2007.

[46] Devall B, Sessions G. Deep Ecology: Living as Nature Mattered [M]. Salt Lake City: Gibbs M. Smith, Inc, 1985.

[47] Deborah Cook, The Culture Industry Revisited: Theoor W. Adorno on Mass Culture, Lanham, Md.: Rowman

&Littlefield, 1996.
[48] Hook S. Academic Freedom and Academic Anarchy [M] . New York: Cowles Book Company Inc. , 1969.
[49] Doumani B. Academic Freedom after September 11 [M]. New York: Zone Book, Urzone Inc. , 2006.

后　　记

　　当今时代，我们逐渐告别了饥荒，不再为一日三餐而媚颜曲膝，精神的需求会越来越旺盛，精神的产品会越来越供不应求，要么是量的供不应求，要么是质的供不应求。现实是，在社会物质消费领域，我们看到的更多的是质的供不应求，供给侧改革要求通过创新消化过多的产能；在精神消费领域，又何尝不是质的不应求呢？剽窃、抄袭、复制等语汇一度占据了网络的头条，大量所谓的精神产品几乎等同于物质产品，人们不能体味到其中的精神营养，而仅仅看到的是一堆纸张或光盘等叠加的物质。有人说，精神生产研究已经过时或者已经陷入末路，而且也没有什么可供深入研究的空间，但不要忘了，自古至今，谁的研究能离开精神？何况创新作为精神的独特表征，在信息社会显然成为时代精神象征，因此，精神生产的课题看来永远也不会过时。当然，没有人敢说谁是精神生产或创新领域专业的研究者，只是折腾的人生经历和较为丰富的社会体验，使笔者有一种责任感和紧迫感，要在冷门的地带（精神生产）生起热门的火（创新），为的是让创新之火更有底气、更有资源、更有气势，而不想空泛地谈论创新。反过来，以创新来审视精神生产，也许才能让我们看清楚精神生产不同于物质生产的实质，没有创新的精神产品等同于一般的物质，也即得出创新是划分物质生产与精神生产的标准。这也许有异于传统或大家抑或权威的定论，是一小家之言，但不妨提出来供人参考。既然认定精神生产是创新，创新的生成需要一定的外在社会环境和内在个人意志，同时也是一个不那么人云亦云的路径，所以没有必要担心自己的"创新"不被他人所称赞。

此书是在笔者博士毕业论文的基础上完成的。生有涯而学无涯，慨叹自己用心不专、学而不专、作而不精，真正用在学业上的精力、时间算来十分有限。在如此前提下，精神的产品必然有太多毛病、诸多缺憾，不尽如人意。但人生不能重走，当初笔者没有想过在基层公安机关工作十余年后又来到珞珈山麓，走进思想的殿堂进行又一次思想的洗礼。即便如此，也还是被生活所迫而不得不趟进商海，懵懵懂懂地耗费了几多时日，不能说没有收获，至少半生纵览官、商、学，纵然不算成功，但做了自己想做的事，多了一种别人没有察觉到的视角，少了一份别人不愿意承担的纠结，以至于看清了世间不仅是物质的堆砌而且是精神的生发。尤其是信息时代，谁的精神生发更独特、更切中别人的精神，谁就更可能成功、更可能伟大。创新能使人一夜致富，创新也可能让人一夜回到解放前。微信的发明者并没有成为微信的主人，同样，微信的主人腾讯也并不是微信的主宰者，背后仍然是资本的逻辑。创新需要激情，创新也需要冷静，"万人创新、万众创业"是时代使然，现实必然，背后就是精神生产的勃发，要站在业界的顶端，就必须依靠精神的力量。物质与精神一体，物质为精神作基，精神改造物质。求学既是为了生活，也是为了精神，单向度的追求并不多。求学如此，生活也是如此，我在三年的博士生涯之后，由于现实的限制和自我的选择，来到了与武大及咸宁都有着丝丝缕缕的联系的东湖学院，游走在商务与学术两端，身旁一女一儿相伴，在这个物质消费压榨精神的时代，时忧"压力山大"，时感其乐无穷。在物质间奔波，在精神层遨游，生如此，无畏而无悔！一路行走到精神湮灭的那一刻吧！

悠悠珞珈山，粼粼汤逊湖水，从偏远山乡重回江城水都，从清闲安逸变得繁忙折腾，从平淡简单变得起伏难定，身心都经历了一次炼狱般的煎熬，精神在砥砺间，或许更坚强，或许更脆弱，只有在字里行间才能体会到精神的快意和充足。人生就是不断地认识自己、改造自己、提高自己。用精神生产的方式生产自己，用创新的视角创新自己，"路漫漫其修远兮，吾将上下而求索。"因为思想而拥抱思想，因为精神而成为精神逃荒者，因为创新可能会被当成歧途人，因为自谓深刻而实则浅显。我当生命不息，奋斗不已，不断进行创新，回应所有对我有疑虑的人，回报所有我要感谢的人！

吴朝邦

2017 年 10 月